U0005492

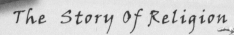

The Story Of Religion

宗教的故事

安修‧Lee ◎編著

好讀出版

第四章 **伊斯蘭教**──信主獨一

第五章 **佛教**──痛苦中的生路

附　錄 **宗教版圖**

導言　宗教的本質

哲學不盡然能成為宗教，宗教卻是一種哲學。

要對宗教下一個準確的定義，幾乎是不可能的。有的人認為任何把人類提高到超乎現實物質生活的東西都屬宗教；有的人認為宗教的精髓就是對權威的服從。與此相反，一位德國人則認為，宗教乃是種傳染病，其迅速蔓延源自於人類的社會本能。我們將會看到這一說法的許多證明。

宗教究竟是不是一種疾病，這道問題已經辯論好幾個世紀了。還有人說宗教是帶有感情色彩的道德。不幸的是，直到近代，幾乎所有的國家都一致認為宗教與道德關係淺薄，甚至毫無關係。以賽亞認為宗教與恭維、徒勞的供奉不應該有關係。《彌迦書》肯定地說，耶和華不會在乎禮品或幾千隻公羊之類的東西。但是，香水、禮品和羊卻是當時人們所理解的宗教中十分重要的組成物。《伊里亞德》是人民的「聖經」，也是宗教的基礎，倫理學教師們卻必須排除它。如果我們回溯到悠遠古代，宗教和道德的「分離」就可能變得更清楚些。然而用「分離」這個詞是不準確的，因為兩者從來也沒合流過。

宗教是一系列外部行為，或稱一系列外部行為的節制，是為了請求超自然之神的贖罪；它對今日我們所謂的「良好行為」不說什麼，認為如果具備了純潔的心靈，那麼就不必擔心宗教的戒律。在早些時候，並不存在與幼稚迷信有關的戒律，也不存在與道德法規有關的戒律。沒有對謀殺或偷竊的禁止，但人們被嚴格地禁止烤煮吃奶的羔羊；也沒有提到過貪婪和失職，因此人們也沒有必要將奉獻給上帝的牲口肥肉一直保持到第二天早晨。

再如，我們現在仍然認為涵義非常高尚的一個詞——「神聖」，它當初只適用於指儀式的純潔：除了指要避免任何會冒犯上帝的不潔之物以外再沒有別的意思。殺死一個人沒什麼大不了的，但如果觸及一具屍體卻是大罪，接觸屍體的人必須經

過繁瑣冗長的程序去清除他的罪過，在猶太教中這種事情一直沿襲至今。我們習慣於將基督教的創始人視為神明，唯依形式主義者的觀點來看，他恰恰不是，再沒有比他不顧外表上的神聖或無視杯盤等的清潔問題更能惹怒這些修道者的了。

我們愈深入研究早期宗教，就愈明白宗教與道德的關係是如此之薄弱。然而，宗教所觸及的情感是十分強烈的，儘管有時所觸及的情感中恐懼成分多於希望。我們再細心分析察看，就會發現其中的第二種成分是很幼稚但卻真實、符合自然科學規律的，這看起來非常奇怪。由於處在一些無知的影響包圍之中，飽受鬼神和各種精靈的恐怖折磨，人們膽怯而猶豫地探索著這些災害發生的緣由，並渴望自己能盡早超越、避免或緩和這些災難。像我們自己的祖先一樣，在霍亂和別的災難降臨時，誰答應幫助他們免疫，人們就跟誰跑；如果有誰帶著護身符並真的逃過災難，人們就會貪婪地想把他的護身符奪過來。而且當整個世紀處於持續的災難中，整個世界在某種傳染病流行時，每個人都會像我們的祖先在霍亂症流行的時候一樣迷信。任何自稱高明的人（就像今天推銷萬靈丹的商人一樣）就是科學家，這種科學也可能是錯的，但它們仍然統治著一切，猶且掌握著基督教宗教會議的所有權力。

物理學與宗教之間的對抗，在現代史中非常明顯，唯在古代是不存在的。相反地，宗教是物理學的自然發展，沒有物理學就不可能有宗教。牧師實際上就是教授，學者實際上就是巫醫。人們請他解釋自然現象，並請他消除由那些現象使人們產生的恐懼。由於他擁有淵博的知識，他會向人們解釋他們的疾病，並驅散他們的憂慮。他對他們說：「做這個，或做那個，恐懼就會消失。」

由此可見，並非每一哲學都是一種宗教，但每一宗教卻都是一種哲學。宗教要有價值就必須能排除恐懼、減少迷惑、解決紛爭。倘乏理論的形成，也就是說如果沒有哲學的話，是做不到這一點的。如果人們不是事先已經對「事物的起因」有所反映，就不會構想得出一種崇拜的對象，無論它是多麼粗俗或是多麼令人討厭。少了這種反映，他就只能成為恐怖或精神錯亂等疾病的犧牲品。我們可以想像，即便

是最缺乏進取思想的人，也不會不想到要拯救他自己。

　　人類學家詹姆士・弗雷澤爵士對宗教所下的定義比阿諾德的定義更使人滿意。他說：「宗教被認為是一種超人的控制自然或人類生命發展進程的安慰或調解的力量。」這個定義考慮的是某些人的行為，而不是導致這種行為的心理狀態。如果一定要考慮到那種心理狀態，那麼我們寧可這樣說：「宗教是人們希望和宇宙中無所不在的神保持正常關係的有效驗的欲望。」我們也許可以把這叫作宗教性的定義，而不是宗教的定義。如果是這樣，我們就有了一種在儀式上切實可行的定義，這種定義在產生這類儀式的心理態度上也是令人相當滿意的。

　　我認為，由此足可看到宗教和宗教性同樣暗示了一種哲學。因為，它需要一種包含這種神或幾種被指定之神的哲學，甚且需要更充分之哲學理論去說明它們是可以調和的。就像一位學識淵博、研究近代宗教的學者所說的：「歸依上帝的人首先必須相信上帝，猶且必須相信上帝是其追隨者的報答者。」如果人們不是首先想到宇宙，這種信仰就不可能產生。當然，他首先要確認這件事是真的，懷疑和先行考驗一下是有必要的。在此我們不得不承認情感是可以進入宗教的，但罕有跡象表明早期的思想家會認為「他們所想像的神，存在於普通意義的道德之中」。

　　如果我們承認這群哲學家有點道理，我們定會被束縛住，並在此範圍中去想像：在人類發展史上的某個階段，某些智商較高的人就已開始專心思考展現在他們面前的一些難以理解的現象：星辰、風、洪水，甚至生與死的祕密。一般人看到此番現象，會認為那不過是些莫名其妙的事情；但是，像牛頓和麥克斯威那樣的先趨者，就沒有簡單地滿足於「在每一條路上毫無目標地茫然前進」；他們一定會提出問題，且堅持找出答案。只要他們推測到一種解釋，他們就成了哲學家，然後就會立即開始產生影響。在這種情況下，先知者總是對無知者產生影響，他們的知識使他們能夠想出一些辦法來防止他們自己和其他人受到傷害，自然界各種各樣的力量太容易對人類造成傷害了。在這些知識中產生了宗教，科學家加以解釋，普通人就

相信宗教。那種種令人恐懼且肆無忌憚的力量，如風暴、洪水、雷電應該想辦法予以緩解。有人認為，科學家已經發現了方法，當這些方法被採用時，就成了一種信仰（儘管可能是荒謬無益的）。

當然，我們談及「原始人」時並沒有任何把握。確實，同樣也應該避免用「原始」這個詞。我們所稱的早期人們僅僅是相對於我們的時代而言，如果以地老天荒的遙遠時代為參照，他們很可能要晚得多，十萬年以前可能只像在昨天。這個問題是無法確定的，實際上也不可能將第一個人和他的最後一個類人猿祖先區分開。我們絕不能說，「在這個時間點上地球上出現了人」；更不能說，他是於什麼時候、是如何開始思維的，或者說他模糊的思想活動何時開始帶有了理性色彩。我們只能以模稜兩可的推測和含糊不清的可能性進行解釋。我們只能追溯到大約一、兩萬年前的瑣事，而對幾千年前大部分看似有點道理的推測表示滿意。

但這並不是說，因為開頭好像全無希望，且常常由於懼怕教條主義而傾向極端懷疑主義，我們就不得不被迫放棄探索。首先，我們可以理智地相信人的本性是共通的，用普通的說法就是「在全世界都是一樣的」。無論你刺傷了猶太人、基督徒或任何異教徒，他都會流血；無論你搔哪一個人的癢，他都會笑；如果你侮辱了一個人，他就會記恨報復。在一定範圍內，這是人之常情。因此從「已知的現在」去爭辯「未知的過去」誠乃不公正。但是，適當地考慮到環境變化的因素，我們大可相信：過去的人對某些情況的反應，和今天人們相近。

對人的感情下定義，並不比對線和圓的屬性下定義更難。它們不是混亂、毫無規律的。從反面來說，人性的變化大致也是如此。我們發現，無論何時何地，如果我們有一個判斷的機會，對比各種不同的人性，其類型會和現在一樣：輕信者與懷疑者；馴順者與叛逆者；勇敢者和怯懦者；堅強和軟弱者。

時間並沒有使人類社會的下列特徵發生根本的改變：史前人們有他們的牛頓、

他們的史賓諾莎、他們的路德、他們的柏拉圖和但丁。遠古的畫家在畫牡鹿和洞熊時留下了天才作品，他們所憑藉的是像達文西和林布蘭一樣的激情；生育我們的父輩們包容了我們的懷疑心，並且相信我們所相信的，儘管他們的記憶已隨之消亡。那些願意聽從教士指引的人，以及那些相信一個教士就像哈姆雷特相信蝰蛇有毒牙一樣的人，無不有他們史前的祖先。古代的聖教徒和罪犯都居住在湖上椿屋裡，如同今天一道居住在倫敦的人們；古代的守財奴收藏瑪瑙、貝殼，浪子們卻將它們揮霍掉；在伊莉沙白二世女王的國度裡，守財奴則貯藏著鈔票、硬幣。太陽光底下沒有任何東西是絕對新的，這一法則亦同樣適用於人。

因此，當今世界上，在我們發現許多應該要接受修復的、帶有明顯「遺物」標誌的東西（這稱為過去的文物）時，我們不會為此而驚訝。當看到復活節島上的紀念碑，或看到猶加敦半島的金字塔時，我們心中即會產生某種由這些遺物引出的文化概念。所以在仔細觀察目前還存在著的信仰時，我們便能夠在一定範疇內看到衍生出這些信仰的信仰。這些現存的信仰已由數不清的致力於這種工作的調查者們蒐集起來，予以分析比較，以供我們使用。我們很清楚知道現今人們在想些什麼，少了這些跡象，我們就不能徹底知道他們的父輩們在想些什麼。如果我們把思維轉向我們自己，並考慮我們自己在想什麼，我們就常常能猜得到幾千年前的祖先們想過什麼：因為現存的宗教裡頭無一不包含著古代異教，也沒有一種現存的哲學不是從古老的蒙昧群體和某種簡單邏輯發展而來。

chapter
1

第一章

原始宗教和古代宗教

宗教的產生

現存的宗教裡頭無一不包含著古代異教，
也沒有一種現存的哲學
不是從古老的蒙昧群體和某種簡單邏輯發展而來。

上帝創造亞當／西斯汀教堂天頂壁畫
每個民族都有創世神話，米開朗基羅繪出希伯來傳說中上帝造出人類始祖亞當的情景。

　　人類出現在地球上，約於三百萬年前。那時候遍地草莽，野獸橫行，原始人類用棍棒、石塊作工具，與大自然進行對抗。他們追打野獸，採摘野果，弄到了食物就飽吃一頓，弄不到就挨餓，甚至同類相食。他們的大腦還不發達，思維能力很低，沒有清楚的自我意識和豐富的想像力，整天為填飽肚皮而奔波，至於身邊的高山、大河或天上的太陽、月亮跟人有什麼關係，他們根本不去理會，也理解不了。因此，那時候，抽象的「神的觀念」尚未誕生。

　　在已發現的猿人遺址中，考古學家並未發現任何帶有宗教色彩的遺物，僅發現人骨和獸骨雜亂地混在一起，不見埋葬屍骨的痕跡。也就是說，猿人既沒有「靈魂不滅」之類的觀念，也無任何崇拜活動。

　　人類宗教大約產生於西元前三萬年到前一萬年的中石器時代後期，或者再更

尼安德塔人處理獵物
石器時代的人們，生活最主要的挑戰就是對抗大自然變化，追捕獵物以求生存。

晚些。原始宗教一般說來是原始氏族的宗教。原始人的生產工具逐漸改進，除了石斧、石刀，還發明了漁網與弓箭，而有了陶器，農業及畜牧業亦跟著產生。原始人腦容量慢慢增大，逐漸有了抽象思維能力。原先，他們對身邊的自然現象習以為常，從不深入思考，現在則不同，他們開始向自己發出一個接一個的疑問：晴朗的天空為什麼會突然烏雲密布、雷鳴電閃？緩緩流淌的河水為什麼會突然暴漲、咆哮氾濫？那猛烈的火山噴發和震撼大地的地震又是怎麼回事？本來活蹦亂跳的同伴為什麼會突然發高燒，躺倒爬不起來？……原始人看到這一切，既驚訝又恐懼，但又無法解釋和抗拒。要知道，一次洪水能奪去多少同伴的生命，一場大雪能凍死多少人！

根據傳到我們手裡的記載，研究古代信仰並把它們與落後部落奉行的信仰相比較，我們不得不得出這樣一個結論，即：早期宗教首要因素之一就是對未知事物的懼怕。

大自然是可怕的，難以預測。風，想吹到哪兒就吹到哪兒，誰也說不清楚它從什麼地方吹來，吹到哪裡去；只知道它有時很殘酷、野蠻，又有破壞性。「閃電的紅眼睛」兇猛可怕，雷聲隆隆、猛烈地轟擊，不但有不可抗拒的力量，而且具有任性無常和不負責任的性格。星星運行使人困惑又驚恐，對於還沒學會計算的人來說，太陽的晝夜變化一定很神祕。毫無疑問，他們已經發現了太陽的暴虐和溫和是交替出現的。日蝕期間太陽藏起它的臉，這大概是不祥之兆。它時而發怒、時而高興，但是它為什麼不是這個或就是那個呢？

靈魂觀念與彼岸世界 ·····

原始人在睡夢中夢見自己做著各種各樣的事，一覺醒來卻什麼也不見了。有時候，原始人會夢見已經死去的同伴、親人跟往昔般和自己一起生活、勞動，就像他們活著的時候一樣。人睡著了，身體躺在原地不動，為什麼在夢中卻能夠長途跋涉，與仇人拚殺？死去的親人和同伴軀體早已腐爛消失，為何能在夢中與自己見面談話？原始人找不出原因，於是想到：人的肉體裡寄居著一個看不見的「靈魂」。做夢的時候，人的肉體睡著了，靈魂可以脫離肉體獨立存在，四處遊蕩，做各種事情。死去的人，儘管軀體變成了冰冷屍體，腐爛了，最終消失了，但靈魂卻不會消滅，它獨立地永存在世界上。

原始人到底還不明白死亡是怎麼一回事，也不瞭解人的身體與精神活動之間的關係，他們看到人們會因流出大量的血而死亡，就想著：靈魂肯定存在於血液裡，血流乾了，靈魂失去了寄居的地方，就會到另一個活人看不到的世界中去生活。有了靈魂不滅的想法，原始人對於同伴、親人的屍體就不再隨便拋棄，甚至吃掉了。他們將屍體安葬於住地附近，在死者的身上和周圍撒上一圈赤鐵礦粒。在原始人眼裡，紅色是火、血、生命和溫暖的象徵，撒上它等於給死者「輸血」，死者就有可能再生。為了讓死者在另一個世界裡生活得更好、更方便，他們還把死者生前常用的東西隨屍體一起埋葬。

原始人的這種觀念，在古人尼安德塔人的墓葬和新人山頂洞人的隨葬品中可見到明顯痕跡。距今十幾萬年前至四萬年前期間，活動在德國杜塞多夫的

早期人類的石錘和石鏟
人類對抗大自然的時期中，工具的製作十分重要。

尼安德塔人已有墓葬習慣，所葬屍骸有固定的規矩，大多都是頭東腳西，跟日出東方、日落西方有關，這顯示他們希望死者能夠看到太陽，見到光明。不僅如此，尼安德塔人還在死者屍骸周圍撒有紅色碎石片，放置石製生產工具。這些隨葬品顯示尼安德塔人已有陽世和陰世之類的觀念，他們希望人到冥世後同樣可以繼續生產，不虞匱乏。更值得注意的是，在法國穆斯特巖窟中發現了一具尼安德塔青年屍骸，這具青年屍骸的頭枕在一塊燧石上，屍首周圍放有七十四件石器，左側放著一把石斧，頭和肩用石塊保護著，這些皆是尼安德塔人已有宗教信仰及活動的有力證據。

古人類進化到新人類，生理特徵上已與現代人沒多大區別，智力也得到較大的發展，宗教信仰和宗教活動亦比古人更加明顯。

西元前二萬五千年左右，生活在北京房山縣周口店龍骨山一帶的山頂洞人，屬於較典型的新人類。山頂洞人無論在生產活動的範圍和複雜程度上，還是在產品的種類和質量上，都遠遠超過了古人類。他們不僅能夠製造較為精緻的生產工具和生活用品，會磨製骨針、縫製衣物，還掌握了人工取火和保存火種的技術。他們居住的山洞分為「上室」和「下室」兩部分：上室在洞的前部，即外部，是活人的公共住室；下室在洞的後部，即內部，是死人的公共墓地。死者屍骸上撒有赤鐵礦石粒，放有各種石器和裝飾品。所有這些均顯示，新人對於「陽世」、「陰世」、「靈魂不滅」之類的宗教觀念，比古人類更加明確了。

法國奧瑞納洞穴中所發現的古人類化石，其大腦半球，特別是前額，已經十分發達。距今約三萬多年的奧瑞納時期，石器已有了明顯進步，與原始宗教觀念以及巫術有關的藝術也開始出現，在岩洞裡發現的岩畫都是奧瑞納人狩獵的寫照，反映了他們想像這些動物能服從自己意志的願望。這種幻想在奧瑞納人的喪葬儀式上亦反映出來了，如果將

普羅米修斯盜取天火
希臘神話中，普羅米修斯為幫助人類，甘犯天規從天上盜取火種。得到火苗後，人們終可脫離生食階段。

原始宗教和古代宗教

13

他們的喪葬儀式與近代非洲和澳洲一些仍處於原始狀態民族的習俗進行比較，頗有相似之處，如：死者被按照胎兒的姿態埋葬起來，再拿石塊將頭罩住，顯然帶有「生從何來，死往何方」的意味。他們還給死者戴上一些用赭石塗抹過的首飾。跟死者一起埋葬的還有他生前用過的武器、工具和食物，這些東西都放在屍體旁邊。奧瑞納人的化石清楚地說明了這些原始人類已經有了死後能到另一個世界去生活的觀念，這就是宗教的「彼岸世界」觀念。

▌自然崇拜與神靈觀念

由此可知，早在十萬年前，宗教已經產生了。然而，這並不能說宗教就產生於山頂洞人以前或尼安德塔人時代。因為按固定之規埋葬死者、為死者放置隨葬品等等是靈魂崇拜的一種重要形式，以「靈魂不滅」等趨複雜的宗教觀念為指導的宗教活動，這是猿人和古人類的思維和實踐所不能達到的。根據

歷史發展的客觀進程來推斷，在靈魂崇拜之前，肯定存在過比這簡單的崇拜形式，即直接敬仰自然物和自然力的自然崇拜形式。

至今發現的舊石器時代洞畫、浮雕，以及透過口頭形式留傳下來的神話故事中的自然神形象也證明，在靈魂崇拜之前確實存在過自然崇拜。由此可見，宗教產生的年代應在尼安德塔人，也就是古人類之前。這時間大體應落在尼安德塔人活動時期的上限，即十幾萬年前再往前推幾萬年，大約在十四、五萬年前至十七、八萬年前的期間。

自從有了靈魂不滅的觀念，原始人就不再總停留在驚訝、恐懼上了。他們開始對那些神祕難解的自然現象進行反覆琢磨與類比，心想：自然界的萬物也許像自己一樣，都有生命力吧！每個自然物裡必也寄居著一個靈魂，既然人有靈魂，自然界的萬物也一定會有。

人的靈魂寄居在人體裡；山的靈魂住在大山裡；太陽、月亮的靈魂住在太陽、月亮裡。山有山精，樹有樹魂，每一自然物都有神靈主宰，大自然是個充滿了精靈的世界。原始人這麼一想，自然界的所有奧祕似乎全揭開了，一個個難解的疑問都獲得了圓滿的解釋。當洪水氾濫的時候，他們說：「河神發脾氣了。」當樹枝在風中搖曳的時候，他們告訴小孩：「瞧，樹神在跳舞呢！」當親人或同伴病倒了，他們會皺著眉頭嘆說：「唉！他被惡鬼纏住了。」

世上萬物俱是由神支配的，有的神帶給人類快樂和幸福，有的神卻給人類帶來痛苦和災難。人能不能影響神，避免災難，求得幸福？原始人想：神像人一樣，也有喜怒悲歡，只要人對神唱讚歌，崇拜祂、祈祀祂、極力討好祂，神一定會保佑人。於是，一個個神的形象在人們的想像中被創造出來，一套套崇拜儀式也被發明出來，原始的宗教就這樣形成了。

原始人創造了神，而神無形無影，既摸不著也看不見，可總應該有一定的形象，否則怎麼讓人去頂禮膜拜呢？神靈和鬼怪是現實生活中本來不存在的，原始人的想像力再豐富，要憑空把它們描繪出來也不容易。然而，這並沒有難住原始人，他們將所看到的各種事物分解組合起來，再加以誇張和想像，於是一個個形態怪異的神靈及鬼怪就被創造出來了。

最初，人最熟悉、最看重的是動物，因此那時候描繪出的神大多是動物形象的組合。後來，人類征服自然的力量逐步增強，認識到自己實際上比動物高明、有力量得多，神的形象就開始變成一半是人、一半是獸，最後，完全按人的形象創造的神也出現了。有一個非常有趣的現象，世界上各民族眼裡的神是那麼的不一樣：歐洲白種人描繪的神膚色也是白的，令人生厭的魔鬼膚色是黑的；而在非洲黑人的眼裡，白皮膚的卻是魔鬼，黑皮膚的才是神。

更有意思的是，無論是哪個民族創造的鬼神，都有和人一樣的心理、需求、愛好和性格。祂們也要吃喝玩樂、生兒育女，也會爭權奪利、偷雞摸狗。所不同的只是，祂們永生不死，比人更高大、更有力量，掌管著人間一切禍福。

人創造的神和人本身是如此相仿，以致於二千五百年前的古希臘哲學家色諾芬尼要說：「如果牛、馬、獅子都有手，或者能像人一樣用手來繪畫和創造一切，牠們就要按照自己的面貌畫出神來：馬的神像馬，牛的神像牛……」

印度象神甘尼許
原始宗教充斥各種動物形神，不難見出原始人渴盼擁有近身接觸到的動物各項生存本領與優勢。在印度，大象即化為「象形神」甘尼許，受到印度人虔敬崇拜。

世界上被賦予生氣的每一種事物，大抵上都被認為對人懷有敵意，
必須被人阿諛奉承、哄騙，或者被這樣或那樣的方法使之對人無害。

原始人除了用「靈魂永生」觀念來擺脫對死亡的恐懼，並解答「死往何方」這道最虛無縹緲的問題之外，他們還想用「靈魂」觀念來解釋自然界中百般現象，希望大自然的各種「精靈」能夠穩定地充當自己的衣食父母。

在原始人眼裡，自然界是十分險惡的。除了有各種兇猛野獸外，氣候的劇烈變化也給原始人帶來極大的恐懼。夏天狂風怒吼，暴雨傾盆，電閃雷鳴，驚天動地，氏族中某幾個同伴因遭雷擊而突然死亡，這都使原始人驚恐不已。

當冬天來臨之時，寒流侵襲，冰天雪地，動植物大批死去，某些年老體弱的同伴也在飢寒交迫下死亡，這就使原始人因生存受到威脅而憂心忡忡。自然界的這種種現象反映在原始人的頭腦中，迫使他們去想：為什麼有嚴寒酷暑？為什麼會爆發山洪？為什麼會山崩地裂？……原始人用已經產生的「靈魂」觀念來解釋這些現象，於是，自然界中每樣事物都有「精靈」的說法就產生了。原始人用祈求的方式，希望這些「精靈」能保佑他們平安並獲得豐富的食物。

希臘漁夫／邁諾安壁畫
捕魚少年手裡懸著漁獲，幸運如他，定然相信身蒙海神的護佑。

自然崇拜到動植物崇拜

在日月星辰等自然物中，太陽對人類的影響最大，是最受崇拜的。清晨，一輪紅日從東方冉冉升起，照亮了大地萬物，給人類送來了光明和溫暖。它落下以後，黑夜和寒冷降臨，毒蟲猛獸出沒，世界充滿了恐怖。待漫長黑夜終於

過去，太陽再度升起在東方的時候，原始人又充滿了希望與歡樂。他們對著初升的太陽跪拜、舞蹈，用最美好的語言來讚美它和歌頌它，祈求它不要再回去，因為人類是那麼地需要太陽！

除了崇拜太陽神，原始人也崇拜月神，他們認為是月亮柔和的光線帶來了涼爽和露水，滋潤著萬物生長。每當發生月蝕現象，人們就感到無比的恐慌，以為災難就要降臨，他們拚命敲打著一切可以發出聲響的東西，以為這樣做可以嚇走企圖吞吃月亮的天狗，使月亮重現光明。

夜晚的天空閃爍著點點繁星，它們常常為遷徙的原始人指示方向。望著高遠深邃、星光燦爛的夜空，原始人把星群聯想成人、動物和器物的形狀，覺得它們是那樣的神祕莫測。他們相信星辰的移動變化能影響地球上事物的變化，決定人的命運。他們認為地上每一個活著的人，在天上都有一顆代表星辰，因此天上的星隕落，人就要死去。人們總是這樣傳說著，一代代相傳下去。

風雨雷電、山川湖海與人類的關係也是十分密切。當狂風吹倒了樹木、房屋，吹壞了莊稼的時候，原始人就把風神說成是凶神、惡神。當雷雨來臨，隆隆的巨響伴隨著電光閃耀，使森林起火、人畜喪命的時候，原始人是那麼地恐懼。但是，雷雨也為人帶來了渴望已久的雨水，所以原始人對雷神、雨神是何等依賴又敬畏。河流為人類帶來了賴以生存的水源，原始人總是將它當作神明來崇拜，洪水滔滔，氾濫成災，危害人類；為了討好它，希望它不再興風作浪，原始人往往會將小孩子或青春少女投到河裡去，獻給河神。

後來，原始農業和畜牧業不斷發展，人與動植物的關係一天天變得密切，人類對動植物神的崇拜便興盛了起來。原始人相信森林是由樹神掌管著，所以當他們伐樹的時候，總要在被砍伐的樹旁放上一塊石頭；樹越大，放的石頭也越大，這是獻給樹神的，作為砍樹的報酬。原始人認為，如果不這樣做，樹神是會發脾氣的，砍樹的人就會被大樹壓死。原始人一面獲取動植物，一面又為損傷了它們感到抱歉，所以舉行某種儀式給主宰的神一點報償。

時間一年又一年過去，原始人對動植物神的崇拜漸漸變得複雜起來。和人類相比，動植物有許多優越之處，某些動物有巨大的身軀、驚人的力量；某些有敏銳的視覺、嗅覺；有的能在天上翱翔，有的能在水中遨游。許多植物不但有旺盛的生命力和繁殖力，而且壽命長得驚人。原始人對這一切感到羨慕不已，於是崇拜牠們、模仿牠們，希望自己也

頂著日輪的埃及神像

法國拉斯科洞窟畫
從古代人類繪於一萬五千年前的彩色壁畫中，窺見了動物崇拜的形成。

能擁有像牠們一樣超凡的能力。原始人想：既然靈魂來無影去無蹤，可以寄居於猛虎、狐狸或大樹，也可以進入美女壯男的身體。那麼，自己的祖先必定和那些與生產、生活密切相關的動植物同出一源，那些動植物就是自己的親屬。

圖騰崇拜的發軔

原始人和動植物認了親，便把它們當作「圖騰」來崇拜。「圖騰」這個詞出自北美印第安部落聯盟之一的亞爾京幹人的語言之中，意思是「親族」。這種和某種動物、某種植物攀「血緣親族」而甘願當其「兒孫」的崇拜，實際上與原始人企望彌補自己生產技能的不足有著密切關係。

例如，生活在西藏山南澤當地區的人曾有這樣一種傳說，認為他們的氏族來源與獼猴有關，雖然此傳說帶有明顯的神話色彩，但反映了古代西藏澤當一帶居民有過對獼猴圖騰的崇拜。

西藏高原山高路險，處處懸崖峭壁，交通極為困難，這就使古代澤當一帶居民非常羨慕並渴望具有像獼猴那樣高超的攀援本領來擴大生存空間，獵取更多的食物。於是他們祈求獼猴，希望獼猴的「靈魂」能進入自己身體之中，使自己也具有像獼猴那樣的攀援能力。這種崇拜隨著時間推移，經過若干代的傳說以後，獼猴就和這個氏族有了「親族」關係，成為了這個氏族的「祖先」。由於此一觀念產生於群婚制階段的母系氏族社會，他們只知有母而不知有父，因此在進入父系氏族社會以後，當其後裔以父系氏族社會的概念去尋找母系氏族的父系時，只能從傳說中溯源找到最早的「父系是獼猴」這樣一個世代沿襲下來的說法了。

這類傳說在許多民族中都曾有過。比如，關於某一婦女因「圖騰」神受孕而生下了某一民族先祖的傳說，比比皆是，不可勝數，僅是大同小異而已。

為了表示對圖騰的崇拜，原始人不但禁止傷害和食用圖騰動物，還把牠們的名稱作為本氏族的名稱，把牠們的圖形刻畫出來，立在或掛在村前、屋門口當作氏族標記。生活在北美原始部落的印第安人，有重大事件或節日來臨時就穿起五彩斑斕的衣服，戴上模仿圖騰動物的面具，圍著刻有鳥獸圖形的圖騰柱高歌狂舞。原始人和動植物攀親戚，心甘情願做它們的子孫，是因為原始人相信這世上沒有不愛護自己子孫的祖先，

祭祀祖先並尊崇祖先，子孫們就會得到祖先的庇護，自己的氏族就一定會興旺發達。

幾百年前，當沙俄殖民者侵入西伯利亞之時，那裡有一支還處於原始社會的埃文基人（中國稱鄂溫克族），靠狩獵維生。他們獵到一隻熊時並不忙著剝皮割肉，而是先對躺在地上的死熊說：「請不要生我們的氣，打死你的是俄羅斯人，不是我們。」明明是自己殺死了熊，為何要撒謊、推到別人身上呢？原來，熊是埃文基人崇拜的圖騰動物，儘管圖騰動物是禁止捕殺的，但在食物匱乏的時候，人們就顧不了這些了。只是傷害了氏族的祖先畢竟是犯下了罪孽，埃文基人覺得很對不起熊，自然要請求牠的寬恕了。而埃文基人非常討厭那些入侵的沙俄殖民者，於是就把殺害熊的罪責推到他們身上。

華夏民族歷史中，亦可看到許多圖騰崇拜的痕跡。例如，黃帝號「有熊氏」，顯示黃帝大概屬於熊圖騰氏族的後裔，也就是說黃帝所屬的氏族曾經崇拜過熊的「精靈」。在距今約七千年至五千年前的仰韶文化遺址出土的彩陶上，繪著許多鳥、魚、青蛙和人首蟲身的圖形，這些可能就是當時某些氏族部落崇拜的圖騰。傳說黃帝曾經調動龍、虎、熊、貔、貅等猛獸和炎帝作戰，並獲得了勝利，其實這些傳說中的猛獸就是黃帝部落中以各種野獸為圖騰的氏族。另在古老中國的封建時代，龍是皇帝的象徵，但是威風凜凜、張牙舞爪的龍在現實世界中並不存在，它僅僅是想像中的動物。從龍的身上，我們也可以找到古代圖騰崇拜的痕跡，它集蛇身、鷹爪、鹿角、魚鱗、魚鬚和馬的頭、尾、長鬃於一身，實際上可說是由許多種動物圖騰組合而成的。

隨著生產力的發展，人們的生產本領和生活技能逐漸提升，他們在往日崇拜的圖騰面前開始不再那麼謙卑，漸漸地自信起來。當這些原始氏族進入農業經濟階段以後，一些獸形神便開始退出歷史舞臺，對動物等的圖騰崇拜在許多民族中慢慢地成了歷史陳跡。

愛奴人熊祭
黃帝曾用過熊作為氏族圖騰，日本北海道的愛奴族更發展出特殊的「熊祭」活動。

祖先崇拜、靈物崇拜和偶像崇拜

3

宗教觀念及其他類似觀念在遠古時期就有，這種事情是可以肯定的；
然而沒有一個國家可以誇耀他們不受古代幻想束縛的自由。
所有智者所做的事不只是帶來或避免危害、操縱部落的權力，
除此之外，他們也是神話的創作者，那些儀式正是對神話的實際註解。

人類社會不斷地向前發展，約四、五千年前由母系氏族社會進入了父系氏族社會。這時候，生產力更加發展，人類掌握的生產工具和生產技術更多，不僅學會了種莊稼，還馴化了馬、牛、羊、豬、狗、雞等家畜家禽。

過去，男子在氏族生產中從事狩獵，其收穫往往不足果腹、禦寒，有時甚至空手而歸。婦女們從事採集植物的種子和果實，收穫較為穩定可靠，在氏族生產活動中發揮主要作用。所以那時候，氏族的首領都由婦女來擔任。

然而隨著時間的推移，畜牧業和農業發展起來，男子們由於在體力上比婦女更優越，逐漸成為生產活動的主角，社會地位跟著上升，最後占據了統治地位。於是「女娶男嫁」的母系氏族社會就被「男娶女嫁」的父系氏族社會所替代，氏族部落不再以母系血緣為紐帶組成，而是根據男子的血緣來劃分。

祖先崇拜的起源

氏族部落裡，一些男子身強力壯、勇敢堅強、足智多謀，在生產勞動及部落戰爭中都表現出眾，為氏族的生存發展做出了巨大貢獻，自然成了全氏族人心目中的英雄，享有很高的威信。即使他們死去，人們仍然懷念他們，相信他們的靈魂依舊具有強大的力量，能夠世世代代庇護著本氏族的人們。原始人想：靈魂可以存在於血裡，那麼只要保存著某個人的血，就能召回他的靈魂。所以在與其他氏族的人作戰的時候，原始人總要帶上沾有祖先血液的石頭，即是希望憑藉著這塊石頭將已逝祖先的靈魂召喚回來，幫助自己打敗敵人。

過去，在人類剛萌生「靈魂不滅」觀念的時候，只覺得人死後靈魂會繼續存在下去，並不認為它與活人有什麼關係；但到了這時，他們認為靈魂不但可以不滅，而且還擁有超人能力，喜歡干預活人的生活。靈魂既會幫助人，也會報復、加害那些它們不喜歡的人。死人的靈魂隨時隨地都在監視活著的人，如果誰做了錯事、違背祖先的意願，就會受到嚴厲懲罰。每當原始人遇到意外傷害、患病或死亡的時候，他們就想著肯定是那些神祕而無所不在的靈魂在作怪！這樣一來，原始人便更加懼怕靈魂，對自己的祖先更加敬畏崇拜了。

人類起初最崇拜動物，總覺得人不如動物，後來，人不僅能獵獲動物，還能馴養並役使動物，開始意識到自己其實比動物更聰明、更有辦法。於是人類逐漸自信起來，不再只屈服於動物，也不再只崇拜牠們或把牠們當作自己的祖先。他們開始崇拜自己的祖先，用種種儀式紀念歌頌祖先的功績，定期地祭祀他們，用祖先崇拜來強化氏族的血緣觀念，鞏固部落內部的團結。

祖先崇拜乃是靈魂崇拜的延續和發展。在靈魂崇拜之前，人們並不崇拜死去的祖先。當人們還野蠻地殺死並吃掉

喪失勞動力的老年人時，肯定還沒有靈魂不滅這類的宗教觀念。祖先崇拜顯示人們的認識能力又有了新的提升，他們已然開始認識到長幼之間的血緣關係，晚輩對長輩的情感也因而大大增強。

原始人之所以崇拜祖先，還因為他們親眼看到祖先在世時曾經生育、撫養過自己和自己的父輩，由此自然又聯想到祖先不滅的靈魂仍會暗中保佑自己和自己的子孫。世界民俗史告訴我們，祖先崇拜是極其普遍的崇拜形式，在當今大多數民族中仍以不同形式流傳著。

中國古代傳說中的神農氏，嘗遍了百草，教會人們耕種和採藥治病；有一位叫燧人氏的神，教會人們鑽木取火；還有一位叫伏羲氏的神，教人們用繩織網漁獵。實際上，這些生產工具和技術的發明，是要經過好幾代人的努力才能實現；那些傳說中的神，其實就是氏族社會中某些英雄人物的化身，人們對他們的崇拜，也就是對自己祖先的崇拜。

衍自祖先崇拜的保護神

祖先崇拜進一步地發展，出現了對英雄人物的崇拜，如對優秀首領、戰鬥英雄和其他對本部族有重大貢獻的人。在原始人心目中，這些人生前是英雄，死後亦必然是強者，他們在世時為經營和保衛本部族而奉獻，死後同樣也會盡力來保佑代代族人。英雄崇拜同是遍及世界各地，影響力持續到近現代的崇拜形式。

燧人氏
舊石器時代的狩獵生活中，燧人氏鑽木取火將生肉煮食，衍出中國火神傳說。

原始人的宗教觀念十分混雜，往往由幾種意識混合交錯而成，互相影響，但其核心還是「靈魂」觀念。自從人對「死往何方」這個問題不斷地加以思索之後，由「靈魂」觀念衍生出的「鬼魂」觀念逐漸滲入人們的思想意識，當某種流行病造成許多人相繼病倒甚至死亡時，氏族中就驚恐起來，他們把這種現象歸咎於某群「凶煞」、「惡鬼」捕捉本氏族成員「靈魂」的結果。為了挽救整個部落成員的生命，氏族中舉行宗教儀式，和這群「凶煞」、「惡鬼」進行「談判」。由巫師進行占卜，然後向「凶煞」、「惡鬼」們許願，答應奉獻犧牲的品種和數量，祈求這些「凶煞」、「惡鬼」們放回氏族成員的「靈魂」。

天照大神是誰？
近代學者推測，日本神話中的天照大神原型就是邪馬台國女王卑彌呼。雖缺乏實體證據，但這般推測可說是奠基於部落社會中祖先崇拜的遺緒。

種種「和平解決」的方式失敗後，也就是說這個氏族病人的病情依然如故或越來越嚴重的時候，巫師則改變原來的態度，用強硬的語言進行恫嚇，採取他們認為能迫使「凶煞」、「惡鬼」讓步的措施，來逼迫「凶煞」、「惡鬼」放回病人的「靈魂」。然而，傳染病的病菌或病毒是不會因巫師們的虛張聲勢而自行消除的，有些急性傳染病如鼠疫、霍亂等，能在一夜之間造成整個（甚至好幾個）氏族的成員全都死掉。

觸目驚心的事實，讓原始人感到非常驚恐，這就使他們自然而然地希望有一位強大的「保護神」，能夠保護他們不受這群「凶煞」、「惡鬼」侵害。

這個「保護神」一般都由部落祖先中最強悍的英雄擔任。原始人在選擇「保護神」的標準上，頗帶有幾分「生是人傑，死為鬼雄」的觀念。從歷史上看，「保護神」的出現一般是在父系氏族社會時期。由於人們把某些自然災害視為「精靈」作祟，因此「保護神」的職司範圍亦慢慢擴展到整個氏族生活的各領域。「保護神」和氏族的關係如此密切，「保護神」便逐漸成了氏族成員最虔誠崇拜的對象。

崇拜儀式的產生

人類有了動物崇拜、祖先崇拜、英雄崇拜以後，就相應地創造出許多崇拜的儀式。澳洲的原始部落每次準備出去打獵時，總要先在地上畫一頭野獸，然後集體圍

繞著跳起模仿那野獸動作的舞蹈，邊跳邊模仿著野獸的叫聲。他們用這種儀式祈求狩獵取得豐收。乾旱季節裡，非洲的黑人常會爬上屋頂向下灑水，以為這樣就可使天上的雨神下起雨來。

起初崇拜儀式十分簡單，不需要什麼人的幫助；後來，崇拜內容越來越複雜，儀式逐漸變得神祕。這時，專門組織指揮崇拜儀式的群體產生了：他們知道如何舉行崇拜儀式，能夠預言什麼時候適合做哪些事，什麼時候不適宜做哪些事；氏族部落裡遇到了重大的事情，也要請他們來預測凶吉。此時人們生產的東西已有了相當剩餘，足可使這些人脫離生產勞動，專門從事占卜和崇拜儀式的活動，這些人就是巫師和僧侶。

▌靈物崇拜與偶像崇拜

隨著社會生產的發展與人類認識能力的提高，人類不僅約略懂得了局部和整體的關係，知道用局部代表整體，而且大體上懂得了符號和實物的關係，知道用符號代表實物，於是使出現了靈物崇拜和偶像崇拜。

靈物崇拜不同於自然崇拜，它崇拜的不是對象本身自然形態的整體，而是它所謂「有神靈」、「有神通」的部分。一塊形狀特殊的石頭、一根樣貌奇怪的樹枝、一種特定動物的腦髓或眼睛，皆可以作為崇拜物的代表。由此可見，靈物崇拜是高於自然崇拜，而又未完全脫離自然崇拜的一種過渡形態的崇拜形式。這種崇拜形式流傳既廣且久，甚至影響到近現代，像佩戴護身符、十字架之類的東西，都可視為靈物崇拜的延續和發展。

偶像崇拜正是在靈物崇拜的基礎上發展起來的，其崇拜對象也是自然物和人，但已非自然物和人本身的自然形態，而是經過崇拜者加工過的。這加工很粗糙，只簡單地畫兩隻眼睛、一個鼻子、一張嘴，就算是所謂神靈了。可是，偶像崇拜的出現畢竟是人類的進步，為後來系統宗教的產生奠定了基礎。

奧瑞納文化擬人小雕像
在德國洞穴內發現的這尊小雕像，動物面容下可見擬人化立姿，專家研判此尊製作於三萬年前的雕像應是供人膜拜，可謂偶像崇拜的發軔。

23

④ 從多神崇拜到一神崇拜

科學家們，無論是巫醫、魔術師或牧師，
只要透過建立一套迷信從而得到了權力，就不可能輕易放棄。
熱中於統治是人類情感中最強烈的一種，
也是最巧妙地將自己偽裝成有道德和利他主義的一種情感。

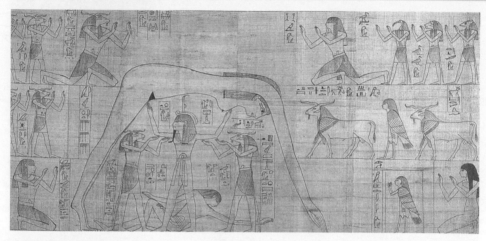

埃及宗教中的創造宇宙
古埃及習慣記事於莎草紙上，此圖展示蒼穹女神在父親相逼下離開丈夫大地之神，手腳仍依戀
地緊抓著大地。天地周圍則有其他諸神環繞。

　　原始社會，人們生活在氏族部落中，一起打獵、捕魚、種地、飼養牲畜，共同
消費勞動成果。勇敢的人、有智謀的人雖被大家推選為氏族部落的首領，但也參加
勞動，一樣平均分配，沒有什麼特殊的地方。那時候，生產力甚低，人類的生活相
當艱苦，人與人之間的關係卻很平等，也很民主。在這樣的社會條件下，原始人只
能依據自己模樣來描繪神的形象。他們認為自然界裡存在著許多神，這些神各自分
管著一部分自然現象，如風神管風、花神管花、天神管天、火神管火，地位相當，
沒有誰高誰低之別。因為原始人敬拜的不是單一的神，而是許許多多個神，除太陽
神、月神、天神、地神、山神、海神、河神、森林神等以外，還有各氏族的保護
神、執行各種職司的神，和代表這一時代生產力發展水準的神。其數目之多，不勝
枚舉。

希臘神話世界裡的眾神

古希臘人傳說中的「眾神的住所」——奧林帕斯山上，就住有希臘的「眾神之父」宙斯、太陽神阿波羅、愛與美的女神阿芙蘿黛緹、戰神阿利斯、月亮與狩獵女神阿緹密斯、智慧女神雅典娜、穀物女神迪密特、天后希拉、商業競技之神漢密斯、海神波塞頓、酒神戴奧尼索斯、火神黑法斯托斯等等。在希臘神話中，還有愛神厄洛斯、女戰神厄尼俄、黎明與曙光女神厄俄斯、海洋女神俄克尼得斯、森林山泉女神厄科等等。在古希臘人的心目中，這些神都和人一樣，不僅具備人的外表，還兼有人的性格、感情和愛好。很有意思的是，在古希臘人看來，灶神海絲蒂雅地位極高，在一切節日中有享受第一杯祭獻酒的榮耀。至於其他民族，從流傳至今的無數個神話中，也都有過許許多多崇拜的神。

在大地深處，宙斯的兄弟——陰森威嚴的黑地斯統治著冥國，在他的王國裡充滿了陰暗和恐怖，愉快的陽光從不照射到那裡。地面上的無數深淵通向悲慘的黑地斯王國。那裡的河流是黑色的，神聖而冰冷的斯提克斯冥河在那裡流過，眾神們就是對著它的河水起誓。哭河科基托斯和冥河阿克戎的波浪滾滾流過，死者的靈魂在它們岸邊哭訴著自己的痛苦和悲哀。地下王國裡還有一條「忘川」勒忒河在流著，它的河水使人忘記人世間的一切。

黑地斯冥國陰暗土地上叢生著蒼白的阿富花，無形的死者影子在這裡飄來飄去，抱怨著自己沒有光明且喪失希望的悲慘生活，他們的呻吟聲是如此輕微，就像秋風掃過枯葉的簌簌聲。誰都不能從這悲慘的冥國再回去。有三個頭的地獄惡犬凱貝羅斯把守著地獄的門口，牠脖子上盤繞著發出嘶嘶可怕聲音的毒蛇。冷酷無情的

酒神戴奧尼索斯
酒神種植葡萄釀酒，正反映地中海地區普遍經濟活動。

25

冥王黑地斯的寶座
黑地斯掌管冥界，有三個腦袋的地獄看門犬如影相隨。

老船夫卡戎把死者的靈魂擺渡過阿克戎冥河送往冥界，但他從不擺渡一個靈魂回到陽光燦爛的人間去。在陰森森的黑地斯冥國，死者的靈魂遭遇注定是永遠悲慘的。

宙斯兄弟黑地斯統治的這個王國裡沒有燦爛的陽光，沒有幸福歡樂，也沒有人間的憂愁悲傷。黑地斯和他的妻子波瑟楓妮（冥后）坐在黃金寶座上，鐵面無私的復仇女神艾莉紐絲為他服務。殘暴的女神們拿著鞭子和毒蛇迫害罪犯，不給罪犯一分鐘喘息，使他們的良心受到譴責折磨，任何地方都無法躲藏，她們到處都能找到犧牲的對象。

黑地斯寶座旁坐著冥國的判官──彌諾斯和拉達曼的斯。在寶座旁邊還有死神塔那托斯，他手持寶劍，身穿黑斗篷，長著兩隻黑色大翅膀。當塔那托斯飛往快要嚥氣的病人肩頭，用劍割下一

綹病人的頭髮，把靈魂攝取走時，這兩隻翅膀便發出陰森森的寒氣。與塔那托斯死神在一起的還有死神和惡魔克爾們，他們在殘暴的戰場上飛來飛去。看到英雄們一個接一個受傷倒下時，他們欣喜若狂，立即撲向傷口用血紅嘴巴貪婪地吸食受傷者的熱血，並把靈魂從軀體上攝走。

年輕漂亮的睡神希普諾斯也在黑地斯寶座的旁邊。他靜悄悄地在大地上飛行，一手拿著罌粟花蕾，一手拿著牛角灑下催眠的液體。他用魔棒輕輕一碰人們的眼睛，眼皮立即合攏，進入甜蜜的夢鄉。睡神希普諾斯威力強大，無論人或眾神都不能與之對抗，他甚至能使宙斯閉上可怕雙眼沉入夢鄉。

夢神們也在黑地斯陰暗的王國裡。有的夢神給人有預見性的、快樂的好夢。但是，也有的夢神使人做可怕的、

受壓抑的噩夢加以恐嚇和折磨。還有的夢神使人做假夢，把人引入迷途，猶且常常導致人的死亡。

陰冷森嚴的黑地斯王國裡充滿了黑暗和恐怖。長著可怕駝蹄的夜間惡魔恩蒲薩在黑暗中徘徊，趁暗夜用詭計把人騙到僻靜地方，將熱血全部吸光，狼吞虎嚥地大啖尚在顫動著的人肉。地獄中還有吸血女怪拉彌雅，深夜她偷偷摸進幸福母親的臥室，把她們的孩子偷去吸食鮮血。偉大的女神海卡特統治著所有幽靈、惡魔，她有三顆頭和三個身體，在沒有月光的深夜裡，帶著她那極端可怕的隨從，在一大群地獄怪狗的擁護下，於黑暗中的路邊或墓地徘徊。她給大地送來恐怖和噩夢，危害人們，但是對那些尊敬她並在三叉路口向她祭獻狗的人從不施用魔法，人們則請求海卡特在魔法上給予幫助。黑地斯王國是恐怖又對人類不善的。

原始社會的發展

進入原始父系氏族社會以後，人類活動區域因生產工具改進，有所擴大，氏族部落間的衝突也因而激烈起來。為了滿足當時社會發展的需要，由若干氏族聯合起來的部落聯盟相繼形成，這就使原有各個氏族的保護神，只能屈居於整個部落聯盟共同信奉的神之下。隨著更大的社會群體即「民族」逐漸形成，原來的氏族部落和部落聯盟信奉的神，又按整個民族利益的需要做了調整，有些神被淘汰，逐漸被人遺忘；有些神降為掌管某一職司的神，有些神則更加受到人們重視。

而當原始社會走向解體，社會分層浮現之際，在平等的氏族成員中出現了一批特殊人物。他們掌握著氏族部落的領導權，不肯讓給別人，又利用所掌握的權力侵占公共財富，成為有財有勢、不勞而獲的貴族。氏族裡的平民受到剝削，一天天走向貧困，貴族們仍不斷發動戰爭，把其他氏族部落的人擄掠過來做自己的奴隸。於是，社會上便出現富人和窮人，有了主從的等級。人間的變化也反映到神的世界裡，那些原本平等的眾神開始有了尊卑貴賤的分別：有的權力大、地位高，是統治者；有的地位卑下，成了被統治者。

眾神之上的大神

古希臘神話有個眾神爭金蘋果的故事，就反映了這一時期的變化。

有一次，海洋女神邀請眾神飲酒，一時疏忽，忘了邀請爭吵女神厄莉絲，這可招來了麻煩。厄莉絲認為自己受了侮辱，

智慧女神雅典娜
雅典娜常以武裝現身，是雅典城供奉的主神。

決意報復，要搞得大家不得安寧。在燈燭輝煌的廳堂裡，當眾神舉杯暢飲的時候，厄莉絲將一顆金蘋果丟到了宴席上，蘋果上頭寫著「送給最美麗的女神」。

在座的天后希拉、智慧女神雅典娜和美神阿芙蘿黛緹看到這顆金蘋果皆十分喜愛，立即爭奪起來，都說自己是最美麗的女神。幾位女神互不相讓，結果將事情鬧到了天神宙斯那裡。宙斯乃眾神之神，是最有權威的，眾神出現了糾紛總要他來裁決。偏偏這一回宙斯也不知該怎樣裁決了，畢竟希拉是他的妻子，而雅典娜是他的女兒。最後他決定讓人間的特洛伊王子帕里斯去裁決。三位女神聽了，立刻飛到帕里斯那裡，用甜言蜜語討好這位王子。

天后希拉說：「王子啊！把金蘋果判給我，我會讓你成為天下最富有的國王。」

「不，給我吧！我可以讓你成為天底下最有智慧的人。」智慧女神雅典娜搶著說。

美神阿芙蘿黛緹最後開口，她輕聲地說：「判給我，我會為你找來世界上最美麗的女子。」

帕里斯不希罕財富，也不企求智慧，唯對擁有最美麗的女子感到心動，遂把蘋果判給了美神阿芙蘿黛緹。於是，美神阿芙蘿黛緹幫助他前去希臘，把天下最美貌的女人——斯巴達王妃海倫，拐騙回特洛伊。這一來竟引起了希臘諸王國對特洛伊的大戰，眾神和英雄們都捲入其中，正如爭吵女神所願，鬧得大家都不得安寧。

這個故事中的神各握有權力，地位相當，分不出誰高誰低。但在眾神之上卻出現了一位天神宙斯，他的權力比別的神大，地位也高。而故事中的神不但愛喝酒，喜歡談情說愛，也會勾心鬥角、耍陰謀、玩手段。其實只要仔細想一想，就不難發現，這些神正是地上王國之內希臘貴族在天上王國中的投影。

起初，若干小國的君王權力並不大，只不過是一國之中最大的貴族。後來，各小國在兼併戰爭中互相融合，漸漸產生出統一的大帝國。帝國的國王是專制君主，集軍政大權於一身，獨斷專行，宣揚「君權神授」，要臣民把他當

海倫頭像
希臘神話中，特洛伊戰爭的發生是因爭奪斯巴達王妃海倫而起。

神來供奉，其權力和威風遠非那些小國
君王所能相比。

人間發生的這種變化，免不了反
映到神的王國裡。平等的眾神慢慢地消
失，突出的大神地位又進一步提高，原
來歸眾神所有的各種權力都集中到他的
身上。經過這樣的集中過程，最後，那
唯一的、萬能的、主宰一切、教人敬畏
的大神終於出現了。從多神崇拜走向一
神崇拜，宗教發展向前邁進了一大步。

人們的觀念，按照國王主宰臣民
的形式，在宗教中也逐漸出現了反映這
種形式的兩種類型的宗教：信仰「唯一
之神」的一神教，以及信仰一個「至高
神」的宗教。猶太教和伊斯蘭教屬於
一神教，在猶太教中，希伯來人只信仰
唯一之神──上帝耶和華，而希伯來人
自稱為「神的子孫」；伊斯蘭教則信奉
唯一之神──阿拉，其信徒則稱「穆斯
林」，意為順服阿拉旨意的人。佛教屬
於信奉一個至高神的宗教，在至高神釋
迦牟尼下面，有著不同品級的佛、菩薩
和羅漢，仿照人間皇帝和大臣的隸屬關
係，勾畫出釋迦牟尼與這些菩薩、羅漢
之間的隸屬關係。

因此，原始眾神的衰微是原始氏族
社會瓦解在宗教上的反映。隨著階級和
國家的出現，反映人間國王至高無上權
威的系統宗教包括一神教和至高神教，
也就相應地產生了。

法老獨尊太陽神
阿肯那頓法老力排舊宗教勢力，執意推行
「一神信仰」宗教改革，膜拜阿頓神。

塞特與霍魯斯
埃及許多神祇原是各地主神，經由不斷征伐
併合，地位變化之中也產生了各種關係，在
神話中變成了親戚或為敵人。塞特（左）是
霍魯斯（右）的叔父，因殺害了兄長奧賽里
斯，雙方成了仇敵，但仍各司其職為法老王
權加持。

5 古埃及宗教

古埃及眾神神性的演變，顯然迎合了社會發展和政治需要。
神成為國家和王權的象徵，
基本任務實際上是維護國家和王權的神聖不可侵犯。

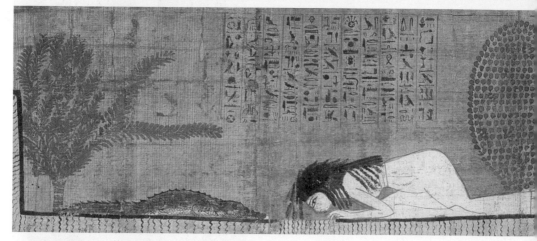

埃及鱷魚神
原始信仰源自對自然力量的敬畏，氏族神多與其生活環境有關。圖中底比斯女祭司膜拜的鱷魚身水神，即是古埃及動物形神的一種。

埃及宗教約流行於約西元前三千年至西元四世紀間的古埃及，是具備最早文獻紀錄的古代宗教之一，具有單一主神教傾向的多神教。

古埃及宗教的一項特點，就是信奉神祇數目眾多，且具有動物、各種自然物或人的形象。這些眾多的神還未系統化，彼此之間缺乏聯繫，一個神往往由於沒有明顯的個性而與另一個神相混。埃及諸神，即使是最尊貴的太陽神拉和冥王奧賽里斯都具有動物的形象，後來才逐漸發展為半人半獸形和人形。動物形的神，一般都是原始氏族部落社會裡圖騰崇拜和祖先崇拜的象徵性表現。

地方神併合

在古代埃及，當某個氏族及其長老成為某地區的社會政治聯合體的首領或君主的時候，他們原來所崇拜的圖騰和祖先神多半隨之成為該地區的地方保護

神；當某個州成為統一王國的政治中心
（首都）的時候，它的地方保護神也就
相應地升格為全國最高神。這貫穿於古
代埃及宗教歷史發展的整體過程，反映
了從原始氏族宗教發展為國家宗教的基
本歷程。

埃及統一王國建立之前，各州崇奉
的地方保護神多為動物形象。牛、羊、
獅、虎、鱷魚、蛇……分別被各州奉為
神聖，牠們享有神聖禁忌的保護，禁止
人們捕殺和獵食，這是圖騰崇拜的遺存
表現。

西元前四千年左右，北部尼羅河
三角洲地區各州以布陀州為中心，形成
「下埃及王國」，國王奉蛇為保護神，
以蜜蜂為國徽；南部各州以尼赫布特為
中心，形成「上埃及王國」，國王奉鷹
為保護神，以白色百合花為國徽。上下
埃及統一後，由於不同歷史時期的政治
中心不同，作為國家神聖象徵的最高神
因之有相應變化，在這時仍容許各地區
崇奉自己的地方神。

儘管不同地區有不同的地方神和當
地的眾神殿，但從埃及尼羅河的南端到
北端，作為生命之神的太陽神「拉」和

作為死亡之神的冥王奧賽里斯基本上總
是高踞於眾神殿的特殊地位，受到埃及
人普遍崇拜。拉和奧賽里斯都被國王視
為與自己有血緣關係的保護神。

在埃及，自然力量神化的最高表
現就是太陽神「拉」。太陽是生命的源
泉，為人類生存所依和生活所繫，因而
受到原始人類的普遍崇拜。大概是因為
太陽光芒普照大地的緣故，上下埃及統
一之後，太陽神就成了歷代王朝的最高
保護神。從舊王朝第四王朝（西元前
2650 年～前 2500 年）、第五王朝（西
元前 2500 年～前 2350 年）起，國王
（法老）開始自稱是拉的兒子。

後來歷史發展中，由於王國的分分
合合、法老世系的興替代換、政治中心
的不斷變換，使那些原來的地方神上升

埃及的瘟疫女神像
獅首人身的薛克梅特，是孟菲斯城主神卜塔之
妻。拉神因遭人類背叛，下令她滅殺，息怒後想
收回成令卻被拒，只好釀造血紅的酒吸引薛克梅
特。薛克梅特以為血紅之酒是人類流的血，歡喜
飲盡，不再想追殺的事。

到尊榮全國的高位，從而與世代崇奉的太陽神「拉」混同或合併。於是，太陽神「拉」便從不同時代和地區裡得到了新的動物形象。

作為埃及統一之神聖象徵的大神，最古老者可能是鷹形蒼天神霍魯斯，他本是希埃拉孔和埃德福地區的部落神或地區保護神。這一地區的首領大約在西元前3100年起事，完成統一全埃及的大業，建立第一、第二王朝。霍魯斯遂從部落神中脫穎而出，成為全國信奉的大神。

阿蒙神

阿蒙神原本是底比斯之神，隨著地方勢力坐大而晉升為全境偉神，供奉阿蒙的神廟尤其壯觀華麗。

古代埃及人的宗教觀念中，鷹是太陽的象徵，太陽在天空的運行被幻想成是鷹的飛翔，所以霍魯斯便被視為太陽神。在後來的神話，霍魯斯又被說成是奧賽里斯（太陽神之子）的遺腹子。某些古埃及宗教畫上，霍魯斯被描繪成一隻頭佩日輪的鷹，或一個戴有王冠的鷹頭人。鷹形神霍魯斯與太陽神拉的結合、王冠與鷹頭人的統一，顯然是神權與君權合為一體的象徵，乃宗教國家化的具體表現。古代埃及國王因而自稱是霍魯斯的化身。

第三王朝時，王都遷至孟斐斯。該地區原先崇奉的地區保護神卜塔被推尊為全埃及的主神。孟斐斯的祭司神話中把卜塔說成是最高創造者，是從原始混沌中湧現出來的埃及本身，而把太陽神霍魯斯、亞圖姆、圖特（古埃及智慧和文藝之神，鸛頭人身）等神降格為卜塔神的表現形式。卜塔神的形象原為牡牛形，後來表現為人形，手中持有象徵權力的節杖，反映了他對全埃及的神權統治。

至第五王朝「太陽之城」哈里奧波里斯成為統一王朝政治中心的時代，該城地方保護神亞圖姆地位上升而與拉統一為「亞圖姆—拉神」，成為全國崇拜的最高神祇。在金字

塔經文中，亞圖姆的神性變得高大且重要，被說成是自存自主的創造主，他從該城「原始水」中浮現出來，創造了諸神和宇宙。亞圖姆神的形象是獅子形，後來才變為人形。

到新王國時期（西元前十六世紀至前十一世紀），底比斯的地方貴族統一全埃及，底比斯成為全國首都。該城地方神阿蒙的地位也相應上升而與太陽神合為一體，成為所謂「阿蒙—拉」神。阿蒙為牡羊形，在宗教畫中被畫成公羊的頭或戴著三重王冠的公羊。

▍國王的神性

古埃及眾神神性的演變，顯然迎合了社會發展和政治需要。神成為國家和王權的象徵，基本任務實際上是維護國家和王權的神聖不可侵犯。國王齊夫林巨大塑像的頭部後面，踞坐著鷹神霍魯斯，二十王朝的拉美西斯三世石棺上的浮雕刻有埃及三位大神的象徵性徽志。他手執奧賽里斯的雙笏，頭上是牝牛女神哈托爾的角和阿蒙—拉神的日輪和羽毛。奧賽里斯等三位大神實際上是君權的神聖象徵及國王的保護神。

古埃及的祭司神學逐漸把雜亂的神靈世界統一起來，建立一定的天國秩序。拉神不僅被說成是世界的創造者，世界秩序亦是按照其旨意而建立。祭司們還把這種世界秩序人格化為一個神——瑪特。瑪特是拉神的女兒，代表真理、正義和秩序。眾神與世人皆必須遵守瑪特立下的秩序。法老的任務就是在世界上實現瑪特的秩序。不僅國王或法老的王權來自於神，而且他們本人在生前就被視為神，各神廟皆設有敬拜法老的聖所，還有敬拜法老的宗教儀式，他們在宗教觀念和宗教儀式上都被神格化了。

儘管古代埃及中的神本質上是統治階級的象徵，但他們與大眾信仰者也有關係。在當時的宗教觀念中，神與人是互相依賴、互有需要的。神需要人為其修建廟宇，安頓住所，穿戴衣飾，供獻食物；人則需要神賞恩賜福，保佑人無災無難，生活快樂，壽命長久。如果某人專門供奉某個保護神，那個神就專門保護和賜福於他。埃及宗教鼓勵人們信

埃及冥王奧賽里斯
對奧賽里斯的崇拜後來由埃及傳入羅馬，埃及、中亞近東地區和羅馬作為古代文化單位，彼此間傳承意味濃厚。

仰各自的神，因為他們認為如果所有的人都信奉同一個神，這個神會應付不過來，無力對所有信眾施以庇護。這種神靈觀念，也是古代埃及神靈之所以眾多的原因。

　　古代埃及人的神靈觀念還有一項非常有趣的特點：他們認為神會衰老，且還可能退位，將神權傳給兒子。古代埃及宗教中神的神性和神靈世界的秩序，與埃及社會的情況存在著驚人的相似性，在發展和演變上均有歷史的同步性。

五個靈魂與死後審判

　　古代埃及人相信人具有超自然的精神或靈魂，可以部分存續於個人生命終結之後。人的靈魂不止一個。

　　第一個叫作「卡」，具有該人本人的形象。「卡」的涵義可說是一種重要力量，它比本人生存的時間更長，生前附於人體，死後繼續附於其屍體或雕像，其存在的持久程度視屍體之保存情況而定。第二個靈魂叫「巴」，為永遠活著之意，其形象是人首的鳥。「巴」似乎只能在人死之後才得以從身體中釋放出來。神也有「卡」和「巴」的靈魂。由於這兩個靈魂均在死後繼續存在，回到棺中，所以人死之後，其家人必須為這兩個靈魂預備酒食，供其生活所需。第三個靈魂是「心」。埃及人的「心」具有良心的涵義，認為人的心臟具有辨別能力。第四個靈魂是人的影像。第五個靈魂是人的名字，如果常常有人唸誦死者的名字，死者就能夠長生。

　　古埃及宗教認為人死後靈魂不滅，繼續附於其屍體，因而在墓中置放隨葬物品進行「供養」，並給死者塗上香料，製成木乃伊以防腐壞。古埃及人特別關心死後之事，尤其崇拜掌管死人命運之神奧賽里斯。傳說他曾被兄弟塞特殺害，其妻伊希斯將他被肢解的身體修復，使之復活，升為陰府之王。埃及帝王葬禮中，俱舉行模仿奧賽里斯死而復活的儀式以求永生。奧賽里斯也是死者靈魂的審判者。人們通常在死者墓中放一本「死者之書」，以備受審時為自己表白。據說其中的咒語是幫助死者安抵彼岸世界的祕訣。審判時，霍魯

伊希斯抱著霍魯斯
古埃及太陽神母子，伊希斯懷中抱著霍魯斯。此成為日後基督教聖母抱子像的形象根源。

死者之書
埃及人相信，在狼形神阿努比斯的協助下，每位死者將面對良心審判。

斯和阿努比斯用天平來稱死者的心臟，圖特則記錄稱量的結果。

　　古埃及宗教已具完備的組織形式，有專職祭司和眾多規模宏大的廟宇。崇拜的主要內容是向諸神供奉食物、衣服及沐浴等。大廟中的正式崇拜儀式由國王和祭司主持，國王加冕要舉行盛大的宗教儀式。國家宗教與王權密切相關，從第四王朝起，國王被視為拉或奧賽里斯的兒子，即與諸神並列，直到托勒密王朝時，國王仍為國家宗教的首領。希臘、羅馬時期，埃及宗教以祕傳形式傳到其他國家，奧賽里斯和伊希斯成為羅馬人崇拜的神，希臘人亦將埃及諸神與其他神相混合。四世紀末基督教成為國教後，埃及宗教逐漸為基督教所取代，但其宗教傳統和觀念仍對基督教產生一定影響。

　　西元 641 年，伊斯蘭大軍鐵蹄踏上埃及國土，從此以後，伊斯蘭教成了埃及社會上層和官方法定的國家宗教。古埃及宗教的神聖地位在歷史上變成了西下的夕陽，但它的個別元素就像月亮反射的餘光一樣，仍閃現在埃及人民日常生活和民俗之中，未完全消失。

埃及祭司
在古代宗教，祭司階層規模龐大且地位崇高。除低層抄寫員外，高階祭司更被賦予督造王族陵墓的重責大任。

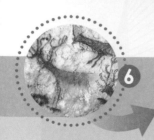

6 古巴比倫宗教

兩河流域是人類文明的發源地，其宗教內涵也影響了西亞地區各大宗教，
當時此地區的諸種宗教多屬於民族宗教或國家宗教。
後來的各大宗教——猶太教、基督教、伊斯蘭教，
皆從古代宗教承襲它所需要的元素。

古代巴比倫宗教，一般是指西亞巴比倫尼亞地區蘇美人、阿卡德人、亞摩利人
和迦勒底人等的宗教信仰。西亞兩河流域（幼發拉底河和底格里斯河）是世界古代
文明的搖籃。希臘文稱這個地區為「美索不達米亞」，意即兩河之間的地方。在底
格里斯河南部有一座城叫作巴比倫，後來成為統一帝國的中心，所以人們又把這一
地區叫作「巴比倫尼亞」。

美索不達米亞的宗教信仰

西元前四千年或更早時期，美索不達米亞地區宗教信仰和崇拜的神聖對象主要
是那些對農業、牧業直接有關的自然力量，它們在人們的宗教幻想中人格化為神，
但經常表現為非人類的形象，主要是動物形象。

崇拜這些自然異己力量的主要目的在於祈求豐收，信奉的神多半屬豐產神。由
於居民有不同的行業分工，他們賦予豐產神的神性也有所差異。在沼澤地居民、種
果樹者、放牧人、農民等的心目中，豐產神的神性顯然各不相同。

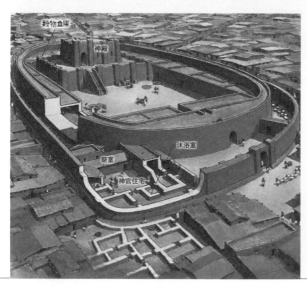

穀物倉庫
神殿
沐浴室
祭室
神官住宅

蘇美神殿，想像復原圖
蘇美人將泥土燒製成磚，以瀝青黏
合，建成臺基式塔廟。

大約在西元前四千年到前二千年，宗教神靈的形象有了明顯變化，諸神被認為具有人的形象。更為重要的變化是，在蘇美－巴比倫的宗教神話中，諸神組成的神靈世界開始形成一個類似長老議事會的天國結構，每一位神都在這個天國政府取得一定的官位和職能。

西元前二千年之後，由於巴比倫和亞述等地的軍事、政治實力大為增強，成為整個兩河流域和附近地區的統治者，他們信奉的民族性、地方性的神也相應擴大了自己

亞述人的守護神

的地位和神聖權力。在此以前實行軍事民主制的天國政府，逐漸演變為由主神控制的君主專制機構。神靈對世界和社會人事的干預也大大加強了。宗教要求人類虔誠地放棄人的一切主動性，絕對地相信並依賴神的安排和干預。與此相應，強調人的罪惡感、祈求神赦罪、向神贖罪的個人性宗教信仰，也因而得到更多表現。

美索不達米亞地區的宗教認為神是超在的，也是內在的，諸神在廟中受到祭司的伺候和人們的效忠，垂聽人們的祈求，都反映了他們在天上的樣式。有專職祭司、宏大的廟宇，主要崇拜內容為獻祭食物和衣服等；頌讚歌由宮廷樂師 奉 諸 神之名而唱；祈禱由祭司擔任。宗教活動不僅限於崇拜儀式，還包括許多驅邪的法術以及觀兆、占卜等。對於靈魂的最終歸宿則抱悲觀態度，認為死後沒有審判，也沒有什麼天堂可盼，靈魂永遠住在往而不返的陰間。

蘇美人是居住於波斯灣以北的非閃米語系民族，蘇美宗教是美索不達米亞地區宗教最早的範本，其諸神譜系、崇拜儀式和經典

閃族統治者
蘇美南部拉伽什城邦的國王墓碑上，交握之姿透露出對戰爭的焦慮。

文獻，在西元前十八世紀以後被阿卡德人的宗教加以變化後繼承，後又於西元前十二世紀起為亞述人所沿襲。有動物崇拜的遺跡，神靈逐漸擬人化，多為半獸半人的形象。

於西元前二千年左右，宗教思想約已形成。諸神發展成各種類型：有無所不能而又遙不可及的高位神，如蒼天神安努、地神恩利勒、水神伊亞；有在自然現象中具有神祕力量的眾神，如月神欣、太陽神夏馬什、農業和春天之神杜木茲。南方重要神祇起初多為城邦諸神，北方則是在宇宙間產生作用的自然諸神。

巴比倫人在漢摩拉比（約西元前1792年至前1750年在位）統一兩河流域後，繼承了蘇美人的文化和宗教。眾多神話和傳說主要見於《巴比倫史詩》。巴比倫人認為諸神安靜平和，有秩序地住在廟宇中。他們將巴比倫的守護神馬爾杜克升為諸神之首。

西元前十二世紀至前七世紀的亞述人宗教，大量繼承蘇美宗教的信仰和禮儀。其主神為戰神阿蘇爾，於亞述全盛時期取代了巴比倫主神馬爾杜克的地位，被奉為創造世界和人類的神。神廟沿襲蘇美和阿卡德人的宗教形式，其禮儀、祈禱、獻祭、犧牲等也都為亞述宗教祭司所承襲。

巴比倫創世神話

古代巴比倫宗教有關於創造世界的神話：最初的世界是一片混沌和海洋，只有「海」──提阿瑪特，以及「地下的甜水」──阿帕蘇。這兩種原始的水摻和在一起，諸神於焉從水中誕生。第一對神是拉姆和拉哈姆，代表了淤泥的力量；第二對神是安夏和基夏，代表了地平線的力量，他們生下了天神安努，而安努接著生了「流動的甜水神」伊亞。這個故事力圖把諸神串連成一個譜系，以象徵性地說明世界創生、演進的

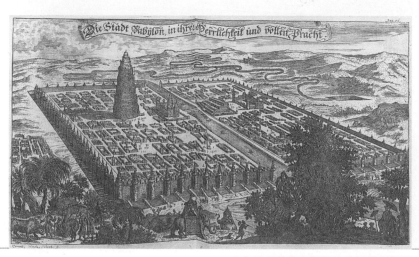

十七世紀歐洲人對巴比倫城的想像圖

順序：先是一片汪洋（洪水），然後從洪水的消退過程中產生了淤泥構成的大地；而地平線的出現，則預示著天與地的分離形成了天。

從阿帕蘇和提阿瑪特內部產生出來的諸神富有生氣，他們與代表惰性與休息的阿帕蘇、提阿瑪特形成鮮明的對照，從而導致一連串的衝突。阿帕蘇首先被伊亞殺死。提阿瑪特勃然大怒，向諸神進攻。諸神集會推舉伊亞之子馬爾杜克為首對陣。馬爾杜克勇猛戰鬥，殺死提阿瑪特，將其身體劈成兩半，一半做成天，一半做成地；並在天上安排標誌時間的太陽、月亮和星星，使它們按規定的路線運行。馬爾杜克還刺破了提阿瑪特的眼睛，使底格里斯河和幼發拉底河向前流動，然後把其軀體部分變成山脈，使底格里斯河的各條支流從她的乳房中流出。

古代巴比倫宗教對於人類起源有兩種不同的傳說：蘇美人的經文說第一批人是以草的形式從地上長出來的。英利爾將天從地上分離開，以便騰出地方讓種子出土。他發明了鋤頭以後，就用鋤頭打碎了烏楚木阿地面的硬殼，人類於是得以破土而出。這則神話把人類的誕生當成農作物生長，顯然係農業社會的概念，而且是在發明了鋤頭之後。

另一種傳說認為人類是由神創造的。蘇美人說人是由恩凱（即伊亞）用阿帕蘇（地下水）的泥做成，由其母蘭姆養育長大。按照阿卡德人的傳說，則是按恩凱的建議殺死了一個神，並讓生育女神寧特爾將他的血肉和泥摻和起來，然後又讓十四個子宮女神用以懷孕，生下了七對男女，他們繁衍了整個人類。

由於被殺神靈的靈魂附在人的肉體上構成了不死的部分，得以在陰間過著來世生活，於是又有復活的神話：女神伊斯塔的情人植物保護神杜木茲死去，為救其生命，她來到冥世尋求生命之泉。冥世有七重門，伊斯塔每過一重門都要脫下一件衣服，她最後脫光衣服，被冥世女神關進了牢獄。但是，地上的植物因為杜木茲的死去都枯萎而死，於是諸神同時遣使冥世，請求把伊斯塔免罪釋放，讓她得到生命之泉，救活了她的戀人。伊斯塔與杜木茲的婚媾象徵著生物的繁殖，所以她被古代巴比倫人奉為性愛之神、愛護自然物的生命之神，受到廣泛崇拜。

古巴比倫宗教中還有關於洪水的神話：貝爾神惱怒世人，決定發洪水毀滅人類。伊亞神事先吩咐住在河口的老人選好一艘船，備下所有東西。暴風雨持續了七天，諸神都顫慄地逃到天上。風雨停止後，老人打開船窗一看，見無數死人漂浮水面，不禁放聲大哭。他駕船漂流兩天才見到陸地上的山，

巴比倫的象徵——狂暴的獅子　　39

之後便陸續放出船上生物，還為諸神獻祭。諸神由於人類全被淹死，香火斷絕正飢腸轆轆，聞到老人祭物的香味，蜂擁而至，像蒼蠅一樣齊集祭物之上。貝爾神因伊亞洩露天機，滅人計畫未獲成功，對伊亞大加指責，進而引起諸神之間的衝突，最後達成協定，承認那河口老人和他的妻子為神。

君主神權與一神信仰

兩河流域的古代巴比倫時期，由於統一國家的出現和中央集權的君主專制之確立，宗教神學有了重大發展，最早產生了君主神權學說。統一國家的專制君主，需要藉助神威來鞏固自身的統治；為迎合這種需要，兩河流域的許多神當中出現了一個眾神之首。如本來是農業神之一的巴比倫保護神馬爾杜克，後來就變成了兩河流域的眾神之王，即「天與地的君主」和巴比倫的最高神，隨之又產生了「神創造世界」和「洪水漫世」等一類神話史詩。

「沒有統一的君主，就絕不會出現統一的神」，正是在這種古代東方君主專制政體的現實基礎上，產生了一神論的思想萌芽。也就是在這種歷史條件下，亞伯拉罕的一神信仰應運而生。因此可以說，古代巴比倫的燦爛文化是人類一神論思想產生的源泉，亞伯拉罕的一神信仰即是猶太教誕生的基礎。

兩河流域是人類文明的發源地，其宗教內涵也影響了西亞地區各大宗教。

當時此地區的諸種宗教多屬於各民族建國家所形成的民族宗教或國家宗教，他們所崇奉的神靈、進行的宗教活動，都具有強烈的地方性和狹隘的民族性。因此，一旦國家滅亡，原本的國家宗教就逐步被新的民族宗教或國家宗教所替代。當屬於雅利安種族的波斯人及希臘馬其頓人征服和統治這一地區之後，古代巴比倫尼亞地區的宗教也就走向消亡。但不可否認的是，後來的各大宗教（猶太教、基督教、伊斯蘭教）都從古代宗教承襲了它所需要的因素。

馬爾杜克浮雕像
馬爾杜克位階不斷抬升，最後成為巴比倫守護神與兩河流域的眾神之王。

chapter

2

第二章

猶太教——
苦難者的宗教

1 猶太民族的誕生

閃族中一支弱小而不重要的牧羊人部落，本與其他部落並無區別，因為這個部落的長子，一間雕塑舖店主家的「敗家子」的瀆神行為，連累整個部落被趕出國境。他們向西遷移，尋找一小塊尚未被人占領的土地以便能夠搭起帳蓬。這是一個苦難又偉大的民族誕生之始。

今天的伊拉克南部，即古代的美索不達米亞平原，乃人類最早的文化搖籃之一。人類的祖先，遠在史前那個漫長年代裡，就在這一帶古老的土地上創造著悠久的文明。

這裡是兩河流域下游的沖積平原，河網縱橫，土地肥沃，一排排高大挺拔的椰棗樹、一灘灘白茫茫的蘆葦叢、一片片綠草如茵的天然牧場，組成了一幅迷人的大自然圖畫。早自西元前五千年，蘇美人就已生活在這塊肥美的土地上。

經過約兩千年，在美索不達米亞平原南部，由於銅器工具的使用，帶來了水利灌溉事業的發展，出現經濟、文化的空前繁榮，隨之產生了許多世界上最早的城邦國家，其中一個是位於幼發拉底河下游西岸的烏爾王國，這裡是迦勒底人的故鄉。

▎猶太民族的祖先——希伯來人

在這段歷史時期內，一個屬於閃族的游牧部落從阿拉伯半島南部遷徒到兩河流域下游定居，這就是今天猶太民族的祖先——希伯來人，他們的酋長叫作亞伯拉罕。這個民族和當地居民一道創造了古代兩河流域的燦爛文化。

西元前 2100 年前後，古巴比倫人統一了兩河流域南部，在這裡建立了空前繁榮的古巴比倫王國。那時，烏爾已經成為這塊地區一座繁榮的城市。西元前二千年，烏爾居住著大批希伯來人，他們的酋長叫塔拉，是擁有幾百隻羊的牧主兼雕塑匠。他有三個兒子，長子叫亞伯拉罕。塔拉在城裡開了一間雕塑

巴比倫空中花園想像圖
兩河流域是古代文明誕生的搖籃，巴比倫王國留下著名法典，後人更對傳說中的空中花園充滿想像。

舖，專為人們承作各種神靈偶像。

古巴比倫是多神教的故鄉，神的名目上達百位。那時，每座城市有自己的庇護神，每個部落和家族也都有自己的部落神和家神。這些神靈大多體現為對大自然的崇拜，其中有天神、地神、水神、火神、太陽神和月神等等。有的部落和家族，甚至把自然界各種動物的形象尊拜為自己的家神。當時希伯來人的部落主神是「耶和華」。

塔拉一家生活在這多神教國度中，在他的雕塑舖裡，整天是一片忙碌的景象。製作室堆滿了黏泥、碎石和木屑，各個角落裡擺著一尊尊奇形怪狀、凶神惡煞的木雕或泥塑神像。前來訂做或購買神像的人絡繹不絕。

塔拉是虔誠的多神教徒，雖已年過七十，仍然成天不知疲勞地精心製作供人們祈禱的一尊尊神像。而塔拉家中出現了一個思想與眾不同的古怪年輕人，便是他的長子亞伯拉罕。

亞伯拉罕和兩個弟弟截然相異，對父親的職業毫不熱中，當父親和弟弟們忙著製作神像時，他便蹲在一邊呆呆地望著。因此，父親對這懶惰的兒子非常生氣，曾幾次將他轟出製作室。但亞伯拉罕一有空還是悄悄地溜進來，邊看邊思索，因為他在思想上早已對人們的信仰產生了懷疑。

▌亞伯拉罕的疑惑 · · · · · · ·

每當亞伯拉罕看到父親全神貫注地製作這些神靈偶像時，腦中便產生了一連串的問號：「人們為什麼會這樣癡迷地生活？他們怎麼都把自己生活的全部希望，寄託在用泥巴和石塊做成的偶像上？父親早晨明明還在用泥巴捏製一尊狐狸像，而到了晚上他自己怎麼也向這小小的偶像頂禮膜拜呢？這些木雕泥胎偶像究竟具有多大的魅力……」

這名希伯來青年，在他所生活的那個遙遠時代裡，經常思考著這些問題。可是，他非但找不到令自己信服的答案，其他許多問題反從他的腦海中不斷湧出。他不敢去問父親與烏爾的所有祭司，因為他知道，懷疑偶像的聖潔，在這迦勒底人的故鄉簡直是彌天大罪。然而，終於有一天，他做了一件在當時看來驚天動地，其他任何人都不敢做的事。

某天，塔拉的雕塑室裡空無一人，亞伯拉罕又悄悄地溜了進來。當他看到這一尊尊道貌岸然的偶像時，突然間腦海中冒出「犯罪」念頭，順手從地上拾起一把斧頭，向著那批神靈偶像劈頭蓋臉地砍下去。不一會兒，除掉一尊最大的偶像之外，室內其他偶像全被砸得粉碎。然後，他把斧頭放在那尊保留下來的偶像手掌中，蹲下來呼吁喘氣，想觀察一下究竟會出現什麼樣的後果。

過了不久，父親領著本族人走進來，被室內的一片狼藉嚇呆了。父親看到自己精心製作的偶像全都化成一堆堆碎片時，便像發瘋似地瞪大了腥紅的雙眼，衝著亞伯拉罕大發雷霆：「亞伯

拉罕，是你對我們的神幹下這種好事的？」亞伯拉罕指著唯一完好的偶像回答：「父親，這都是那位大神幹的，祂與其他的神靈發生了爭吵，就掄起這把斧頭憤怒地打起來，把它們一夥兒全打碎了。」

這個不肖子！塔拉火冒三丈，失聲大叫：「騙人！你自己明白這些神像不可能發生爭吵而互相廝打，準是你這小子對我們家的神犯下的惡行！」亞伯拉罕泰然自若地反問：「父親，如果真的像您所說的那樣，這些偶像不可能做什麼動作，那麼留著它們又有何用呢？」

塔拉過去從未聽過別人提出這樣的問題，不知如何回答，只好不知所措地低聲說：「它們是專供人們膜拜的呀！」亞伯拉罕掃了父親以及在場族人一眼，昂然地說：「這種東西有眼看不見、有耳不能聽、有手不會動，那麼，留著它們又有什麼用處？所以我就打碎了，你們崇拜這種毫無用處的東西，簡直不可思議。」

塔拉不置可否地問：「那麼，人們應該崇拜什麼？」亞伯拉罕直爽地回答說，應當只崇拜那創造了日月星辰，並給人們帶來莊稼豐收、人丁興旺和牛羊肥壯的神——耶和華。

當時，這番話出自神像製作師長子的口中顯然是十分離奇而大膽的。亞伯拉罕搗毀偶像的消息，伴隨著他所發表的一番奇談怪論，在烏爾一帶很快傳開了。被激怒的迦勒底人向亞伯拉罕投

以仇視的目光，漸跟希伯來人疏遠。不久，塔拉因其長子的叛逆行為氣出一場大病，憂憤而死。塔拉死後，亞伯拉罕繼任希伯來人的部落酋長。鑑於周圍環境惡化，他便帶領族人，趕著牛羊和駱駝離開烏爾，開始了猶太民族歷史上第一次大遷徙。

▌希伯來人大遷徙

這支希伯來人從烏爾出發，沿幼發拉底河西岸往北，經過哈蘭渡口轉向西走去。經過一段長時間的艱難跋涉之後，他們來到西部的迦南之鄉，在哈利勒附近定居下來。

早在西元前二千年，從阿拉伯半島南部遷徙而來的一支閃族人，就在這塊土地上定居。這個民族叫迦南人，是古代巴勒斯坦最早的居民。當時，迦南人稱這幫自遠方而來的人為「希伯來」人，意思是渡河而來的百姓。

在迦南人土地上，亞伯拉罕所帶來的希伯來人過著半牧半農的生活。他們向當地的迦南人學會了開荒、打井和種莊稼，跟迦南人一道創造了上古時代巴勒斯坦燦爛的經濟和文化。當時希伯來人的經濟和文化較落後，因為這樣，在他們進入迦南國後，便有著被迦南人同化的危機。為了防止民族被同化且保存自己，亞伯拉罕將希伯來人的部落神耶和華尊奉為「萬能的神」，將希伯來人視為耶和華的「選民」，耶和華與他們訂有「聖約」，向他們賜福並加保護。

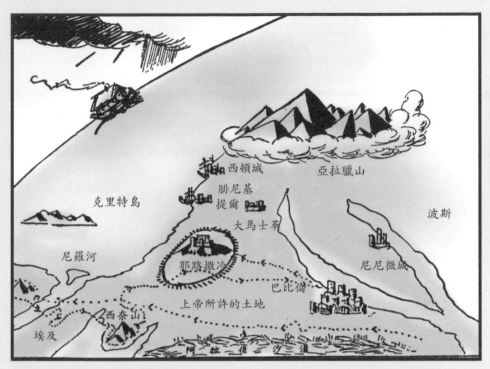

希伯來人流浪歷程／房龍手繪圖
亞伯拉罕帶領族人經過長久的流浪遷徙，才來到巴勒斯坦定居。

這些就是亞伯拉罕所創立較為模糊的一神信仰，而猶太教便是從此時在這種特殊的神學觀念中「種下胚胎」的。

希伯來人在迦南土地上傳宗接代。亞伯拉罕的妻子撒萊在年近半百時為他生下一個兒子，名叫以撒。以撒的兒子名叫雅各，相傳雅各年輕的時候力大過人。有一次，雅各在夢中和天神「以色」角力獲勝，故真主賜予他「以色列」一名。後來，雅各娶其舅家兩位表妹為妻，並納兩妾，共生下十二個兒子，進而發展成十二個部落，統稱「以色列人」。

亞伯拉罕、以撒和他們的妻子先後去世，被埋葬在巴勒斯坦地區伯利恆附近的一座山洞裡。雅各接替成為以色列人的領袖，在迦南土地上繼續生活下去。後來，迦南發生旱災，鬧起饑荒，以色列人就在雅各的帶領下，再度趕著羊群和駱駝，穿越內格夫、西奈沙漠，向尼羅河流域古老而富饒的埃及國度遷徙。埃及人民素來是個好客的民族，當這支以色列人自遠方遷移來到時，他們便讓這批來自東方的客人在尼羅河附近的歌珊地區定居下來。

② 以色列人在埃及

埃及曾以寬廣的胸懷接納了遠道而來的以色列人，
但以色列人的「異類」表現使他們成為仇敵。
當以色列人面臨滅絕危險之時出現了一位希伯來青年，
成為以色列人的救星。

希伯來人在埃及的歌珊地區定居下來，人口一年年增加，他們的信仰卻一直和埃及人格格不入。當時，埃及人為拜物教徒，崇拜的主神是「阿蒙」神，此外也崇拜各種動物形象的神靈。不僅諸神有自己的神廟和祭壇，埃及人家中還供奉著各種大大小小的神位，如此背景下自然對這幫不尊奉埃及神靈的希伯來人產生了反感。隨著時間推移，希伯來人人口猛增，埃及人的這種厭惡情緒就變成了一種憂慮，擔心這些希伯來人日後會消滅他們的信仰。

法老的憂慮

一天，埃及法老召見他的祭司、巫師和賢哲們，問他們應該採取怎般措施才能制止希伯來人人口的增殖，以消除對埃及人的嚴重威脅。法老的這群智囊說：「我們應該先把他們降為奴隸，這樣他們就不得不服從我們的意志，尊奉我們的信仰了。」

國王採納了此一建議，並付諸行動。希伯來人遂就成了埃及人的奴隸，然而法老仍無法改變他們的信仰，這個民族還是跟埃及人格格不入。法老為了

壓制希伯來人人口繼續增長，強迫他們從事擠牛奶、造房、築路及其他繁重的勞動，不讓他們得到喘息。儘管採取了這種種措施，希伯來人的人口仍然有增無減。且由於希伯來人生活窘困，衛生條件很差，使得傳染病在族人間蔓延開來。這些情況，令法老和埃及臣民們更加惶恐不安。

法老的智囊們又出了其他主意：「讓我們立一條法律，規定必須溺死希伯來人生下的每一個男孩，免得他們再繁衍下去。到時他們的姑娘們便不得不嫁給我們的男人，這麼一來，她們的後代就變成埃及人了。」對於此項建議，法老欣然採納。於是，法老頒布一條法令：凡希伯來人所生之男孩必須溺死。

就在這時候，以色列人的利未部落中有個叫阿姆蘭的男人，他的妻子約卡姬生下了一個小男孩，取名摩西。根據新法，這男孩必須面臨溺死的命運。可是孩子的媽媽不忍心弄死親生骨肉，便設法把孩子隱藏在內室裡，小心翼翼地不讓法老的官吏們發現，就這樣一直藏了三個月。後來，約卡姬生怕此事洩露出去，就想了個辦法，讓小孩坐進一只

四周用膠泥密封的小籃子裡，再將小籃子放到尼羅河水面，隨波漂流。

尼羅河上涼風徐徐，泛出道道微波，逐漸將這只小籃子盪到岸邊的一片蘆葦叢中。這天午後，天氣悶熱，法老的一位公主來尼羅河畔游泳，發現了這奇怪的小籃子，於是叫侍女將它打撈上來。公主看到籃子裡頭安然坐著一個嬰兒時，感到既驚奇又憐憫，決定將他抱回去，說服法老不把他弄死，因為她心想這孩子也許不是希伯來人生的。

絕處逢生的摩西便在法老王宮中生存下來。在其他許多希伯來男嬰被溺死的時候，摩西卻穿著華麗衣服，過著少年貴族的生活，並且受到良好的教育，逐漸長成一位英俊強壯的青年。長大成人的他，得知自己是正遭受法老及其臣民壓迫奴役的希伯來人之後，在內心深處立志決心拯救同胞。

▎摩西逃離埃及 ‧‧‧‧‧‧‧‧‧‧‧‧‧‧‧‧‧‧‧

某天，摩西在大街上睹見一名埃及官史正兇殘地毆打兩個希伯來奴隸，他勃然

從水中救出摩西／普桑油畫
小摩西水中漂流，由埃及公主救起，在法老宮中成長。幸運逃過一劫的他，被賦與拯救希伯來人的使命。

大怒，衝上去打死了埃及官吏。在那時，一個希伯來人殺死一名埃及人沒有可能不受到嚴刑懲處。摩西打死埃及人的消息傳到法老那裡，法老便下令派人捉拿摩西，並揚言要將他處以絞刑。可是，這名機警的希伯來青年一聽到風聲，便迅速逃脫了。他喬裝打扮，向著東面的西奈沙漠逃去。摩西日夜跋涉，最後來到亞喀巴灣附近的米甸。昔日法老王宮中的養子，如今成了逍遙法外的逃亡者。

米甸地方有一口水井。一天傍晚，摩西來到這兒，發現有許多牧羊人在井臺上爭相用水罐汲水。只見兩個嬌羞的少女被人們擠在一邊，焦急地等待汲水。正當這兩位少女為難之時，摩西憑著他一貫的豪勇與俠義走上前來，幫助她們汲水。姊妹倆懷著十分感激的心情，靦腆地低下頭，向這位熱情而陌生的青年瞅了兩眼，便羞紅著臉，趕著羊群跑回家去。姊妹倆見到父親舍伊布，講起方才在井臺上發生的事。父親聽罷頗受感動，吩咐小女兒西帕拉把年輕人請進家來以報答他的美德。晚上，舍伊布設家宴盛情招待摩西。席間老人問及摩西的身世，摩西於是侃侃講起自己的遭遇，不禁流下熱淚。老人安慰這個年輕人，懇切地說：「孩子，今後這兒就是你的家，你就在這兒住下去吧。」

舍伊布家後面有一座園子，草木茂盛。一天，摩西走了進去，在樹叢中間一小片空地上發現一根手杖立在那裡。

他好奇地走過去，在這根罕見的手杖之前端詳了許久。從表面上看，這根手杖非常一般，和牧民們手執的牧羊杖一樣細柔和圓實，但手杖上端刻有幾個離奇古怪的文字。

摩西去問舍伊布：「您為什麼把這根手杖插在園子裡？」舍伊布環視了一下周圍，見沒有外人，便對他說：「孩子，這根手杖可有它的一段來歷呀！當年雅各的兒子約瑟在埃及死去時，他的全部家當被收拾到法老王宮中。那時候，我是王宮中的大祭司，當我看見這根手杖時感到很驚訝，懇求法老讓我拿走。法老答應了，我便把它帶回家。一天，我拿著這根手杖到園子裡閒逛，無意間將這根手杖插到地上，剛一鬆手，它就在土中牢牢地扎下了根，任何人都無法將它拔出地面，即使是米甸這地方所有的大漢都無計可施。從那時起，手杖就一直插在這裡。」

摩西凝神瞑目沉思，像在盡力回想一樁事情。他朝這手杖跟前挪動了幾步，仔細端詳著。突然，他發現上面刻著三個工工整整的希伯來文字，組成一個最偉大的名字——耶和華。

摩西瞧了一眼舍伊布，然後對他說：「是的，這根手杖是有一段來歷。」舍伊布驚異地問：「難道它還會有別的什麼來歷嗎？」摩西說：「是的，當天神造物的第六天末，真主完成了十大聖蹟的創造，這根手杖就是那其中的一大聖蹟。」舍伊布吃驚地瞧了

瞧地上這根普通的手杖，說：「就是這根手杖？」摩西答：「對，就是它。當人類的祖先亞當住在伊甸園裡時，真主授予了他這根手杖。之後，亞當將它送給了他的兒子亞伯，亞伯又將它傳給孫子，子子孫孫一直傳到亞伯拉罕。亞伯拉罕又將它傳給以撒，以撒傳給雅各。後來雅各把它帶到埃及，傳給了兒子約瑟。你看，它就是你面前的這根手杖。」

陌生人摩西出現在米甸大地，頗使人感到奇怪。舍伊布認為，摩西就像那種說書的江湖藝人在故弄玄虛。舍伊布疑惑地問：「你如何能證實你所講的話是千真萬確的呀？」摩西回答：「您不是說過，任何人即使是全米甸最有力氣的漢子，都無法把這根手杖拔出來嗎？」舍伊布說：「不錯。」

摩西二話不說，彎下腰伸手一抓，便輕鬆地將它從地裡拔了出來，彷彿它是插在鬆軟土地上的一根普通手杖。此時此刻，舍伊布老人才恍然大悟。老人心想這摩西定非凡人，於是把心愛的小女兒嫁給摩西，並以此作為條件，要求摩西為他放八年羊。從此摩西成了米甸祭司舍伊布的女婿，在米甸沙漠裡過著牧羊生活。

▍來自耶和華的啟示 ‧‧‧‧‧

一天，摩西拿著舍伊布園子中得到的那根手杖，和妻子一起在山間曠野裡放牧。途中，他們迷失了方向。恍惚間，夜幕降臨，氣溫下降而寒氣逼人，他想點火取暖，偏偏手中的火石卻怎樣也打不出火來。正當一籌莫展之際，突然他看見遠處山腳下的樹叢中有團火。他驚喜地對妻子說：「妳留在這兒，我去那裡看看，也許會給妳取來一把火照亮，找到回家的路。」

摩西向那團火的方向走去，待走到跟前，發現那原來是掛在一棵野薔薇樹上的一把荊火，它既燒不著樹枝，也不會被風吹滅。對於這荒山野嶺、火光閃爍的奇景，摩西感到心神不安。突然，從那把荊火中間，發出一個陌生的聲音呼喚他：「摩西啊，我是主，是普天之主呀！」接著摩西又聽見這個聲音命令他脫鞋，他便將鞋脫下。此刻，這個聲音又對他說：「摩西，瞧你右邊是什麼？」摩西說：「這是我的手杖，我拄著它走路，並用它驅趕羊群。」

主的聲音命令他放下手杖。他剛放下，手杖就立即變成一條大蛇在草叢間蠕動，嚇得他瑟瑟發抖。但主叫他不要怕，一眨眼，手杖恢復了原狀。然後，主再對他說：「把手伸進你的衣袋裡，你將會取出一條鱈魚來。」摩西遵命而行，果真從衣袋裡抓出一條活蹦亂跳的雪白魚兒來，然後又將牠放進衣袋裡，於是，什麼也看不見了。摩西再度感到一陣恐懼，但主又對他說：「這是我顯示的兩種靈蹟，是你的主給埃及法老的兩項明證，要他把我的子民放回來。」

摩西領會到都是主安排的使命。他

知道這是主的聲音，是主命令他與哥哥亞倫一道去見法老，解救那遭受迫害的民族。摩西將妻子和孩子留在米甸岳父家，踏上前往埃及的路，風塵僕僕地來到法老王宮中。摩西和亞倫站在法老面前，要求法老將希伯來人民從奴隸狀態下解放出來，並放他們回沙漠曠野，讓他們崇拜過去所信奉的「萬能之神」。

法老愛理不理地問：「是誰派你們來我這兒，要求希伯來人的自由？」摩西回答：「是真主、希伯來人的神——耶和華派我到您這兒來，真主要您放祂的子民回去，以便他們在曠野裡供奉祂。」法老打開《天書》，一目十行地唸了起來。他唸到埃及所有神靈的名字，也唸到其他國家所有神靈的名字，就是沒有從這部神冊中發現耶和華。法老輕蔑地搖了搖頭，對摩西說：「我沒有找到你所說那位神靈的名字。在這裡，我是神靈之主，我絕不會讓希伯來人離開我的國土，因為他們是我的奴僕。」

摩西對法老費盡口舌，強烈地要求法老開恩釋放希伯來人。但法老不僅無視摩西提出的要求，輕蔑地譏笑他的神，甚至竟在大庭廣眾之下聲稱將透過一個途徑到摩西的神那兒，與祂進行最後的「清算」。

法老真的這樣做了，命令他的建築師哈曼專門建造一座高臺大殿，欲和摩西的神決一雌雄。當這座大殿建成時，法老登上殿頂，將箭搭上弓弦對準蒼天射去。頃刻間，箭頭沾著鮮血返回地面，法老欣喜若狂地大笑道：「哈哈，我把摩西的神殺死了！」

法老拒不相信摩西的使命，拒絕釋放希伯來人。摩西只好向法老顯示一下他從真主那兒帶來的「明證」。他將手中的魔杖向地上一丟，一眨眼，它就變成一條大蛇，嚇人地在地上蠕動。接著，他又將手伸進衣袋裡，隨即抓出一條活蹦亂跳的鱈魚來在法老面前抖動。

儘管如此，法老依然執迷不悟，他下令把宮內七名巫師叫到面前。巫師們把各自的手杖放在地上，變出了七條彎曲小蛇。摩西再顯神通，把手中那根魔杖往地上一放，一剎那就變成一條大蛇，張開血盆大口，將巫師們變出的所有小蛇吞入腹內。巫師們目瞪口呆，他們知道這不可能是一種魔術，於是醒悟過來，連連向「神人」摩西下跪。孰料法老仍一意孤行，下令嚴厲對待希伯來人，罰他們去服繁重的勞役。

希伯來人在苦難中向他們的英雄求救，摩西遂與其兄亞倫再一次去法老那兒，向他宣布了真主安排的使命，要求法老放希伯來人離開埃及，同時向法老發出警告：如若不聽真主的告誡，那麼可怕的災禍就要降臨。

▎災難降臨埃及 ·······

法老根本不聽摩西的警告，譏笑他與他的神。這時，摩西指著手中的魔杖對亞倫竊竊耳語。膽小的亞倫害怕得直

打哆嗦。摩西對哥哥說：「別怕，你瞧這杖頭上刻著的第一個字是『岱姆』，意思是血，我們的神將用血瘟來制裁埃及人。」

摩西瞪了法老一眼，對他說：「王啊，您若不相信我主的使命，我主將用這根手杖，將埃及土地上所有的水變成血。」法老對此付之一笑。於是，摩西口唸咒語，將手杖在手中快速旋轉。頃刻間，埃及土地上的江河、湖泊、大小池塘和水井裡的水全變成了殷紅之血。埃及人民喝不到水，呼天喊地，這是真主降下的第一場災禍。頑固的法老仍堅持不放希伯來人離開埃及。不久，第二場災禍跟著降臨了。

摩西瞧了一眼杖頭，看到上面刻的第二個字是「青蛙」。他用同樣的辦法讓那手杖急速旋轉，轉瞬間，埃及大地變成了一片蛤蟆灘。田野裡，屋裡屋外，甚至王宮裡，一群群青蛙和蛤蟆亂蹦亂叫，人人驚慌不安。但法老仍一意孤行，於是真主又降下一場大禍。摩西再將手杖快速旋轉，霎時雞蛋一樣大的蝨子、跳蚤充斥了整個埃及，結果造成瘟疫蔓延，百姓一批批死亡。同時，埃及土地上飛蝗鋪天蓋地，所過田野，禾苗樹木全被噬光。

然而，法老仍舊頑固不化，堅決不許希伯來人離開。這時，摩西玩起魔杖，又一次降下大禍。接著，一種可怕的瘟疫帶走了幾乎所有埃及人家長子的性命。到了這節骨眼，法老才真正感到有點害怕，因為他正是自己父母的長子，難免將死於這場瘟疫之中。他下令趕快讓希伯來人離開埃及，一場可怕的災難甫隨著這幫希伯來人的離去而消散。

埃及之災
上帝降下十災，包括圖中的畜疫之災、蠅災、蛙災，迫使埃及法老王放走希伯來人。

3 出埃及記

摩西不僅帶領著他的族人們擺脫了異邦的奴役，
在新家園中過著自由獨立的生活，
而且使以色列人成為所有民族中第一個崇拜一神教的民族。

十二個部落的以色列人，在埃及吃完最後一頓晚餐，收拾自己的家當，趕著牲畜，在摩西的率領下，人歡馬叫地離開埃及，朝著東方約旦河邊的「老家」進發。摩西率領著這受苦受難的民族離開埃及，從而割斷了他們與埃及人的歷史聯繫，揭開猶太民族歷史新頁。

遷徙途中，以色列人失去約束、行為不軌，搶走了埃及人的一些財物。法老聞訊，勃然大怒，立即傳令軍隊集合，親自率軍前去追趕這幫「不義」的以色列人，決心再將希伯來人變成奴隸。摩西率領的以色列人經過長途跋涉，來到蘇伊士灣附近的紅海之濱，這時法老的埃及大軍尾隨逼近。

▋ 紅海神蹟 ●

太陽從東方冉冉升起，煙消雲散。在明亮的陽光下，以色列人看到法老大軍追上來，頓時亂成一團。然而，英明的摩西憑著主的啟示，努力消除了族人的恐懼。千鈞一髮之際，他呼喚真主，在真主的啟示下，用手中魔杖猛擊海水。海水隨之被

渡過紅海
／布隆齊諾繪
摩西安慰著逃出法老勢力的希伯來人，畫面後方的埃及追兵已被回捲的海水吞沒。

隔斷成兩部分，靜止不動，從中間空出一條淺淺的通道來。此時，摩西振臂一呼，這支以色列隊伍便井然有序地朝東岸前進。

法老見此情景，一馬當先，率領士兵跳下淺海，向前疾追。當他們來到大海中心時，摩西的人馬剛好靠近彼岸。摩西再次舉杖擊海，海水突然咆哮翻騰，掀起滔天巨浪，向法老及其大兵滾滾湧來，結果法老及其麾下全部人馬便葬身於紅海之中。以色列人在埃及度過了四百多年的奴隸生活，終獲得自由。在耶和華神的庇佑下，以色列人克服了一道道艱難險阻，終於走出埃及。為了慶祝這個偉大的日子，以後的猶太人把這一天定為「逾越節」。

渡過紅海繼續前進的這支以色列隊伍，有的騎馬、坐車，有的步行，跟隨著摩西穿越浩瀚的西奈沙漠，向著東方的巴勒斯坦邁進。一路上，以色列人遇見耶和華神顯示的各種「靈蹟」。當以色列人在無邊無際的沙漠中艱難跋涉時，烈日當空，天氣酷熱，他們便對摩西叫苦連天。於是，摩西呼喚真主，這時天空中突然飛來一大片雲層，遮住了太陽。當他們所帶的乾糧吃完時，真主便喚來一陣清風，給他們吹送來甜蜜的「馬那」果和肥美的鵪鶉肉。當他們口渴找不到水喝時，摩西在啟示下用手杖擊搗地面，霎時間從地下冒出十二口泉，湧出了甘甜清涼的泉水。

▌真主的考驗

以色列人來到一座山前，摩西離開人群，獨自登上山巔，在山上戒食默修，盼從真主那兒受誡並得到啟示，為他的人民指出一條「正道」。但他這一去就是四十天，不見下山。正當摩西隱居深山受誡的時候，這幫以色列人在思想上發生了衝突。雖然摩西向這幫以色列人施予了許多恩惠，但他們並不篤信耶和華，對偶像的崇拜仍深印心中。

過去，他們經常到埃及各個廟宇裡看埃及人膜拜他們的神靈，久而久之，這些以色列人就把一頭公牛、牛犢或貓頭鷹一類的形象當作

西奈山下
跟隨摩西的希伯來人，在西奈山下等候摩西。這時卻有人趁著空檔，鼓吹意志不堅的人們膜拜金牛。

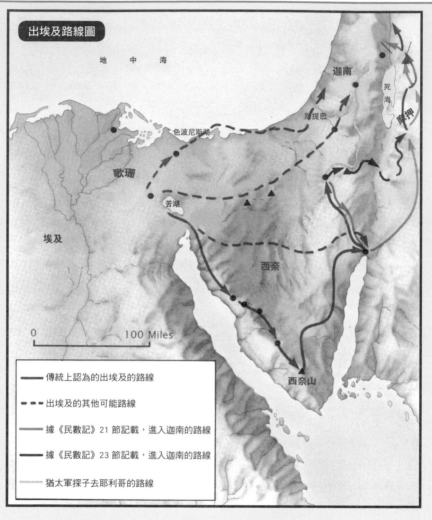

出埃及路線圖

地　中　海

迦南

死海

約旦河

別提巴

色波尼斯湖

歌珊

苦湖

埃及

西奈

西奈山

0　　　　　100 Miles

——— 傳統上認為的出埃及的路線

- - - 出埃及的其他可能路線

——— 據《民數記》21 節記載，進入迦南的路線

——— 據《民數記》23 節記載，進入迦南的路線

——— 猶太軍探子去耶利哥的路線

自己的神來尊拜。因此，當他們渡過紅海，走到西奈山前不見摩西，只見眼前這死寂般的荒山時，內心便感到一陣彷徨失望。他們相互發出疑問：「摩西所講的『神』在哪兒？這個答應要把我們帶往神所賜之土地的人，到哪裡去了？」

這時，有個名叫撒馬利的人利用摩西隱居修道的機會，給他們牽來一頭哞哞叫的公犢，對他們說：「鄉親們，瞧！這就是我們的神，摩西把祂丟在這兒，上山隱居享福去了。」結果深受拜物教影響的以色列人被說服了，紛紛把金銀首飾交給這名騙子，他就將這些東西當場放進一個火爐裡熔化，鑄成一頭金牛犢。人們以為這就是他們的耶和華神，便連連向這頭金牛犢下拜。

摩西帶著真主的「訓誡」下山，

回到他的族人身邊，一看到此般情景立即大發雷霆，對這批「叛逆者」實行嚴屬的懲罰，結果在以色列各部落之間引發相互殘殺。面對這種情況，摩西不得不在西奈沙漠中停止前進。他以「真主的訓誡」為由，對悖逆的部落發動「清教」。這場衝突中，他的部落利未人堅決支持他。之後，摩西帶領著以色列人，沿著通向巴勒斯坦的道路繼續前進。

入侵者道路的開拓，需要用暴力去奪占別人的土地。然而，這些以色列人由於過去長期在埃及過著奴隸生活，使他們無形中產生了一種自卑感，不敢理直氣壯地用武力奪占土地。因此，當摩西命令他們去拚殺時，便有許多人不服從指揮。摩西苦口婆心的說教，才逐漸統一了以色列人的思想與步調。

摩西繼續帶領以色列人前進，最後來到了死海附近。此時，這位年近八十的以色列老人因跋涉千里，竭精殫力，已衰老不堪。到了這裡，他吃力地登上一座山頂，用他那焦灼的雙眼眺望著東方巴勒斯坦的大地。突然間，他頭暈目眩，摔倒在地，心臟停止了跳動，時值西元前 1237 年。

摩西死後，人們把他的屍體埋葬在這山坡上一道不尋常的赭色沙崗上。據傳，從此以後，這裡時時閃現出熠熠紅光。

摩西與十誡

摩西是猶太民族歷史上的偉大領袖，成功把以色列人帶出埃及，使猶太民族避免了種族滅絕的危機。

摩西又是猶太民族一位睿智的先知，他是猶太教教義的奠基人，創立了猶太教法律，即著名的《摩西十誡》。此為人類最早的法律之一，對後來基督教和伊斯蘭教法律的形成，具有莫大影響。這十條戒律，當初被刻在一塊大石板上。內容是：「除了耶和華之外不可有別的神。不許雕製和崇拜任何偶像。不許妄稱耶和華的尊名。要以安息日為聖日。要孝敬父母。不可殺人。不可姦淫。不可偷盜。不可偽證陷害良民。不要貪圖他人的一切。」

在以色列人出埃及，於西奈沙漠流浪的歷史過程中，為了保持以色列人行動上的一致，摩西創立了「十誡」，初步形成了猶太教的教規、教律與禮儀，定出一些主要的宗教節日。這樣，透過先知摩西之手，在亞伯拉罕一神信仰的基礎上，猶太教終於在西奈半島「脫胎而生」。

55

以色列人定居巴勒斯坦

「以色列石碑」上，記載了古埃及法老發兵平息以色列人叛亂的史實。
碑文寫道：「以色列已化為灰燼，但其種族並未滅絕。」
的確，這個民族從此以後，在巴勒斯坦保存自己並定居下來。

摩西死後，以色列人在他的忠實助手約書亞之帶領下，繼續往巴勒斯坦前進。他們每一家抬著一只木匣子，裡面裝著刻有摩西誡約的小石板，稱作「約櫃」。他們認為，這裡頭裝有真主耶和華的靈魂，作為神的象徵而加以供奉。

踏上巴勒斯坦

以色列人一路風塵，終於踏上了巴勒斯坦，和當地的迦南人和腓力斯丁人進行許多次戰鬥，奪取了他們的土地而定居下來。這長期在沙漠中漂泊離散的

以色列人，如今又回到了祖先亞伯拉罕生活過的故土，過著安定的生活。

以色列人在巴勒斯坦向當地人民學習農耕技術，種植椰棗樹，在迦南人先進的經濟、文化影響下，以色列各部落迅速進入農業社會，每一部落都變成了一個小王國。自此，以色列的社會開始出現了階級分化。

猶太民族從亞伯拉罕到摩西的這段歷史尚無文字記載，因此歷史家們大多根據《舊約聖經》中的宗教傳奇，結合各時期的社會歷史背景，加以編纂。

現存歷史文獻中，第一次提到以色列人是在埃及發掘的一塊著名古碑「以色列石碑」上。碑上明文記載了古埃及法老美尼普塔即位（西元前1213年至前1203年）後第三年中發

大衛為掃羅王彈琴

撒母耳
撒母耳是士師時代最後一位掌權者，將以色列帶入繁盛的君主時代。

兵平息以色列人叛亂的史實。碑文中寫道：「以色列已化為廢墟，但其種族並未滅絕。」的確，這個民族從此以後，在巴勒斯坦保存自己並定居下來。

約書亞死後群龍無首，以色列十二個部落有如一盤散沙，彼此間勾心鬥角，內亂頻繁且對外戰禍連年，民不聊生。這是以色列史上最動亂的時期，持續了近三百年之久。在這段時期內，以色列人處在士師統治之下。當時從以色列人每個部落中產生一名士師（即大法官），他們既是宗教祭司、民事糾紛的裁決人，也是對外作戰的軍事指揮者，總攬軍、政、教大權於一身。

以色列王國建立

當初，巴勒斯坦土地上的以色列人與當地土著居民混居共處，因此在生活和宗教習慣等各方面發生聯繫，互受影響，甚至相互通婚。《聖經》上講的「路德的故事」，就是個突出的例證。這一時期，內亂外患此起彼伏。以色列人苦於沒有堅實的政府組織，缺乏強有力的君主來統領他們，因此迫切需要建立一個統一的民族國家。當此時代末期，以色列人中出現了一位賢明的政治家大士師撒母耳。他善於體察民意，為建立統一的以色列王國而奔走四方，挑選君主。結果，他從以色列人當中，推舉出了名叫掃羅的農民當上了這個王國的第一任國王（西元前 1025 年至前 1013 年在位），定都耶路撒冷。

統一的王國在巴勒斯坦建立以後，以色列人由戰火紛飛、雞犬不寧的歲月進入了和平安定的新時期。王國初期，大士師撒母耳處於攝政地位。國王掃羅這位不學無術的莊稼漢，缺乏從政治國的經驗，但卻是會打仗的草莽英雄。他組織了一支英勇善戰的部隊，親自領兵討伐外敵，開疆拓土，最後戰死疆場。掃羅為以色列王國奠定了基礎，並鞏固下來。

掃羅死後，大衛王繼位（西元前 1013 年至前 973 年），是一位文武全才的治國能手，青少年時代流落異邦，飽經憂患，而對周邊各國政治有所考察。他藉助「耶和華」的威力，統率以色列大軍東征西伐，外掃列強，擴大了王國版圖，並內修德政，使國家得以大治。同時，他又大力扶植猶太教。

大衛王死後，其愛子所羅門即位（西元前 973 年至前 930 年）。這段時期，是以色列民族有史以來的「黃金時代」，國勢之強、版圖之大、經濟之昌盛，皆是前所未有的。在宗教上，所羅門進行了一場「清教運動」，使以色列人對耶和華的崇

拜更加熱誠。所羅門統治下的以色列王國成為當時亞洲西部強大的君主專制帝國，也是此地區最富庶的國家之一。這個統一的以色列王國，維持了近百年的統治。

所羅門王對以色列人所做出的最大貢獻，是他用了七年時間，在首都耶路撒冷為耶和華建造了一座大神殿，這就是聞名於世的耶路撒冷第一聖殿。它壯麗無比，遠近馳名。

這座大神殿建在耶路撒冷城內某山丘上，即今天耶路撒冷舊城東北角的聖殿山，坐西朝東。從外面看去，是一道橢圓形的黃色圍牆，內建有高大的正殿和幾座側殿，殿長95英尺，寬35英尺。正殿中央開一道大門，門高60英尺，四邊鑲金。殿內的天花板、抱柱、門窗、殿牆、各種宮燈和祭器，以及院內百個水池的邊緣，全塗上一層金粉，顯得金碧輝煌。殿內置放各種珍貴寶石，寶石之上精雕著前兩位國王的頭像，栩栩如生。殿牆用鵝卵形大理石鑲嵌而成，天花板、抱柱和各扇門窗全用雕有各式花紋圖案的紅松木或橄欖木做成。來自四方的猶太教信徒們湧到這裡，朝拜他們的神。

猶太教古聖城
掃羅成為以色列之王，定都耶路撒冷。所羅門王又在東北山丘上建造聖殿，造就古代以色列王都榮景。

聖殿落成之後，所羅門王親自主持安放神聖「約櫃」的隆重儀式。據傳那一天，當聖櫃剛剛放妥時，天空中突然飛來一朵雲彩，遮住了聖殿，耶和華聖靈出現。這時，所羅門王進入聖殿，在「約櫃」前跪拜，代表他的全體臣民向耶和華祈禱。一會兒，天空響起一聲霹靂，閃出電光，燒掉了祭壇上堆放的豐盛祭品，顯示出耶和華領受了祂的子民們虔誠的心意。這個盛大節日持續了整整半個月。

聖殿的建成，使所羅門王聲威大震，四方鄰國遊客與商賈紛紛聚集此處。這是以色列統一王國的鼎盛時代。有了如此壯麗的聖殿作為信仰中心，猶太教就在巴勒斯坦取得了崇高地位。這時候耶和華的形象與威力得到以色列人空前的崇拜，成為以色列人獨一無二的民族神。

分裂的王國

所羅門王臨到晚年沉溺於驕奢淫逸，四鄰邦國選送來最漂亮的姑娘，成了他的寵妃。所羅門王為討得這幫貴婦美人的歡心，花費大量錢財為每個人專

門建造一座小神廟，供她們崇拜本族神靈，這引起了臣民的不滿。國王修建王宮、聖殿，大興土木，勞民傷財，因此播下了內亂的種子。特別是住在王國北部的人民，他們總認為深居南部首都宮廷中的國王和大臣們有歧視他們之意，於是孕育著謀反的意圖。所羅門一死，內亂風暴立即爆發。

所羅門死後，他的兒子羅波安繼位。羅波安是個常帶有偏見的無智無能之輩，手下的一群奸臣為所欲為，引起北部人民的強烈不滿。

從歷史上講，住在北部的十個以色列支族，和住在南部的猶太和便雅憫兩個支族之間，向來存有敵對的情緒。所羅門一死，北部以色列各族人在埃及法老的支援下揭竿而起，宣布成立自己的國家，稱以色列王國，國王是曾遭所羅門下令處以死刑的耶勞波安，建都撒馬利亞。南部的猶太和便雅憫支族依然效忠所羅門的兒子羅波安，改國名為猶大

王國，《聖經》上把這個地區叫「朱迪亞」，國都仍設在耶路撒冷。從此，以色列人的統一王國一分為二，出現了民族大分裂，時值西元前 930 年。

北部的以色列王國，與南部的猶大王國相比，有其三倍大的土地和兩倍多的人口，但它的土地多是貧瘠荒野，牧場面積不及猶大王國的四分之三。猶大王國地處南部河谷地帶，自然條件得天獨厚，有肥沃的土地和富饒的牧場。這裡的人民比較團結，有中央集權的政府，其部隊訓練有素，邊防佳。而北部以色列王國內，十個支族之間各懷心思，缺乏一位眾望所歸的領袖，內部紛爭層出不窮，加上和南部王國之間為爭奪耕地和牧場頻繁地進行戰爭，大大削弱了力量。巴勒斯坦地處亞、非、歐三大洲交通要衝，戰略地位十分重要。這時，東西方強國相繼崛起，加緊對外擴張，鬆散力弱的以色列王國首當其衝。

西元前七世紀前半，兩河流域北部

所羅門王的審判
兩位母親都聲稱孩子是自己的，爭執不下，來到以智慧聞名的所羅門面前請求主持公道。所羅門王說，為省麻煩不如將孩子砍半對分，由此判歸給不忍孩子受傷害的母親。

的亞述帝國驟然崛起，虎視眈眈地注視著西面日薄西山的以色列王國。西元前722年，亞述鐵騎侵入了以色列王國，搗毀首都，把近十萬以色列人作為俘虜押回國去。從此，以色列人進入了長期的放逐時代。

大敵當前，南部猶大王國眾志成城，做好了隨時抗敵的準備。因而這個王國在北部的以色列王國滅亡之後，又繼續存在了一百三十六年。

▋巴比倫之囚 ·········

西元前586年，東方的新巴比倫人向南部的猶大王國撲來。巴比倫王尼布甲尼撒二世率大軍經過十八個月的圍攻，終於攻陷耶路撒冷，夷平了城垣，燒毀了所有聖殿。繁盛一時的耶路撒冷成了一片廢墟。後來，巴比倫王國派總督前來統治這塊地方，上萬名猶太人淪為俘虜被押回巴比倫。這一歷史事件，史稱「巴比倫之囚」。以色列人在巴勒斯坦安居樂業的時代就此宣告結束。

由此上溯七百年前，以色列人為了擺脫奴隸地位，在和埃及法老反覆較量之後，離開埃及成了自由人。然後，他們來到迦南之鄉的巴勒斯坦，建立了自己的國家。而今他們卻再一次淪為奴隸和俘虜，被趕出他們賴以生存的國土，押解到一千五百年前他們始祖亞伯拉罕的故鄉，過著寄人籬下的亡國奴生活。

以色列王國如同一艘大船，在歷史汪洋中沉沒了下去。巴比倫人滅掉猶大王國，由此結束以色列人在巴勒斯坦立國的歷史。

自統一王國分裂到「巴比倫之囚」以前的這段歷史時期內，猶太教一度陷入嚴重危機。北部的以色列王國中，當亞哈王在位（西元前875年至前854年）時，出現了崇拜異教之風。於是猶太教徒們在先知伊利亞帶領下發動起義，抓捕並殺死了異教的先知。

西元前七世紀間，南部猶大王國瑪拿西王在位時不信耶和華。後來，當他的孫子約西亞王即位後，大力扶植猶太教，並於西元前621年進行了旨在排除異教的宗教改革，結果被埃及法老尼哥殺死。約西亞死後，其子約哈斯王又大力恢復異教。故在這一時期，以色列人

巴比倫之囚
西元前597年及前586年，猶大王國上萬遺民兩度遭尼布甲尼撒二世俘虜，囚禁於新巴比倫王城。受難之中，特別祈望耶和華派下救世主。

的宗教信仰發生了混亂。

「巴比倫之囚」事件，在歷史上對猶太教發展具有深遠的影響。首先是對於淪為外國囚徒的猶太人來說，他們的生活發生了重大變化。他們原先在巴勒斯坦定居時，耶和華僅僅是巴勒斯坦猶太人的民族神。當他們遠離故國進入作為當時世界文明中心之一的巴比倫以

被俘的猶太人

後，眼界大大開闊，但同時又身處於被俘虜和受奴役的悲慘境地。新的歷史環境使他們迅速形成了新的宗教觀念，這一方面表現在猶太人的民族神耶和華而今變成了世界神、宇宙神，另一方面表現在這時候的猶太人已經產生了具有世俗性的彌賽亞（救世主）觀念，祈求從現實生活裡，從大衛王的後裔中，出現一位「救世主」來引導他們擺脫苦難，復興故國。這樣一來，猶太教原有的地域觀念和聖殿中心觀念便被大大削弱，一神論思想在猶太教中得到進一步的發展。

然而，巴比倫人坐享征服猶太教人之後所攫取的戰利品好景不長。西元前538年，滅掉猶大王國的五十年之後，巴比倫也落入東方強敵波斯大帝國手中，猶太人遂又成了波斯皇帝的臣民。在波斯人的統治下，這個民族度過了二百多年較自由的生活，被放逐的時代隨之結束。

波斯王朝為了鞏固帝國統治，採取復興猶太教的政策，只因猶太教中的一神論思想符合波斯大帝大一統的政治需求。波斯大帝居魯士不僅尊重巴比倫猶太人的宗教信仰，且從西元前520年開始幫助猶太人重修耶路撒冷聖殿，並將大批的猶太人放回巴勒斯坦，使他們成為自由民。

西元前445年間，有猶太血統的波斯大臣尼希米採取一項重大措施復興猶太教，他下令要巴比倫猶太學士以斯拉向猶太人宣讀律法書（即《摩西五經》），從而為猶太教確立了一部神聖的經典，這在猶太教發展史上具有重大意義。

西元前六世紀至前四世紀間，猶太教在波斯皇帝的扶植以及波斯宗教瑣羅亞斯德教的影響下，獲得重大發展，不僅產生了猶太教聖經《舊約》，更形成了以巴比倫學士為主體的猶太祭司階級。這個貴族集團除了握有宗教大權，還享有很高的政治、經濟特權，成了巴勒斯坦猶太人實際上的直接統治者。

5 歐洲人統治下的猶太人

歐洲統治下的猶太人，不斷地起義，也不斷地遭受屠殺。猶太人死去了一百五十多萬，倖存者絕大部分被趕走或逃出巴勒斯坦，向世界各地流散，從而結束了這個民族在巴勒斯坦生存了一千三百多年的歷史，開始了長達一千八百多年的民族大流散時期。

猶太人返回巴勒斯坦過著他們的自由生活之時，位於歐洲東南部的希臘馬其頓王國已經崛起，窺視著東方。西元前334年，馬其頓王亞歷山大親率三萬五千精兵，跨過土耳其海峽大舉東侵。這時，東方的波斯帝國已是搖搖欲墜，無招架之力。

希臘化時代神學發展

西元前330年，亞歷山大大帝的軍隊攻占了波斯帝國首都帕賽波里斯，滅掉古老的東方專制帝國，然後向西挺進，一舉攻下了巴比倫。兩年後遠征軍橫掃敘利亞平原，接著揮師南下進入巴勒斯坦，將繁華的聖城耶路撒冷洗劫一空，城內的建築大都被燒成一片焦土。猶太人光復故國的夢想，在這片被戰禍洗劫的國土上化成了泡影。

西元前323年，亞歷山大大帝於巴比倫王宮中發高燒死去，帝國四分五裂。他手下兩員大將托勒密和塞琉古，先後在埃及和敘利亞一帶建立希臘化王國，即托勒密王朝和塞琉卡斯王朝。

托勒密王在埃及興建了亞歷山卓城，大批猶太人從西亞來到這裡居住，形成了強大的猶太社團。西元前的最後三百年內，亞歷山卓城變成了猶太學者們的活動中心。西元前三世紀中期，由七十名猶太學士把猶太教《聖經》翻譯成希臘文的《舊約聖經》。其間，有許多猶太學者透過學習與研究，把古希臘哲學思想注入猶太教經典中，對猶太教神學發展做出了重大貢獻。

亞歷山大大帝的遠征及其希臘化政策的實行，將燦爛的古希臘文化帶入中東，促進了東西方文化的交流。在希臘化時期，猶太教接受希臘斯多葛派的哲學思想，產生了具有濃厚東方色彩的猶太希臘哲學，其代表人物是西元前後亞歷山卓城中的著名猶太神學家斐洛（西元前30年至西元50年）。斐洛的東方宗教神學，對於後來基督教教義的確立具有極其重要的意義，因此被稱為「基督教教義之父」。

馬卡比起義

西元前二世紀中期，塞琉卡斯王朝的敘利亞王安條克四世在位（西元前175年至前163年）時，對巴勒斯坦的猶太人實行殘酷的民族奴役，壓制他們

❶ 無酵餅

❷ 春季掃除

❸ 象徵食物：苦味藥草、蛋、烤羊、鹽水

❹ 獻祭的羊

逃離奴役的紀念節日

逾越節是紀念猶太人逃離埃及重獲自由的節日，當初匆忙出逃只能吃未發酵的餅充飢，故日後這一天只能吃無酵餅。其他如春季掃除、宰羊獻祭都是重要活動。

的宗教信仰自由，激化了彼此間的民族衝突。

在安條克四世晚期，住在耶路撒冷北面莫廷小鎮中的猶太祭司馬太蒂斯極力反對塞琉卡斯王朝的統治及其希臘化政策，他率領自己的五個兒子，將周圍猶太人組織起來，高舉振興猶太教的旗幟，掀起了反對塞琉卡斯王朝的民族大起義，許多祭司紛紛加入起義隊伍。西元前167年馬太蒂斯死去，由他的長子猶大‧馬卡比繼任起義領袖。因此，這次起義被稱為「馬卡比起義」。

猶大‧馬卡比組織起義隊伍，運用山地游擊戰術，英勇打擊了塞琉卡斯王

朝軍隊，於西元前165年成功收復耶路撒冷，而後以它為首都建立了一個猶太神權政體，史稱「馬卡比王國」。

五年後，猶大・馬卡比在戰鬥中犧牲，其弟約拿坦繼任領袖。西元前143年，約拿坦被殺，其兄西蒙・馬卡比繼位，擴大了這個猶太神權國家的統治範圍，超越從前猶大王國的疆域。馬卡比王國在巴勒斯坦存續約一百多年，直到西元64年羅馬將軍龐培攻占耶路撒冷之時為止。

馬卡比起義大勝利，恢復了耶路撒冷聖殿的宗教儀式，使猶太教得到了短暫復興。但隨著神權政體的建立，促使猶太祭司階級內部發生分裂，出現了複雜的派系爭鬥，這主要表現在效忠這個政體的法利賽派與反對者撒都該派之間的衝突上。

西元前一世紀，羅馬帝國在西方崛起，虎視眈眈地注視著東方。西元前64年，羅馬帝國的鐵騎於東征途中潮水般地湧進巴勒斯坦，對當地猶太人實行「鐵和火」的野蠻統治。於是，猶太人再次屈服於另一個歐洲大帝國之下。巴勒斯坦的猶太人自羅馬人在當地建立統治之日起，民族武裝反抗方興未艾，持續了將近兩百年。

▎猶太戰爭 ．．．．．．．．．

西元前53年，猶太人在「奮銳黨」人的祕密組織下，掀起反對羅馬統治者的民族大起義，堅持了好幾十年。

西元66年，猶太人進行第二次規模空前的民族大起義，沉重打擊了羅馬統治者，持續四年之久。西元70年，羅馬王提圖斯率兵血腥鎮壓這次起義，一舉摧毀了耶路撒冷城垣，波斯大帝幫助重建的第二聖殿亦遭燒毀。

西元115年，在民族英雄西蒙・巴爾・考奇巴的領導下，猶太人舉行了在巴勒斯坦的最後一次大起義。這次起義組織得較為成功，羅馬統治者深受打擊，以百倍的瘋狂實行報復。

西元132年，羅馬暴君哈德良率大軍對猶太人進行血腥屠殺，徹底摧毀耶路撒冷城。猶太人這次民族大起義的烈火最後於西元135年被撲滅下去，成為亡國之徒。這幾次大起義，史稱「猶太戰爭」。

經過這三次民族大起義和所遭受的三場大屠殺，猶太人罹難了一百五十多萬人，倖存者不是被趕走就是逃出巴勒斯坦，向世界各地流散。於焉結束了這段民族在巴勒斯坦生存一千三百多年的歷史，開始進入長達一千八百多年的民族大流散時期。

西元一世紀期間，巴勒斯坦的猶太人慘遭羅馬帝國統治階級及其代理人的殘暴統治和奴役。他們在黑暗與苦鬥之中對世俗人生產生絕望，盼望「天國」的降臨，渴望出現一位「救世主」使他們擺脫異族的奴役。在這種社會歷史背景下，從巴勒斯坦的猶太教中衍生出了一個新的宗教——基督教。

猶太教四大派別

西元 135 年起，羅馬皇帝把馬卡比王國的猶太地域改名「巴勒斯坦」，成為羅馬帝國的一個行省。處於羅馬帝國統治下，巴勒斯坦的猶太人因其經濟地位差異而對羅馬統治者持有不同的政治態度，促使猶太教本身發生分裂，形成了不同的政治派別，主要有四大派。四大派別內涵如下表所示。

從西元前一世紀後半期到西元一世紀初，奮銳黨人先後在巴勒斯坦祕密發動了幾次猶太民族大起義，結果都遭到羅馬統治者的血腥鎮壓，大批起義者慘遭屠殺，其中不少人被絞死或釘在十字架上。

反抗失敗以後，奮銳黨人轉而進行宣傳人類「救世主」降臨的「彌賽亞運動」。艾賽尼派和奮銳黨所進行這種具有初步革命意識的彌賽亞宣傳運動，在受難深重的巴勒斯坦猶太群眾中引起了很大回響，這種宣傳運動正是當時基督教產生的思想基礎。

猶太教四大派別	
撒都該派	即猶太教的「元老派」，他們是從所羅門聖殿修建後歷代以來所形成的祭司貴族集團，但後來在馬卡比王國時代後期，這一派的政治勢力被削弱，地位下降，逐漸為法利賽派取而代之。
法利賽派	馬卡比起義過程中所崛起的新興猶太貴族集團。經濟上，他們擁有大量的地產和奴隸，同時發放高利貸盤剝人民。政治上，因附和羅馬統治者而讓他們擁有相當大的政治特權，兼掌握一部分司法大權，與羅馬統治者聯合殘酷鎮壓猶太反抗運動。宗教上，他們掌握耶路撒冷的宗教大權，其祭司集團壟斷了聖殿裡的全部活動。他們還利用宗教特權在聖殿裡開設錢莊，並允許設立牲口市場，以便從那些前來向神祈禱和獻祭的人們身上攫取錢財，從商人手中牟取暴利。
艾賽尼派	本為馬卡比起義中的主力軍，大部分成員是破產的農牧民。由於他們未能從這場起義的勝利中得到任何好處，因而產生一種悲觀失望的情緒，不願再參加爭鬥，把擺脫苦難的全部希望寄託於等待「天國」和「救世主」彌賽亞的降臨。政治上，他們對羅馬統治者懷有強烈的不滿情緒，特別是對那些把持宗教大權的精神貴族法利賽派，因此被視為「異端」和「危險分子」而受到排斥與鎮壓。經濟上，艾賽尼派信徒們組成許多「互濟社」，實行財產公有和集居，過著神祕而嚴格的禁慾生活。同時，他們在社會下層進行「救世主」彌賽亞的宣傳運動，對於苦難中的猶太人民具有很大吸引力。
奮銳黨	從猶太教中分化出來的狂熱派，由被釋放的奴隸、遊民、乞丐及貧苦的手工業者和小商販等社會下層勞苦群眾所組成。政治上，奮銳黨人極端仇恨羅馬統治者，亦強烈反對法利賽人，狂熱地宣傳「救世主」彌賽亞即將降臨，藉此號召猶太人奮起推翻羅馬帝國統治和法利賽人。

6 猶太人的大流散

猶太人在長達一千多年的中世紀歷史階段，其處境是相當悲慘的，
尤其在歐洲他們是歧視、迫害和屠殺的對象。
千餘年間，此迫害浪潮越來越狂烈地席捲整個歐洲。

經過西元前 53 年到西元 135 年的「猶太戰爭」，猶太人在巴勒斯坦幾乎絕跡。但是，這猶太民族流散的歷史，早在西元前 586 年就已經開始。因為從那時起，被放逐到巴比倫的猶太人中，有相當多的人並沒在西元前 538 年以後返回巴勒斯坦。後來，隨著歐洲人的占領，大批猶太人從巴比倫和耶路撒冷向小亞細亞、埃及和阿拉伯半島南部流散。當時猶太人的集居點，除亞歷山卓城外，在阿拉伯半島西南部有漢志的雅斯里伯、海巴爾、瓦迪古拉及葉門的一些地方。猶太人和這些地方的貝都因人發生了密切關係，對他們的經濟生活與宗教信仰產生影響。

西元 135 年之後，巴勒斯坦的猶太人絕大多數離開本土向西方世界流散，其中大部分人流落到英國、法國、德國、義大利和西班牙等國。猶太人在長達一千多年的中世紀歷史階段，其處境是相當悲慘的，尤其在歐洲。

中世紀歐洲猶太人處境

中世紀的歐洲各國，基督教居統治地位，這些國家的統治者利用宗教衝突對猶太人實行種族歧視、迫害和屠殺。首先是對猶太人的生活施加限制與禁戒，限令他們集居在稱之為「隔都」的特劃居民區內，被迫過著與世隔絕的社團生活。有的國家在法律上禁止猶太人占有地產，並限制其工作。

在社會上，他們遭受基督教徒的厭惡仇

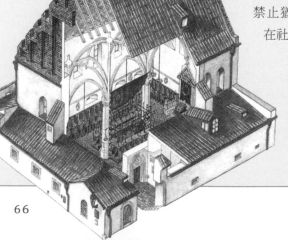

猶太教會堂
早期基督教徒多是猶太人，故又稱「猶太基督徒」。隨著基督教遠播，非猶太裔教徒紛紛建起自己的聚會場所，圖為布拉格的猶太會堂剖面示意圖。

視，特別是十一世紀至十二世紀的「十字軍時期」，這種仇恨達到了頂點，以致基督教徒可以在大街上隨便殺害路過的猶太人。之後，這種迫害浪潮越來越狂烈地席捲整個歐洲。

十三世紀起，許多猶太人流落至中歐和東歐各國，但在那裡仍受歧視。1648年，猶太人在波蘭遭到一場大屠殺。直到十八世紀末的法國大革命發生，歐洲的猶太人才先後獲得「解放」。在這三、四百年間，歐洲內陸各國的猶太人主要以經商、借貸為業，同時由於受歐洲文化影響較深，使他們具有西方人的思想和習慣。後來，在他們當中產生出猶太資產階級，這一類猶太人稱為「阿希肯那茲人」。之後從這一類猶太人中，湧現出猶太復國主義運動的先驅分子。

然而，在十世紀到十三世紀的西班牙，猶太人的處境又是另一般情況。當時，在這塊地區，阿拉伯穆斯林的後倭馬亞王朝當政，大批猶太人從西亞、北非地區流落這裡，受到阿拉伯人善待，享受了幾百年的和平生活。他們在這裡與阿拉伯人一起創造了燦爛的經濟、文化，尤其在哲學、醫學和天文學方面，出現許多著名的學者。這個時期的西班牙成為猶太教新興的活動中心，猶太人在這裡透過阿拉伯文，接觸到亞里斯多德等希臘哲學家思想，進一步發展了猶太教神學。中世紀猶太教正統派的兩位偉大神學家，也就是被譽為「摩西第二」的邁蒙和卡羅，都出生在西班牙，他們對豐富、發展猶太教神學做出了重大貢獻。

但在十五世紀末，隨著阿拉伯人統治落幕，基督教「宗教裁判所」的頭頭們為了執行搜捕異端教徒的命令，把西班牙的猶太人全驅趕了出來。從此以後，西班牙的猶太人不斷流向西亞與北非的穆斯林國家，主要從事農業。這一類猶太人被稱為「賽法爾德人」，他們的文化較落後，具有東方人的習慣。

▌猶太人的解放 ·······

猶太人在歐洲流散三、四百年，長期遭受歧視與迫害，迫使他們一再進行大規模的逃亡遷徙，四處流浪。他們所度過這一漫長的歷史時期，是苦難、屈辱、殘酷和悲慘的黑暗歲月。猶太人從歧視與迫害中獲得自由解放的歷史轉振點，是十八世紀末的法國大革命和以後的美國革命。猶太人在這兩場大革命中做出了很大貢獻。

法國大革命以後，歐洲各國效法法國，對猶太人實行「解放」，還給他們自由。到十九世紀中期，大多數歐洲國家幾已解放了本國的猶太人，承認他們為自由平等的公民。這種「新自由主義」的潮流，帶來希伯來學術和文藝復興運動。猶太人在其所在國家裡，對人類文化發展做出了有價值的貢獻，出現許多著名思想家、科學家和藝術家。

當大多數歐洲國家對猶太人實行

解放以後，唯獨住在波蘭和沙皇俄國的猶太人仍然遭受歧視與迫害，特別是當1881年暗殺沙皇事件發生後，沙俄開始對猶太人實行瘋狂大屠殺。這場大屠殺，其殘忍程度超過中世紀基督教迫害的高峰，造成了1882年猶太民族歷史上的大遷徙浪潮。遷徙浪潮衝擊了和平寧靜的巴勒斯坦，這就是猶太復國主義先驅運動的肇端。

俄國境內猶太人為逃避沙皇政府的迫害，大批逃往國外，其中以逃往美國者最多。所以，目前美國的猶太人最為集中，有六百多萬之眾，形成美國政治生活中一支舉足輕重的力量。到了近代，美國更成為猶太教主要中心之一，猶太復國主義者的大本營。

近代歐洲革命以及猶太資產階級的產生，對猶太教的存續具有莫大影響。從猶太教中湧出一股「改革主義」潮流，以迎合新的時代和社會。這場宗教改革運動的社會基礎，就是新興的歐洲猶太資產階級。

近代猶太教改革運動的先驅者是摩西‧曼德松。曼德松是德國猶太人，家境貧寒，自幼好學，青年時代在一家猶太富商當家庭教師，後來變成猶太資產階級的代言人。他一生主要從事哲學和神學的研究工作，著作等身，其代表作是《耶路撒冷——論宗教威力和猶太人》。

曼德松在近代猶太學者當中威望很高，被譽為「摩西第三」，是資本主義時代的著名猶太教神學家，在猶太教發展史上堪與封建時代的猶太教神學家邁蒙齊名。他和邁蒙一樣，雖然都強調理性主義，但他提倡的是「新理性主義」，強調猶太教的一切信條必須得到「理性」的解釋，否則不予接受。他所言的新理性主義，實質上是把猶太教建立在近代世俗世界的現實基礎之上。這種思想，成為當時猶太教正統改革派的行動指南。

▍救世主騙子事件

痛苦絕望之中的猶太人存有「返鄉」渴望，期待「救世主」出現來解救他們返回祖先故土。中世紀歲月中，流散的猶太人間經常傳播著「救世主已出現」的流言，土耳其的舍卜泰‧濟菲便是當時蜚聲世界的「救世主」騙子。

舍卜泰‧濟菲，1626年生於土耳其的伊士麥市，時值歐洲三十年戰爭爆發後的第八個年頭。曠日持久的戰爭使歐洲人民飽受苦難，其中以猶太人遭遇最慘，於是他們開始相信：世界末日已經來臨，戰爭為人類「救世主」的到來鋪了路。法國和日耳曼地區均曾有人就「救世主」到來編纂過幾部書，述出「救世主」到來之年是1666年。當時猶太人認為這位「救星」必定出自大衛王後嗣，盼望這個人的到來能終結顛沛流離的流亡生活，使他們回到日夜思念的聖地耶路撒冷。

濟菲還是個孩童時，聽過許多有

關即將到來的「救世主」的故事，長大後開始研究預言「救世主」到來的神學家丹亞爾著作，然後整天把齋。二十二歲時，三十年戰爭剛結束，某天濟菲站到朋友群中莊嚴宣布，他就是真主所選擇的「救世主」。沒有一個人拿他的話當回事。濟菲明白故鄉老百姓不願聽他的話，於是遷移到薩盧尼克，宣布他是人們期望中的「救世主」，再度受到譏笑後只好奔向耶路撒冷，想也許在那裡會找到一些追隨者，但也不被接受。

救世主濟菲
濟菲自稱為救世主「彌賽亞」，吸引大批追隨者。他以真主名義授命道：「你們須將悲愁化為歡樂，高高興興地把齋，從今以後你們將不會再哭泣。……因為我已經出現在人間。」

　　他三十四歲來到埃及，在開羅住了三年，僅有少數人追隨。這些人敬佩此人通曉經書、知識淵博，鼓勵他去耶路撒冷。濟菲對信徒們許諾，將在耶路撒冷的「贖罪日」這天做出一番重大奇蹟來。濟菲在耶路撒冷整日把齋、夜間祈禱，漸漸吸引周圍人們相信他就是真的「救世主」，傳揚開來。

　　「復活年」的前一年，濟菲回到故鄉伊士麥，大批鄉親夾道歡迎，到處傳播「救世主」歸來的喜訊。消息在義大利、法國、德國、荷蘭和英國傳開了，猶太人盛裝聚集在教堂裡和祭壇上跳舞唱歌。富人們將財富分給窮人，深信只要「救世主」出現就不再需要這些財富，他們所希望的無非就是「贖回自己的靈魂」。神奇的故事開始一傳十、十傳百地流傳，其中一則講說有艘奇怪大船突然出現在阿斯克坦達北部海面，船上風帆和纜繩是用絲綢製作成，船員們講一口希伯來話，甲板上高高飄揚的旗幟上寫著「以色列人」。到處響徹猶太人的歡呼聲，甚至連許多基督教信徒也相信：濟菲就是猶太人所期待的「救世主」。

　　1666 年的黎明曙光出現了。世界各地的猶太人屏住呼吸，緊張地期待著耶和華顯示一大「奇蹟」，將祂的子民們送回巴勒斯坦。但是，就在人們等待的這一年中，一件古怪事情發生了。這位「救世主」濟菲不是南下猶太聖城耶路撒冷，竟是北上伊斯蘭教的君士坦丁堡。他一到達那裡，鄂圖曼土耳其人皇帝就下令將他捉住送進牢獄。

　　1666 年 9 月 16 日，濟菲被帶到鄂圖曼皇帝面前，皇帝向他宣布：要麼信奉伊斯蘭教，要麼就以叛教罪名處死。於是這位假救世主濟菲便歸信了伊斯蘭教，讓期待救世主到來的猶太人的縱情歡樂一下子變成了永久的悲愁。猶太人寄託於靠「救世主」實現返鄉的夢想，就此徹底破滅了。

7 猶太人回歸故土的熱望

歲月如水,無聲無息地消逝著。
猶太人返回巴勒斯坦故土的渴望依然如故,特別是到十九世紀以後,
法國和美國革命激發了猶太人復國返鄉的民族情緒。

歲月如水,無聲無息地消逝著。猶太人返回巴勒斯坦故土的渴望依然如故,特別是到十九世紀中期。當時,澎湃於整個歐洲的民族主義浪潮,進一步刺激了猶太人渴望返鄉的傳統觀念。他們之中許多人認為,實現《聖經》中真主許給他們返鄉的「吉日」即將來臨。

十九世紀末期,法國和美國大革命接連激發了猶太人復國返鄉的民族主義情緒。這時的猶太人卻已認清,解脫苦難與返回巴勒斯坦的願望既不可能透過神顯示奇蹟,也不可能透過「救世主」現身得以實現,而是要透過在「真主應許的一塊土地」上建立實際的猶太國家來達到目的。猶太人便開始集中一切努力,擺脫對宗教玄虛的依賴,從一般的宗教復興活動轉變為一場具有實際目標的政治運動。在這種情況下,出現了猶太復國主義者所推動的政治復國運動。

猶太復國主義組織創始人:
西奧多・赫茨爾

猶太復國主義生成

猶太復國主義非一般的民族主義,亦非普通的宗教狂,它是一種狂熱的種族主義。十九世紀末,猶太人中少數資產階級政客,為了迎合帝國主義掠奪海外殖民地的政治需要,利用猶太人渴望返鄉復國的民族主義情緒,以及當時出現的猶太難民問題,大肆鼓吹、推行以在巴勒斯坦建立猶太人「民族之家」為政治目標的猶太復國運動,煽動流散世界各地的猶太人向巴勒斯坦遷徙定居。

他們的政治口號是:「回到錫安山去!」錫安山又稱郇山,是猶太人在耶路撒冷的聖山,由此引出「錫安主義」一詞,即現代政治俗語的「猶太復國主義」。

猶太復國主義思想的奠基人是摩西・赫斯。他於1876年寫了一本書,名叫《羅馬與耶路撒冷》,在

這本書中,他向猶太人闡明了在巴勒斯坦建立一個模範社會制度的理想道路,就是動員世界各國猶太人向巴勒斯坦移民。他說,猶太人最關切的就是土地和國家。

俄國猶太復國主義者的代表人物是敖德薩的猶太醫生利奧·平斯克。他於1881年寫了一本題為《自我解放》的小冊子,提出解決猶太人問題的唯一辦法,就是猶太人努力建立自己的國家。平斯克這本書的問世,標誌著俄國猶太復國主義運動的開始。緊接著成立了「俄國猶太人大會」,並專門組織了一個猶太協會來宣傳平斯克的觀點,這個協會強調巴勒斯坦是建立猶太人理想王國的唯一選擇地,因此定名為「郇山熱愛者」。

世界猶太復國主義組織的創始人,是匈牙利猶太作家西奧多·赫茨爾。1896年他寫出《猶太國》一書,號召猶太人致力建立一個猶太國家。1897年在他的主持下,於瑞士巴塞爾舉行了首次世界猶太復國主義者代表大會,成立「世界猶太復國組織」。會上宣布了這個組織的政治綱領,即動員世界各地猶太人返回聖城耶路撒冷,在巴勒斯坦重建一個猶太自主國家。

後來英國政府向赫茨爾提議,打算拿它在東非的一塊領土厄利垂亞作為猶太人的安置地。當時的赫茨爾和西方許多猶太復國主義者傾向於接受這項提議,但俄國、東歐的許多猶太復國主義者對此表示強烈反對。這樣一來,世界猶太復國主義運動便面臨分裂。

1905年,赫茨爾死後不久,召開了第七屆世界猶太復國主義者代表大會。會議拒絕了英國政府關於在東非建國的提議,重新確定了非在巴勒斯坦建國不可的目標。在最初幾年中,猶太復國主義者的政治主張只有少數猶太人能接受,甚至遭到社會上某些強大猶太社團的反對。因為,當時歐洲社會存在一種「反猶」情緒,所以多數猶太人主張同化於所在國之中,以清除人們對他們的偏見。其間,對猶太復國主義信條最激烈反對者是「猶太工人總同盟」,這是俄國和東歐的猶太人於1897年建立的組織。猶太復國主義運動也遭到各國

聖殿復原圖

聖城耶路撒冷所留下的光榮歷史,在流散千百年的猶太人心中成為一盞復國明燈。

猶太移民湧向以色列，攝於 1947 年

正統派猶太集團的反對。故在第一次世界大戰爆發之前，參加世界猶太復國主義組織的人並不多。這一時期的猶太復國主義者，不過是群「夢想者」而已。

▌以色列國再現 ·······················

　　兩次世界大戰可說是幫了猶太復國主義者的大忙。第一次世界大戰末，英國占領了巴勒斯坦。大英帝國企圖藉助猶太復國主義控制蘇伊士運河、鎮壓阿拉伯民族解放運動，向近東、中東地區實行侵略擴張。

　　1917 年 11 月，世界猶太復國主義組織主席、英國著名猶太科學家和政治家魏茲曼說服了英國政府發表宣言，主張在巴勒斯坦建立猶太民族國家。接著英國外交大臣貝爾福覆信給英國猶太復國主義組織副主席羅斯柴爾德，表示英國政府贊成在巴勒斯坦為猶太人建立一個民族之家，這就是「貝爾福宣言」。結果，世界各地的猶太人大規模湧向巴勒斯坦定居，使巴勒斯坦的猶太人由大戰前不足五萬人，到 1922 年增加到八萬三千多人。

　　第二次世界大戰期間，納粹黨將迫害猶太人列入其政治綱領中，譴責猶太人是第一次世界大戰後德國出現諸多困難的根源，因而對他們實行野蠻的民族大屠殺。

至 1945 年大戰結束時，歐洲的一千多萬猶太人被屠殺了六百多萬，許多猶太教堂被燒毀。倖存的猶太難民紛紛離開歐洲，向東方的巴勒斯坦遷移。到 1948 年，巴勒斯坦的猶太人由 1918 年的五萬六千人猛增到五十六萬六千人之眾。這批猶太移民，在巴勒斯坦侵占了阿拉伯人的大片土地。據統計：1916 年巴勒斯坦猶太移民擁有四萬二千餘公頃耕地，1927 年增加為約九萬公頃，1947 年猛增為十八萬五千公頃。

隨著猶太移民急劇增加，及其對阿拉伯人土地的瘋狂掠奪，促使巴勒斯坦地區的民族衝突和宗教糾紛日益加深，阿拉伯人的民族主義情緒空前高張。從一九二〇年代初到三〇年代末，巴勒斯坦不斷爆發阿拉伯人反對猶太人的暴動或起義，其中以 1936 年到 1939 年間的阿拉伯人民族大起義最為波瀾壯闊，在某種程度上抑止了猶太人向巴勒斯坦的遷移浪潮。

二次世界大戰結束後，美國政府幾度發表聲明，要求英國立即「開放」巴勒斯坦，讓歐洲十萬猶太難民移居這塊土地上，再度激化了巴勒斯坦的民族衝突。美國在關鍵性年代裡，對猶太復國事業給予了決定性的支援。

1947 年 4 月，迫於美方壓力，英國政府把巴勒斯坦問題提交給聯合國處理。11 月 29 日，聯合國第二屆大會在美、英兩國和蘇聯的贊同下，不顧阿拉伯各國的反對，通過了關於巴勒斯坦將來治理問題的決議。這項「分治計畫」決定在巴勒斯坦建立兩個獨立國家：一個是面積一萬一千平方公里的阿拉伯國家，另一個是面積一萬四千平方公里的猶太國家，耶路撒冷被規定為「一個在特殊國際政權下的獨立實體」，交由聯合國託管。

1948 年 5 月 15 日，本·古里安宣布「以色列國」正式成立，不久就被接納為聯合國會員國，而聯合國分治計畫中規定要建立的阿拉伯國家卻始終沒有建立起來。

1947 年聯合國關於巴勒斯坦的「分治決議」和 1948 年以色列國的建立，結束了猶太人流散和受迫害的苦難悲劇，但同時卻又製造了近代史上一場曠日持久的慘烈新悲劇，半世紀以來，巴勒斯坦的百萬阿拉伯難民顛沛流離，無家可歸。1988 年發表獨立宣言以來，經過各方談判與國際支持，這批阿拉伯人爭取的巴勒斯坦國於 2014 年獲得歐洲議會承認，2015 年 5 月，梵蒂岡亦正式承認巴勒斯坦的國家地位。

大衛之星
由兩個三角形上下構成的「大衛之星」，是猶太教的重要象徵。

8 猶太教經典

守舊而盲目阿附的教士階級和改造家們費了許多工夫，才形成我們現在看到的《舊約》，它的主要教條就是對上帝不僅是要有形式上和表面上的虔誠，還要有無瑕的行為及一顆純潔的良心。

當猶太人處在東方巴比倫人和波斯人統治下的流放歲月中，猶太先知和學士們對猶太教的發展做出了一大貢獻，就是用希伯來文編纂出《猶太聖經》，即《舊約聖經》，使猶太教過去透過祭司和士師們的口授說教，變成一部神聖經典。

《聖經》起源

《猶太聖經》這部內容浩繁的神聖經典，是猶太民族最古老、最重要的文化遺產。它不僅是猶太教徒必讀的經書，更是這個古老民族一部完整的「史記」，包括闡述猶太民族的祖先希伯來人生存發展的歷史、人物傳奇和各支派的系譜，以及聖詩、箴言和雅歌。這是猶太民族在歷史、宗教、法律和文學方面一部不朽的「百科全書」，從搜集材料到最後編纂成典

天使裝飾的《聖經》
十一世紀拜占庭的聖經封面呈現出高工藝水準，天使長米迦勒為銀製鍍金，頭部上釉。翻開華美聖經，裡頭仍承載基督之理。

籍，歷時四百餘年。

這部聖經就其內容而言，可分四大部分：第一部分，論猶太教法律，以《摩西五經》為基礎；第二部分，論歷史；第三部分，論詩篇；第四部分，論預言。

《猶太聖經》並非某一位先知的個人作品，乃是猶太民間經典文學家的集體創作成果，對當時的希臘文化、亞拉姆文化以及後來的阿拉伯文化和西班牙文化產生了很大影響。

《摩西五經》是《舊約聖經》的主體，它包括〈創世紀〉、〈出埃及記〉、〈利未記〉、〈民數記〉和〈申命記〉這五卷史記，其中包括摩西十誡的內容。

「五經」除了論述法律之外，還記載了三千年的人類歷史。其中〈創世紀〉是一卷「神書」，包括上帝用泥土造人的神話、人類

耶和華創造日月／西斯汀教堂天頂壁畫

《舊約聖經》裡頭講，真主耶和華在創世第四天，造出了太陽、月亮來照亮世界。只是，就連杜思妥也夫斯基也不禁一問：那麼，前三日的光明從何而來？

始祖亞當與夏娃的故事以及諾亞方舟傳奇等。

〈出埃及記〉論述以色列人在埃及定居的歷史，包括埃及法老對以色列人的種族迫害，以及摩西如何與法老進行抗爭並帶領以色列人離開埃及的歷史。〈利未記〉記述當以色列人離開埃及來到西奈沙漠的過程中，摩西所屬的一個以色列部落利未人如何支援和輔助摩西進行「清教」運動。〈民數記〉主要記載以色列人在西奈沙漠四十年的飄泊生涯，以及初到巴勒斯坦的生活歷史。〈申命記〉記述猶大王國約西亞王託古實行宗教改革，重申猶太教法律的歷史。

「摩西五經」雖然由摩西所創立，但成書非他一人之功，乃在他死後由歷代先知們，特別是由巴比倫和波斯統治時代的猶太學者集體編成。

▎亞當與夏娃的故事 ●●●●●●●●●●●●●●●●●●

人類始祖亞當和夏娃的故事是《舊約聖經》中關於「真主六天創世」的傳奇。傳說中，最初的宇宙是漂浮在空虛縹緲之中黑暗而沉寂的茫茫寥廓。那時沒有大地，只有浩淼的汪洋，萬能的主耶和華在宇宙中遊蕩。根據真主的意志，第一天劃分出了白天與黑夜。第二天，造出了天堂。第三天，造出了陸地，長出了生機蓬勃的萬物。第四天，造出了太陽、月亮與其他行星，使一年四季分明。第五天，造出了鳥和魚類。第六天，創造地上的動物；真主又從地球各個角落取來一坯土，和成泥巴，按照祂自身的形象捏出個泥胎，並賦予它生命，把它叫作「人」，放在萬物

智果樹／西斯汀教堂天頂壁畫

惡蛇盤繞著智果樹，亞當與夏娃抵禦不了誘惑，偷摘了智慧果。兩人自此被逐出伊甸園。

生靈首位。真主的創世之舉就此完結，第七天便是真主的「安息日」，停止了祂造物的勞作。

當第八天到來之時，真主把這個叫作亞當的「人」放到伊甸園（又稱極樂園）去看守園子。這是一方仙境，裡頭長滿各種奇花異卉，有各種仙果樹以及一群馴服的小動物。亞當向真主申訴了他的孤獨寂寞之情，真主便從亞當腋下取出一根肋骨，造出一個女人名叫夏娃，作為他的配偶一同看管天園。真主叮囑他們倆不許偷吃園中「智果樹」上的果子，否則將受到可怕的懲罰。但夏娃受到草叢間一條狡猾老毒蛇的蠱惑，偷偷摘下一顆果子吃了一半，剩下一半留給亞當，亞當睡醒過來時，把這一半也吃了。

耶和華大怒，將他們倆逐出天園，罰到下界，成了普通的人。亞當與夏娃來到世上生兒育女，子子孫孫繁殖下去，分散在世界各地，於是地球上就出現了人類。《舊約》上講，真主創世之年是西元前 3761 年，即猶太曆元年。

諾亞方舟傳奇

猶太教中所宣揚的猶太種族主義，是《聖經・創世紀》中有關「諾亞方舟」的傳奇演化而來的。諾亞是亞當幼子賽特的後代。當時，人類各階層中邪惡分子橫生，出現互相殘殺、偷竊等犯罪行為。而諾亞卻與眾不同，他為人極其忠厚善良。真主耶和華決心使人類重新開始，消滅所有生物，獨留下諾亞作為好人的祖先存續下去、生兒育女。

真主事先囑咐諾亞趕造一艘大船，船身長 450 英尺，寬 75 英尺，深 43 英尺。在湛藍天空下，諾亞和他的三個兒子開始了緊鑼密鼓的造船工作。他們砍

洪水與方舟／西斯汀教堂天頂壁畫
上帝以洪水懲罰人類互相爭奪，背棄信仰。「諾亞方舟」的故事在中東一帶流傳久遠，也收錄在《聖經》中。

下許多粗大的柏樹，先排造船底，後造船身、船艙。諾亞一家僅用幾天工夫就把這艘大船造好，然後去野外打了一星期的獵，捉到各種動物和鳥類。第七天晚上，諾亞全家及打來的獵物全上了船，並將艙門關緊，就在這天夜裡，天上開始降下滂沱大雨，持續了四十晝夜，整個世界淹沒在無邊汪洋，唯有諾亞一家的「方舟」安然無恙地在浩瀚無際的大洋中漂流。過了一個星期，洪水消退，露出地面，諾亞和三個兒子閃姆、含姆和雅弗在這氾濫之後所出現的肥沃陸地上從事農業與放牧，過著安寧的生活。亞伯拉罕的高祖便是跨出這艘「方舟」的諾亞之長子閃姆，即古代阿拉伯半島南部閃族人的祖先。因而《猶太法典》中宣揚，猶太人是真主耶和華「特選的子民」。

《猶太聖經》和《猶太法典》中的許多神話傳奇，大多源出於上古時代兩河流域各古老民族或部落的宗教傳說，保存了許多豐富史料，其中不少記載是有歷史根據的。譬如，關於「世界洪水」的傳說，英國考古學家伍利於 1922 年至 1934 年間在亞伯拉罕的原居地烏爾地區進行地下發掘，證明約在西元前三千年時，那裡確曾發生過大洪水。

《舊約》中常提到古代阿拉伯半島閃族的神叫「埃爾」。1929 年在敘利亞地中

海沿岸的沙拉姆角所發現上古時代的版文書證明，敘利亞—巴勒斯坦一帶古代閃族人的神正是埃爾。

《猶太聖經》中關於人類起源和世界洪水的傳說，雖然取自古代巴比倫的神話傳奇，但它用濃厚的宗教色彩加以渲染，從中烘托出猶太教的真主，並附和猶太統治者的政治需要，製造猶太種族主義。猶太教教義中充滿了強烈的種族主義意識，因此被近代的猶太復國主義者所利用。猶太民族在漫長的人類歷史上，國家幾度滅亡，但其復國的渴望歷久不泯。促成這個長期大流散的民族在思想上結為一體的最主要因素，就是經過多次變遷的「猶太教」，它對維繫猶太民族的團結發揮了重要作用。

▍路德記

從文學價值上看，《猶太聖經》中的〈路德記〉稱得上是希伯來文學史上的一部傑作，它用詩一般的語言，生動地描述了古代巴勒斯坦的土著居民和新來的以色列人之間，突破宗教習慣的束縛而實行通婚的曲折動人故事。故事女主人翁，是古代巴勒斯坦土著摩押人的一位美麗農家姑娘——路德。

故事提到鄰村裡住有一位從伯利恆逃荒而來的以色列寡婦，與兩個年輕兒子相依為命。其中的小兒子叫瑪倫，相貌英俊，力大過人，勤勞溫厚。當他和母親在田間耕作時，鄰村的摩押族姑娘無不向他投來愛慕眼光，尤其是路德。這位善良多情的摩押女子深深愛上了瑪倫，但卻遭到家庭和本族人的咒罵。

最後，倔強的姑娘為成就自己的愛情，毅然犧牲了家庭的天倫樂日，背叛了本族的宗教信仰，與瑪倫結為夫妻。可是婚後不久，丈夫就死去了。瑪倫的母親不勝悲哀，思念故鄉，她勸兒媳路德回娘家在本族青年中另尋夫婿。這時，遠近前來求婚的青年接踵而至，路德矢志不從。她不忍心丟開

迦南人的肥沃女神
豐碩的身形，象徵古代巴勒斯坦一帶對豐收多產的期許。

孤獨命苦的老人，決定繼續留下來孝敬服侍老人，終生不離。

這個賢慧的兒媳攙扶著年邁體弱的婆婆，一路乞討，朝伯利恆走去。當時正值麥收季節，一群以色列農民正在田間收割小麥。婆媳倆肚飢腿軟，來到地頭。路德安排老人在村蔭下歇涼後，走進麥田揀麥穗，以便給老人家弄點吃的。可巧，麥田主人正是她婆家未曾謀面的堂叔波阿斯。路德在他的田裡一連揀了好幾天麥穗，並和周圍的夥計們聊起她的身世，傳到了波阿斯耳朵裡。

波阿斯十分好奇，想和這年輕的寡婦接近。一天，路德又來到麥田裡揀麥穗，他主動走過去搭話。到了午飯時候，邀她坐在他身邊一塊吃飯，並把剩下的食物全送給了她，同時囑咐夥計們多丟下一些麥穗讓她去揀。收工時，她便揹著沉甸甸的麥捆，提著一大包食物，高高興興地回到婆婆身邊。她把麥田裡發生的全部情況告訴了婆婆，這時，老人因生活奔波又飢勞過度，感到活不久了，便把兒媳摟在懷裡，講出自己的心事，希望給兒媳找個「歸宿」。

路德深為堂叔的好心厚道所感動，而這位以色列莊園主人也深深愛上了摩押族的賢慧少婦。根據摩西教律規定，以色列人兄死無後，叔可納其媳為妾。結果，溫順的路德接受了堂叔波阿斯的求婚，婚後生下一子，取名奧波德。奧波德的長子名喚耶西，耶西就是後來以色列大衛王的生父。原來，以色列帝王的曾祖母，即是溫良賢慧的巴勒斯坦婦女路德。

這個娓娓動聽的故事成為猶太民族的一則佳話，有口皆傳。這證明在巴勒斯坦土地上生活的各族，不是生來的冤家對頭，在古代漫長歲月裡，彼此間曾經存在著非常友好的關係。

▌《猶太聖經》與《猶太法典》

《猶太聖經》是人類最古老的一部宗教典籍，為古代巴比倫宗教神學與後期希臘世俗哲學相混合的產物。

後期希臘世俗哲學，主要指西元前四世紀之後希臘化時代的斯多葛派哲學。這個哲學流派所宣傳的思想核心是「宿命論」，說世界的一切由「天命」決定，人的一切受「命運」所支配，而在此時期內所形成的《猶太聖經》，正是受到了這種思想意識深刻影響的結果。《猶太聖經》是世界一神教教義之母，後來的基督教和伊斯蘭教的許多主要信仰，皆取自於這部宗教經典。

隨著猶太民族居於巴勒斯坦所經歷的各種政治變遷，以及接踵而至的外族入侵和奴役，在風雲變幻的年代裡，出現了一批猶太教大法官（又稱「拉比」）。他們擁有詮釋猶太教教義的權利，透過他們所作的解釋，產生了一套口頭流傳的宗教法、道德法和民法，被當作口傳的猶太教聖經。

到西元二世紀，大法官們擔心這些口頭流傳的東西會隨著時光流逝而

失傳。於是他們悄悄地按照《舊約聖經》形式，把這部聖經中的主要法律條文，以及從民間收集來各種口傳的宗教法、民法和道德法編纂成一部法典，稱作《猶太法典》，即《聖法經傳》。這部法典從開始收集材料到編纂成書，歷時近百年。西元166年，猶太學士夏蒙．傑馬耶勒開始搜集有關材料，中間經過幾位大法官的接續工作，到西元三世紀初由巴勒斯坦著名的猶太神學家耶路達進行彙整，編訂成這部法典。

　　《猶太法典》是對《猶太聖經》的補充拓展，集古代西亞人類社會政法、教法和民法之大成。它由兩部分組成：一是《聖法經》，二是《聖法傳》。《聖法經》中包括有關政治、宗教、道德和民事方面的全套法律和條例，內容廣泛，條文具體；《聖法傳》即經外傳，是後來的猶太教拉比們對《聖法經》作出的解釋。這部《猶太法典》篇幅很大，含括五千則古代西亞各民族部落的傳說和神話故事，還有大量諺語、謎語。

　　《猶太法典》在猶太教當中，與《猶太聖經》處於同樣的神聖地位。教徒們一直把法典中的各項法規與訓誡，作為自己生活、行動的準則。

猶太婚書
念誦婚書是猶太結婚儀式重要程序。而在古代，婚書作用更重要，等於男子給妻子的憑信，上頭提及不論因死亡或離婚導致婚姻中止時，丈夫需賠償妻子多少錢。

基督教——天國之道

耶穌傳奇

基督徒至少會認為拿撒勒人耶穌勝過人間的導師，
他在世上的出現不是作為歷史上的自然事件，而是帶有超自然性質，要
改變生活的發展方向。但是就像佛陀悉達多的人格被後來金裝的僵坐偶
像歪曲而模糊了那樣，人們感到耶穌的清臞形象和不屈的人格
也在近代基督教藝術中受到錯誤崇拜的扭曲。

西元前 37 年，大希律王在羅馬帝國鐵腕人物屋大維的支援下，當上了巴勒斯坦猶太國的君主。希律王是暴虐的統治者，他懷著像三百年前亞歷山大稱霸歐亞那樣的野心，在亞洲西部進行擴張，對巴勒斯坦猶太人實行殘酷的種族奴役。羅馬統治者殘酷

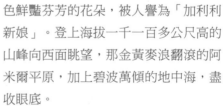

華美的聖母／波提切利油彩畫

的剝削掠奪，使巴勒斯坦社會分化日益加劇。少數高踞權位者和猶太教上層權貴窮奢極欲，欺壓掠奪下層勞動者，以致餓殍遍地、民不聊生，社會危機十分嚴重。

那個年代裡，巴勒斯坦猶太人反抗羅馬統治者的武裝反抗運動正如火如荼地進行。西元前 4 年的猶太民族大起義遭到羅馬皇帝的血腥鎮壓，之後不到十年，巴勒斯坦的猶太人又在「奮銳」祕密結社的領導下舉行大起義，持續了幾十年之久。在黑暗、反抗與失敗之中，

猶太人渴望有位賢明勇敢的「救世主」來領導他們抗爭，以擺脫人間苦難。

拿撒勒是風光秀麗的古老村莊，坐落於加利利山西坡。用清一色乳白色花崗石蓋起的一座座農舍，在明媚陽光照耀下閃閃發光。村子周圍有一片片蔥郁果園，枝頭上綻滿了各色鮮豔芬芳的花朵，被人譽為「加利利新娘」。登上海拔一千一百多公尺高的山峰向西面眺望，那金黃麥浪翻滾的阿米爾平原，加上碧波萬傾的地中海，盡收眼底。

耶穌誕生

西元前一世紀末，在這風景如畫的古老山村中，住著青年猶太木匠約瑟和他的妻子瑪麗亞。瑪麗亞是附近迦拿村猶太祭司奧姆蘭的女兒，也是一位正統的猶太教徒，經堂姊依撒伯爾的介紹，

第三章

基督教──天國之道

跟約瑟成了親。新婚的小家庭雖不十分富裕，夫妻倆仍恩恩愛愛，過得非常愉快。瑪麗亞還沒過門便懷了孕，但這不是從約瑟身上受的孕，而是「聖靈感孕，道成肉身」，即所謂「童貞女受孕」。

傳說有一天，天使加百列奉上帝差遣，飛降到瑪麗亞身邊，悄悄對她說：「妳在上帝面前已經蒙恩了。妳要懷孕生子，給他起名叫耶穌。我主上帝要他做雅各家的王，直到永遠。他的國運沒有窮盡。」耶穌出生前的那個年代，人們普遍有著渴望與超自然界接觸的心理，民間也流傳著一些「神與人結合而生子」的傳說。瑪麗亞的堂姊依撒伯爾就是受神諭而生下了約翰。

依撒伯爾的丈夫名叫撒迦利亞，是猶太祭司。夫妻倆年過半百還沒有生子。一天，當撒迦利亞在耶路撒冷聖殿裡向神獻祭之時，天使加百列突然出現在神壇右邊對他顯諭：上帝的聖靈已使他的妻子依撒伯爾懷孕，將給他生下一個偉大的兒子。果不其然，依撒伯爾已經懷上六個月的身孕。到了分娩的日子，生下一個白白胖胖的兒子，起名叫約翰，於是，上帝所應許的「彌賽亞先鋒」誕生了。

基督徒們為了使耶穌基督出身地位崇高，超出猶太教的所有先知之上，便托附「上帝聖靈」超乎於肉慾之上的創造力，在「純潔的童貞女」瑪麗亞的子宮裡結出一顆偉大的生命之果──上帝的兒子耶穌基督。而「耶穌」這個名字也是上帝賜與的，源自希伯來文中的「約書亞」一詞，意即上帝拯救。

瑪麗亞分娩的日子臨近，這時，一件令人沮喪的事情發生了。

當時，羅馬城中的屋大維獨攬大權，將共和國改為帝國，成為羅馬帝國的第一代皇帝。為了進行對外擴張，他對其統治下的各藩國臣民巧立名目，攤派苛捐雜稅。他下了一道旨令：「各邦國臣民必須在規定日期內前往原籍註冊人口，繳納人丁稅。」於是，作為以色列大衛王後裔的約瑟必須回返南方故鄉伯利恆進行人口登記。可憐的瑪麗亞不得不拖著沉重的身子隨丈夫南下，當夫妻倆來到伯利恆時，城內所有空房都被先到的人家占住了。

當時已是 12 月底，在北風呼嘯的夜晚，瑪麗亞感到腹內一陣劇痛，眼看新生命就要出世，卻找不到溫暖的產房。這時，有位慈善的老馬夫幫她在一間低矮破舊的馬棚裡找到地方，讓她躺下。半夜時分，上帝之「寵子」耶穌便在昏暗的油燈下、

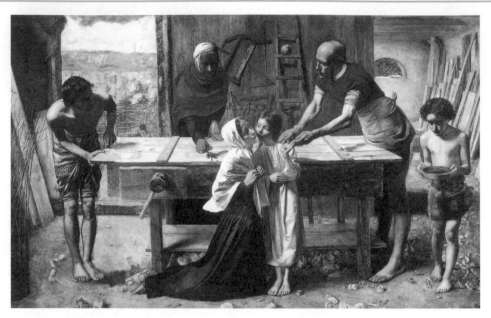

耶穌在木匠作坊／密萊斯油畫

小耶穌在作坊中玩耍受傷，手掌傷口的血滴落在腳掌，兩處血跡彷彿預示日後將受釘於十字架上的酷刑。

破馬棚內角落的地板上降生了。這是西元前 6 年 12 月 25 日之夜，以後這一天就成了世界基督教徒的「耶誕節」。今天巴勒斯坦伯利恆市郊的「馬赫德」洞，相傳是耶穌當年誕生的馬棚遺址。

一天黃昏，瑪麗亞正坐在馬廄門前給嬰兒餵奶。這時幾位來自波斯的東方博士從天上發現了一顆新星，他們從這顆星的異象中占卜出一位新的猶太人之王在西面降生。他們在新星指引下，千里迢迢趕到巴勒斯坦的伯利恆，來至馬廄前。他們一眼就看出瑪麗亞懷抱的這個猶太嬰兒非同常人，是萬民的「救主」，將來必成為猶太人之王。於是他們一起跪下來，對著小耶穌頂禮膜拜並獻上黃金、乳香等珍貴禮物。

隨著東方博士們遊歷巴勒斯坦，有關誕生在伯利恆馬廄中這個「神童」的許多神奇傳聞，傳到了深居耶路撒冷王宮裡的大希律王耳朵裡，使其內心產生了深深的憂慮和恐懼。他擔心有朝一日這個可怕的猶太人後代必將奪去他的王位。為了及早剷除後患，他下了一道命令：殺掉伯利恆地區兩歲以下的所有猶太男嬰。

瑪麗亞和約瑟聽見消息，馬上抱著不滿百天的嬰兒向南方出逃，最後到了埃及北部躲藏起來。半年後，大希律王病死，殺人令解除，約瑟一家三口又回到巴勒斯坦北部的拿撒勒。今天，埃及

北部的科普特派基督教徒把耶穌「神聖之家出訪埃及」作為他們的一大宗教節日，於每年7月間舉行隆重慶典。

少年耶穌

耶穌在拿撒勒長大成人，因此常被稱為「拿撒勒人耶穌」。歲月如梭，耶穌在故鄉拿撒勒村漸漸長大。在這個僻靜的山村裡，約瑟一家過著安寧平靜的生活。約瑟開起木匠舖子，憑著他的勤奮和手藝，養活一家三口。約瑟一面教兒子學手藝，一面教他「摩西十誡」。瑪麗亞每天教兒子早晚兩次對神耶和華做祈禱。

耶穌從小便是猶太教虔誠的信徒。他經常一個人跑進附近的鄉村會堂，傾聽祭司們講解猶太教教義和信條，聽他們討論《猶太聖經》和宗教法律，還聽他們講述有關耶路撒冷的著名宗教大法官赫利勒的故事。這一切，對他幼小的心靈產生了深刻的影響。

耶穌十二歲時，根據猶太人傳統已屆成人的年齡。按照猶太教規定，父母必須帶他去耶路撒冷過「逾越節」。這是猶太人一年之中的重大宗教節期，慶祝當年以色列人在他們的民族領袖摩西率領下順利逃出埃及，獲得自由。

耶穌跟著父母跋山涉水，來到南方的耶路撒冷。這是他有生以來第一次進城，城內豐富多彩的慶祝活動、歡歌狂舞、民間雜耍對他似無多大吸引力。耶穌直往城東南角的猶太教聖殿走去，腦海中憧憬著這座聖殿如何莊嚴聖潔，可當他走進聖殿大院時，一下子傻了眼。

聖殿中庭大院裡，許多牲口販子牽著一群群牛羊，對那些前來向神「獻祭」的人們吆喝叫賣。肥胖的錢商坐在高高的錢櫃後面，把祈禱者帶來的各國貨幣兌換成耶路撒冷銀元。牛羊叫聲、銀錢叮噹聲和商人們吵鬧聲連成一片，將這莊嚴肅穆的大神殿弄得亂糟糟的。上帝耶和華的聖殿竟然變成了喧鬧腥臭的牲口市場，這使信仰虔誠的少年耶穌大失所望。

接著，他走進聖殿正堂，聽大法官們宣講教律。過去，他在農村的猶太會堂中所聽到對教律作的解釋，淺顯易懂。可在這聖殿大堂，那些威嚴的大法官們對教律所作冗長又曖昧的解釋，使他難以理解而感到惆悵不已。

等到祈禱儀式結束，耶穌就隨著父母回到了故鄉。這次遊歷聖城，使他腦中有關聖城與聖殿的威嚴、聖潔的夢想開始破滅。他深切地感到他的民族對耶和華的信仰態度發生了驚人的變化，對此，他憂心忡忡，開始意識到自己有責任改變這一切。

三年後，父親約瑟去世，耶穌隨著母親搬到附近的迦拿村。在這裡，耶穌用他從父親那兒學來的手藝開了一間小木匠舖，做起木匠活來。每逢「安息日」，他就到村中會堂向耶和華神做祈禱，並向祭司們學習猶太教律。同時，他還經常在會堂中用自己的見解向祈禱

者講解摩西教律。

那時，猶太教有個規定，教徒們可以自由地在會堂內，根據自己的理解向祈禱者講解某一條教義。當時耶穌對教義所作的解釋與眾不同，他講得深入淺出，簡明易懂且富有感情，經常博得聽眾一片讚賞，不少人尊他為「先師」。從這時起，開始有教徒追隨和探討這位年輕木匠所宣傳的新教義。

▌施洗約翰 ·

正當耶穌嶄露頭角的時候，另一位為捍衛猶太教信仰而英勇獻身的先鋒志士約翰，登上了巴勒斯坦宗教鬥爭的歷史舞臺。

約翰是耶穌的表兄，比他大半歲，是個思想敏銳、性格剛毅的猶太青年，被猶太人視為像先知以利亞一樣的聖人。早在幼年時代，他就離開故鄉，跑到北面遙遠的裏海之濱冥思苦想本族信仰中的問題，得到神的「啟示」。

他看破了世間紅塵，反對世俗的奢華，只求淡泊清貧，注重修行和祈禱，成天穿著一件用駝毛氈縫成的長衫，吃的是曠野裡的昆蟲和蜂蜜。他熟讀《猶太聖經》，研究先知們的遺訓，聯結耳聞目睹的種種社會現象，他深深感到自己的同胞對耶和華神的信仰已偏離了「正道」，認為他們對神犯有罪孽。一種民族責任感促使他挺身而出，發誓要從邪惡深淵中救出他的人民，且向他們發出「彌賽亞已經到來」的訊息。為此，他向人們宣講並實施「悔罪的洗禮」，以赦免人們對神犯下的罪孽。

約翰成天活動於約旦河畔，宣講他的預言和施洗赦罪的主張。人們自四面八方湧來傾聽他的演講，接受他用約旦河水給他們施洗，作為改邪歸正、堅定信仰耶和華神的表徵。約翰見解深邃、言辭火熱的宗教演講，博得了猶太群眾稱讚敬仰。許多人認為他就是先知以利亞，尤在心裡猜想他就是基督。

基督受洗／韋羅基奧油畫
耶穌接受約翰的洗禮，思想上更加啟發。畫面當中耶穌清瘦如柴，一如今所常見的受難形象。

約翰坦誠地對人們說：「有一位能力比我優秀的人要來了，我遠遠比不上他。他將會用聖靈與火給你們施洗。」約翰的名聲在加利利各地廣泛傳揚，遠近各方的猶太人紛紛前來約旦河邊一睹風采，傾聽演講並接受他的洗禮。耶穌聞訊後，離開家鄉，奔向傑里科附近的約旦河邊去拜見這位先知。

最後，耶穌接受約翰的「洗禮」，思想上受到很大啟發。然後他走進一片荒野，在死寂的沙漠中默修了四十天，思索著約翰所發出關於人類「救世主」到來的偉大預言，他靈魂上得到了「啟示」：要得人心，須依賴真理和仁愛，絕不向世俗邪惡勢力妥協。

▌大鬧聖殿

受過「洗禮」的耶穌，思想發展進入了新階段。他開始用自己的目光觀察社會，看到了世道的殘忍與不公，覺察到了猶太民族信仰上所出現的混亂。他忘卻了自身一切，過著清貧的個人生活，奔走於民眾之間宣傳新思想，並準備對社會上已出現的瀆神「叛逆」行為發起猛烈攻擊。

這一年3月下旬，一年一度的「逾越節」到來，他決定去耶路撒冷進聖殿對神做祈禱，利用這一機會宣傳自己的新思想。當他進入耶路撒冷，跨進聖殿中庭，便又瞧見那充滿腥臭氣味的混亂場面，聽見兌換錢幣的人們吵嚷聲。他認為這一切是對真主耶和華的污辱和叛逆。盛怒之

下，他從牛販手中奪下鞭子，高聲吆喝著振臂猛抽，連牲口帶人一起轟出聖殿大門，還打翻了所有的錢櫃，各種銀錢嘩啦啦撒滿地上。耶穌向爬在地上揀錢幣的肥胖商人大聲喝道：「把這些臭東西扔得遠遠的，不可玷污了真主的聖堂！」

耶穌因此樹立了一些「敵人」，但他們對他也無可奈何。最後，在追隨者的保護下，耶穌懷著沉重心情回到加利利的故鄉，致力於布道活動。為了宣傳這一套嶄新思想，耶穌放棄了自己的職業，離家遷居到加利利海北岸附近一個名叫迦百農的小漁村，與他的兩位童年好友生活在一起。這兩兄弟大的名叫彼得，小的叫安德列，他們家境貧寒，以打漁為生。長久以來，這一帶的廣大貧苦漁民在困苦之中渴望「救世主」出現，來解救他們擺脫世間苦難。

經過一段時間的相處，彼得兄弟開始將耶穌視作渴望已久的「救世主」，進而成為耶穌最早且最忠實的門徒，這個小漁村也成了耶穌布道的根據地。在那些日子裡，耶穌時常到加利利海岸邊向漁民們講道，結果有許多人接受了他的宣傳，歸依新信仰。

耶穌在布道過程中，反覆向人們闡明他的主張：「賜福於那些精神可憐的人，因為天國屬於他們。賜福於那些飢餓的人，因為他們是土地的主人。賜福於那些心地善良的人，因為他們憐憫幼弱。賜福於締造和平的人，因為他們是『上帝』的愛子。」

耶穌還講：「過去，他們主張對仇敵以眼還眼、以牙還牙，而今我宣布，要順從、忍耐；過去他們主張嫉惡如仇，而今我對我們講，要愛一切人、要愛人如己，行善施恩。我主上帝是不分種族貴賤和不施戒律的『博愛』與『和平』之神。」

耶穌透過宣傳此番觀點和訓誡，闡明他所創立的新教之教義，劃清了和傳統猶太教教義之間的區別：猶太教強調「法制」，而耶穌新教的基本信條是「博愛」。

耶穌的宣傳樹立了一種新的人生觀，這和猶太教中極端保守的法利賽派所死守的那種狹隘觀點截然不同。耶穌於布道講演中巧妙地引用許多寓言故事，緊扣心弦，深入淺出，博得聽眾一片歡呼及讚許，甚至連許多小孩子也擠進來聽他布道。人們為耶穌新穎的思想和極富魅力的語言所感動。他們從他那炯炯有神的眼睛中，看到了一種大無畏的「靈光」。

▎先知耶穌與十二門徒 ‧ ‧ ‧ ‧

耶穌的信仰迅速在巴勒斯坦、小亞細亞一帶傳開，追隨者與日俱增。他從自己的追隨者隊伍中，選出以彼得為首的十二名忠實門徒，派往各地宣傳教義。這十二名門徒分頭到加利利各地宣傳耶穌的思想主張，告訴人們這拿撒勒人耶穌就是他們所渴望的人類救世主。

傳說中的耶穌不僅是位偉大的先

知，亦是能夠起死回生的神醫。他施行許多神蹟，使死人復活、瞎子復明、跛子正常地走路。許多久治不癒之病經他一看，馬上就會康復，尤分文不收。耶穌的聲威轟動了整個巴勒斯坦，信徒越來越多。就在這個時候，一起不幸的消息突然傳來，那位對他思想留下深刻影響的施洗者約翰表兄被害死了。

約翰的悲劇是老希律王的兒子安提帕斯一手造成的。當時，這位貪色淫蕩的新國王和他的弟媳希羅底發生了關係，還納她為妾，這在信奉耶和華神的猶太人看來是叛逆教規的一大醜行，對於約翰而言是無法保持沉默的，他多次痛罵小希律王道德敗壞，激怒這位暴虐的國王，於是下令把約翰捉來。後來約翰被砍下頭顱，送到

耶穌與希律王／十五世紀木版畫

EXTENDENS IHC MANVM TETIGIT LEPROSVM DICENS
VOLO MVNDARE ET DIXIT CENTVRIONI EGO VENIAM
ET CVRABO PVERVM TVVM

耶穌治病顯神蹟／十一世紀福音書插圖

小希律王面前解恨。約翰的慘死深深震撼了耶穌，使他深切地認識到面前展現的不是一條鋪滿鮮花和充滿榮譽的道路，而是坎坷不平的荊棘之路。

當時在羅馬帝國政治危機的影響下，巴勒斯坦猶太教內部出現了兩大派系之爭。這場爭鬥中，法利賽派得勢，掌握了猶太教統治大權，他們與羅馬統治者勾結壓迫猶太信徒，強迫人們恪守猶太教陳舊僵死的信條。

對於猶太民族道德和宗教信仰上出現的危機，耶穌決心前赴耶路撒冷，向這批宗教權貴發出挑戰。耶穌師徒一行十三人，在耶路撒冷城郊橄欖山下的伯大尼小鎮落了腳，對周圍群眾宣傳他的教義。

「初鬧聖殿」三年過後，一年一度的「逾越節」又到了。這是耶穌最後一次進耶路撒冷城。然而，今非昔比，這次進城不是他隻身一人，而是一大幫門徒跟隨著他。耶穌騎著一頭毛驢，容光煥發地走在隊伍中間，追隨者前呼後擁，高唱讚美耶穌的「聖歌」，浩浩蕩蕩進了聖城。許多市民湧上街頭，看到這一場面，驚奇地問：「那個騎在毛驢背上的是誰呀？」門徒們回答：「他是拿撒勒的大先知耶穌！」越來越多的人懷著驚奇的眼光和欽佩的心情緊跟在這

支隊伍前後，呼喊耶穌的名字為他開道，整個聖城沸騰起來。

耶穌一行穿過條條大街，最後踏進聖殿大門，步入中庭大院，再一次看到了這裡的雜亂場面。耶穌怒不可遏，又一次從牲口販子手中奪過鞭子，振臂高呼，向牲口販子和錢商頭上抽了下去。他的門徒一擁而上，把錢櫃和桌子全部打翻，金屬錢幣撒滿地上，隨手用棍棒連打帶推地把全部商販趕出聖殿。

耶穌第二次大鬧聖殿的行動轟動全城，市民們譁然，紛紛前來觀看這位年輕先知的風采。耶穌抓住機會，向圍觀群眾發表慷慨激昂的宗教演說。當場有不少聽眾對他歡呼，同時也有一幫男女夾在聽眾間向耶穌投以惡狠狠的眼光，聲嘶力竭地叫喊：「抓住他，打死他！」

最後，耶穌在其門徒和大批追隨者的保護下，悠然回到伯大尼的寓所。宗教敵人對耶穌大鬧聖殿和攻訐他們的言論大為惱火，同時對他在群眾中日漸擴大的影響力感到惶恐難安。

「逾越節」馬上就要到了，法利賽派權貴們擔心人們對耶穌信仰的熱忱必將燃起熊熊烈火，發展成為反對羅馬帝國和宗教特權階層的一場革命。果真這樣，他們所擁有的一切特權和財富將隨之消失殆盡。

一天夜裡，耶路撒冷宗教最高權貴、大祭司該亞法召集猶太人的最高參

耶穌清理聖殿／格雷考油畫

聖殿中，帶著門徒的耶穌鞭打群氓，血紅長袍顯得格外突出。

議會和最高司法機構——猶太教公會開會。七十一名成員全部到齊，共謀殺害耶穌之計。該亞法在會上惡狠狠地叫嚷：「寧可教耶穌一人死，不可教全國因他一人亡！」猶太教公會最終通過一項決定：盡快捉拿耶穌！

回到伯大尼後，耶穌心中已明白，在聖殿裡的所作所為必然使他的敵人對他恨之入骨，要置他於死地。因此，當猶太教公會的決定傳到耶穌耳裡時，他便自然聯想到施洗者約翰的悲慘命運，不禁有些憂心忡忡。

猶大的出賣

平日，耶穌與十二名門徒間彼此親如兄弟，絕大多數門徒都很忠實於他。可是，其中有一個人卻與大家不同心，

最後的晚餐／十二世紀義大利牙雕

最後的晚餐中，在座者各懷心事，耶穌和門徒個個都瞪大了眼睛。

對老師的態度也與他人不同。此人名叫猶大，是南部朱迪亞地區加洛村人，此人心胸狹窄，貪婪和報復之心甚重。由於他工於算法，當上了這個小社團的司帳，管理日常生活的進出帳目。

他有時理財不公，遇事常與大家不同心，所以大家有時不免要奚落他，他因而感到蒙受莫大侮辱。耶穌也時常約束、訓誡猶大，但猶大仍然我行我素，對老師的訓誡非但不予感激，反而記恨在心，時刻伺機報復。對於這一點，耶穌平時已有所察覺。在敵人加緊迫害的關頭，他有一種不祥的預感：猶大將出賣他。果然不出他所料，當猶大聽到耶穌被通緝的消息後，心中暗喜，實行報復的機會終於到了。

一天晚上，猶太教公會七十一名成員在大祭司該亞法主持下又祕密開會，商討捉拿耶穌的方法。猶大聞訊，趁師兄們熟睡時悄悄溜出門，飛奔到會議廳，向大祭司該亞法表示願自告奮勇，裡應外合捉拿耶穌。該亞法喜出望外，當場和猶大達成交易。耶穌被猶大出賣給他的敵人，價值是三十塊銀元。

猶太曆尼散月 14 日，西曆 4 月 6 日，星期四，是「逾越節」開始之日。按照猶太教傳統，這天晚上猶太人須全家守節聚餐，吃羊羔肉、食無酵餅、喝葡萄酒，然後向神祈禱，做「徹醒」。

一大早，耶穌把彼得和約翰叫來，吩咐他倆去耶路撒冷城內為大夥兒預備「逾越節」晚餐。兩人在聖城一隅，某條深巷中的小旅館內訂下房間和一桌晚餐。由於耶穌的小社團一貫提倡生活簡樸，反對奢華，因而未準備烤羊肉，只要了一籮無酵甜餅和幾瓶本地產的紅葡萄酒。

黃昏時分，耶穌師徒一行十三人在夜幕下進入聖城。猶大故作坦然，若無其事

地一同前去。他們來到了小旅館中一間不大的房間裡。這是耶穌師徒們的最後一次晚餐，而對於耶穌本人來說，這次晚餐更為重要，因他已察覺到猶大的出賣行為。但作為一位宗教「先知」，他認為凡事俱屬上帝安排，此是「受難的彌賽亞」必走的道路。耶穌坐在長桌一頭的首席，從桌上拿起一個甜餅，祝了福，然後用手掰成十二塊，分給十二位門徒說：「這是我的身體為你們捨的，你們也應當接受，為的是紀念我。」

這不是歡快吉利的節日聚餐，對耶穌來講，這等於刑場就義前的最後一頓「囚餐」。他感到一種可怕的陰影已經籠罩住這個祕密的小社團。他呆呆地坐著，默言不語，也不想進食。聖徒們睹見老師這種異常情緒，亦乏心思吃喝。「今天，我實話告訴你們，你們中間有一個人把我出賣給了敵人！」耶穌突然說。聖徒們都嚇呆了，他們面面相覷，惶惑地問耶穌：「這個人是誰呀，老師？」耶穌不想在這場合點出猶大的名字，但卻朝著他瞪了一眼，「出賣我的人，與我一樣坐在桌子邊。」

大家低頭思索，默默不語。猶大丟下手中捏著的那小塊餅，乘人不注意時悄悄溜了出去，一邊在心裡盤算著怎樣帶人捉拿耶穌，邀功領賞。聚餐結束了，耶穌師徒一行離開旅店，走出聖城，回到橄欖山腳下的寓所。

這時，耶穌感到心中煩悶，想到外面透透氣。於是他走出房門，沿著彎曲小徑，走進坐落在後山坡上的朱斯馬尼花園。平時，他習慣來這裡向上帝祈禱和默想。聖徒們不見耶穌，習慣地來到朱斯馬尼花園，跟隨在老師身邊。猶大進入花園，藉著月光遠遠看見耶穌的身影，便縮在後邊，趁人不注意時悄悄溜出花園，向敵人告了密。

這是個溫暖寧靜的夜晚。到了後半夜，除了彼得之外，聖徒們由於過度疲勞都倒臥在角落草叢中酣然入夢，唯獨耶穌仍坐在僻靜處仰望茫茫夜空，向上帝虔誠祈禱，等待著命運的安排。三更時分，一陣急促的腳步聲打破了花園中的寧靜，只見猶大領著一隊士兵，拿著火把、刀棍和繩子闖進花園，朝耶穌走來。猶大見到耶穌，假惺惺地走上前去抱著他親吻，說：「老師，我懺悔了。」後面一名大兵正要上去捉拿耶穌，在此千鈞一髮的緊急關頭，機伶的彼得霍地爬起身從背後追上前，冷不防伸過手去，一把奪下士兵手中大刀，反手猛力往下一抽，正好把這個士兵的耳朵割了下來，血淋淋地掉在地上。

受難記

耶穌確信上帝安排的天數已到，上前抓住彼得的手，勸他別動武。他挺著胸脯，坦然又鎮定地對團團圍住的士兵們說：「我就是你們要的那個拿撒勒的耶穌，請便吧！」

耶穌被雙手反綁帶走了。彼得企圖逃跑未遂，在另一角落被士兵給抓

住。花園裡一陣騷亂,將睡夢中的聖徒們驚醒。他們發現老師被敵人抓走,個個捶胸頓足、悲憤交集,然卻無可奈何。

結果,耶穌被押解到大祭司該亞法的廳堂上受訊。法利賽人手舞足蹈,歡呼勝利。審訊開始,該亞法斥問耶穌為什麼要宣傳「異端邪說」、攻擊猶太人的神聖宗教,耶穌毫不隱諱自己的觀點,泰然自若地作出回答,令這位大法官無言以對。

第二天一大清早,最高參議會開庭正式審判耶穌。結果,在一無人證、二無口供的情況下,將耶穌以「瀆神」、「反叛」罪名判處死刑。

猶大之吻/喬托壁畫
猶大親吻耶穌以掩飾背叛之心。早期哥德式壁畫頂多只能展現四分之三側面,儘管如此,此畫生動構圖仍活脫演繹猶大的心理。

當時,根據法律規定,在羅馬帝國統治下的巴勒斯坦,猶太最高參議會可判處罪犯死刑,但無權執行其判決,必須得到羅馬帝國駐巴勒斯坦總督彼拉多的最後批准,由總督下令對犯人執行判決。

法利賽人的宗教權貴對總督彼拉多施加種種壓力,結果彼拉多批准了對耶穌執行死刑。這幫猶太教和上層權貴對耶穌恨之入骨,打算對耶穌實行「磔刑」。這是羅馬帝國統治者懲罰逃奴所用的十字架酷刑,即用大鐵釘將死囚四肢釘在十字形的大木頭架上,吊掛起來,直到犯人痛死。由於耶穌後被釘死在十字架上,「十字架」因此成為基督教的標誌。

五名羅馬士兵奉彼拉多之命,處死耶穌,與他一塊服刑的還有兩名強盜。當天下午,五名羅馬士兵將耶穌押出總督衙門,扒掉他身上衣服,換上一件紫色袍子,還用荊棘編了頂「王冠」戴在他頭上,又拿來一根葦桿放在他右手中,將他打扮成國王模樣。接著往他臉上吐唾沫,用葦子抽他的頭,百般戲弄污辱他。然後又給他脫下紫袍,換上原來的襤褸衣服。在這五名兇狠的羅馬士兵押解下,耶穌背負著一個由兩根粗長梁木釘成的十字架,穿過耶路撒冷長長的狹窄石板街,出了聖城北門往東北角的各各他高地(位於耶路撒冷大馬士革門外半公里處)走去。

倍受折磨的耶穌身體虛弱不堪,他揹著沉重的十字架,邁著蹣跚步履,十分艱難地向前走,一路上不時跌倒,又在士兵們的鞭打下爬起來,繼續往前走。最後,

耶穌拖著十字架在跌倒十幾次以後，終於爬上了各各他高地。夕陽倏然隱沒，天空頓時一片灰暗，此刻山下一片死寂。這場悲劇到了最後一幕，耶穌開始被釘在十字架上。

高大粗劣的十字架上，用工整的希伯來文、羅馬和希臘文寫上「拿撒勒人耶穌猶太之王」。羅馬士兵將一根根大鐵釘砸進耶穌的四肢，他痛得多次昏迷過去。這時，從山下跑上來幾名猶太婦女，她們手捧盛著醋的罐子請耶穌喝下，以減輕被穿裂四肢的巨大疼痛，但耶穌搖搖頭謝絕了。

天空完全暗下來。最後一根大釘子被砸了進去，耶穌全身鮮血淋漓地直立著被釘在十字架上。他睜開雙眼，昂首望著黑茫茫的天空，向上帝做了一回虔誠祈禱，最後低聲呼喚：「父啊，我把我的靈魂交到祢手裡了。」然後他的腦袋便垂了下來，什麼也看不見，聽不著了……

一名羅馬士兵靠近耶穌的屍體，用槍尖朝他肋下猛砸下去，鮮血噴湧出來，染紅了十字架下的土地。這就是耶穌基督一生的悲慘結局，是年他僅三十六歲。

耶穌受審

耶穌受難的時候，眾門徒非常驚恐。儘管耶穌早已向門徒們預言自己的受難，但一旦事情發生，曾誇口「就是必須和你同死，也總不能不認你」的彼得，也在別人探問是否為耶穌門徒的時候，三次否認。

基督受難圖／格呂內瓦爾德油畫
畫家據其接觸患者的經驗，創作了基督受難的形象。畫面上可見大小傷痕佈滿耶穌全身，
令人心悸。右下角的羔羊扛著十字架，有如諭示耶穌降臨人間受難的責任。

　　夜間，兩個有同情心的猶太人經彼拉多允許，把耶穌的屍體從十字架上取下
來，用「沒藥」進行一番處理，再用細麻布加香料裹好，放進一座從大岩石上鑿出
來的石棺內，最後用大石板封上墓門。據說在耶穌死後的第二天，即聖安息日黎明
時分，追隨過耶穌的兩名猶太婦女來到墓前，吃驚地發現封墓門的大石板被挪開，
石棺內耶穌的屍體不見了。更神奇的事相繼發生。三天後耶穌復活了，重新出現在
耶路撒冷郊外曠野上的聖徒們中間，於復活第四十天升天而去。

　　西元 335 年，東羅馬帝國君士坦丁大帝的母親希拉娜太后巡遊耶路撒冷，她在
耶穌墓地上建造一座教堂即「聖墓教堂」，來紀念這位偉大的殉道者。後人在耶穌
曾度過生命中最後一夜的橄欖山麓修建教堂，名叫「米斯馬尼教堂」。教堂大院中
央有一座花園和八棵橄欖樹，使後人懷想到耶穌蒙難時的場景。

基督教的誕生

最初的基督教運動，基本上是一種「無自我意識」的彌賽亞宣傳運動。
它提出某些具有一定革命意識的主張，
吸引了大批自由奴、貧苦農牧民及破產的手工業者。
從西元一世紀到四世紀初，期間三百年的基督教被稱為「原始基督教」。

西元一世紀間，在猶太民族反抗運動的衝擊下，從巴勒斯坦北部加利利區的艾賽尼派中分化出一個新的派別，稱作「拿撒勒派」，其主要成員是貧苦的農民、漁民和手工業者。他們對羅馬統治者和猶太教權貴強烈不滿，但他們不主張積極參加現實的抗爭，而是坐等「彌賽亞」降臨。

拿撒勒派反對猶太教的特權階層法利賽人的腐化墮落，提倡宗教改革。內部實行財產公有、集體勞動、共餐聚居，形成了組織嚴密的宗教社團。加入者須先受「施洗」，過著嚴格的禁慾生活，不結婚成家。他們也反對僵死的教條和繁瑣的宗教儀式，篤信「末日」及「天國」，主張忠順、博愛、和平、公正。他們認為救世主「彌賽亞」已經降臨人間，進而在社會上廣為宣傳這一信仰。

原始基督教的發展

後來，拿撒勒派與羅馬統治當局、猶太教權貴之間的衝突日益激化，致使這一派信徒中有許多人遭到釘十字架的酷刑，剩下的人則被從各方猶太會堂中驅逐出去。這些被驅逐者逐漸形成一個獨立新教派，於西元一世紀末發展成為最初的基督教。因此，拿撒勒派被認為是早期基督活動——原始基督教的「先驅」。《基督教的起源》一書的作者、西方著名宗教學家羅伯遜認為，《新約聖經》中的「拿撒勒人耶穌」，極可能就是這個拿撒勒派的領袖。

根據《新約聖經》記載，耶穌被釘死之後，門徒們四散逃走。但過沒

拿撒勒人耶穌

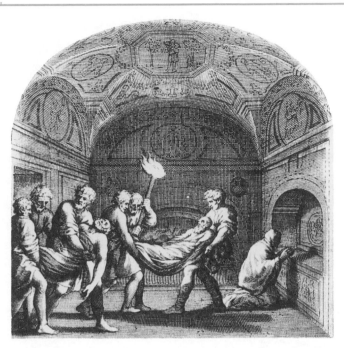

基督殉教者的地下墓穴
早期基督教徒悄悄地為殉難者舉行喪儀，把屍體藏放在鑿好的地下墓穴內的石壁裡頭。

多久，他們發現羅馬當局並未追捕他們，便又聚集在耶路撒冷。他們深信自己的老師和領袖已經復活，上帝接他到天上去，不久要再次降臨，建立「永恆的天國」。

逾越節後五十天，猶太教的「五旬節」到了，門徒們聚集在耶路撒冷馬可的宅邸內祈禱。忽然間，一陣大風吹過，聖靈的火舌散射出光焰，充斥整個房間。聖靈降在他們身上，使他們情緒振奮。以彼得為首的眾使徒站出來向其他信徒們作證：耶穌就是救世主彌賽亞。於是，包括馬可在內的不少人相信使徒們的宣傳，接受了「洗禮」。

後來，基督教把這一天定為「聖靈降臨節」。這時的基督運動才剛起步，尚未發展成為一個獨立的宗教。這些相信耶穌是基督的人還只是猶太教中新崛起的小派別，他們的集體也只能稱為「基督徒社團」。

最初的基督教運動，基本上是一種「無自我意識」的彌賽亞宣傳運動。它提出某些具有革命意識的主張，吸引了大批自由奴、貧苦農牧民及破產的手工業者。這些最早的基督教徒，主要來自社會最下層的「苦難之人」，因而這一宗教運動得以在巴勒斯坦的城市與鄉村內迅速發展。這期間，從巴勒斯坦最早

的一批基督教徒中，出現了一位被傳說是「耶穌聖徒」的偉大教士，他就是彼得。彼得奔走於巴勒斯坦、小亞細亞和埃及各地，積極進行傳教活動，形成了「彼得派」。彼得派是原始基督教教義的宣傳者和捍衛者，在各地建立祕密的宗教社團，教徒之間互稱兄弟，實行財產公有以互濟互助。他們的隊伍在社會底層中得到很大發展，由最初的百十人發展到後來的上千人，引起羅馬統治當局的注意，進行取締鎮壓，使其不得已被迫轉入地下活動。由於彼得派的積極活動，使基督教在西亞和埃及地區得以廣泛傳播。

▌保羅覺醒與傳教之旅

在耶穌幼年時代，土耳其南部的塔爾索城中住著一位猶太富商，名叫凱撒・班亞米尼，妻子是善良的猶太婦女。西元前 4 年，這家生下一個兒子，取名掃羅。後來他的父親加入羅馬國籍，當上了羅馬政府的差役，於是這一家人被授予「羅馬公民」的榮譽稱號，享有許多特權。掃羅也改叫羅馬人的名字——保羅。

成長於優越的家庭環境，保羅自幼受到良好教育，是猶太教法利賽派的忠實信徒。成人以後，他被送進耶路撒冷猶太神學院學習多年，精通猶太教律法。後來，保羅回到故鄉，在一家帳篷店當學徒。這時，早期基督運動已開始在巴勒斯坦興起，遭到猶太教統治集團

法利賽派權貴的敵視。作為這一派忠實信徒的保羅，本能地站在本派的立場上，成了迫害基督徒的急先鋒。

大約在西元 36 年，基督徒在大馬士革活動頻繁。有個叫哈納涅的基督使徒在這座古城中傳教，信徒眾多。保羅自告奮勇，帶領一幫人踏上往大馬士革的路，打算消滅那裡的基督徒。據《新約聖經》中的宗教傳奇敘述，保羅接近大馬士革之時，發生了一件震撼心靈的大事，使他的思想產生了逆轉。

當時保羅正走在路上，忽然天上射下一束強光將保羅罩住。他頓時撲倒在地，聽見頭上有個聲音對他發出呼喚：「掃羅呀掃羅，你為什麼要迫害我的門徒？」保羅恍惚中問道：「你是誰呀？」這個聲音回答：「我就是你們迫害致死的耶穌。不過，你們休想從馬蹄上把鐵釘拔掉，這是做白日夢！」保羅驚愕萬分，頭暈目眩地倒在地上。他被人抬到大馬士革，三天後才清醒過來。之後，他整日向神祈禱、默思，再也不去參加迫害基督教徒的活動了，轉而同情他們，甚至利用自己的身分在法庭上保護他們，使其免遭殺害。後來他便接受了「施洗」，正式歸信基督教。

城裡的猶太權貴們對這個「叛逆者」的行為大感憤怒，密謀殺害保羅。他們派人日夜把守城門，伺機在保羅通過的時候將他捕獲。保羅識破了對方的陰謀詭計。一天深夜，他坐在一個筐裡，讓人用繩子拴住筐從城牆上頭懸降

保羅脫逃／十一世紀福音書插圖
保羅在夜幕掩護之下，利用吊籃垂降，逃離大馬士革。

下去，逃出大馬士革，奔向耶路撒冷，加入那裡的基督徒社團。

保羅入教，於是早期基督教史上最偉大的傳教士，被基督徒們尊崇為「上帝的欽差」——聖保羅誕生了。歸信基督教之後，保羅為獻身基督教，毅然放棄了自己的職業，離開溫暖的家庭，於巴勒斯坦和小亞細亞地區奔波，從事布道活動。

西元 39 年，保羅到了耶路撒冷，由於他過去曾熱中於迫害基督徒，這裡的信徒們都害怕他，對他採取不信任態度。只有巴拿巴肯幫助保羅，帶他會見彼得等基督教社團首領，取得了他們的信任，承認他是自己的弟兄。

保羅在耶路撒冷住了些日子，開始隨使徒們一起傳道，並在公開場合與猶太人進行辯論。保羅有一副好口才，做宗教演講時往往能抓住人們的心理，還善於聯繫組織與聯絡工作。因此，他每到一地都會吸引大批信徒。

保羅所宣傳的主要信條是：耶穌不僅是偉大先知，且是人類偉大的「救世主」，是一位「真神」，人類只有誠心信仰耶穌基督，才能擺脫上帝懲罰而帶來的苦難。保羅在耶路撒冷及其周圍地區的傳教活動引起猶太教統治階級的憎恨，企圖陰謀除掉這個「叛徒」。於是

保羅又被迫連夜逃走，到地中海東岸某個地方躲了三年。保羅後來來到土耳其南部的安提阿城，與從耶路撒冷派去的使徒巴拿巴一同負責小亞細亞地區的傳教工作。從此以後，向外邦人傳播福音就成為保羅的神聖任務，因此又被稱作「外邦人的使徒」。

西元 45 年左右，保羅帶著信徒馬可（但他中途離去）從安提阿出發，乘船到塞普勒斯進行第一次旅行布道。當時，這塊地區有許多憎恨保羅的猶太社團企圖加害。有一次，他經過一條大街，險些被人用亂石砸死。保羅開始意識到基督教若要進一步發展，必須逃出猶太人居住區，遂決定赴歐洲傳教。

他跨過土耳其海峽，來到希臘本土。因為他精通希臘文，很方便地在那裡展開向歐洲人宣講基督教教義的工作。當時的希臘仍屬多神教的故鄉，因此那兒的人們對保羅的宣傳沒產生多大興趣，歸信者寥寥無幾。後來，保羅的行動遭到敵視，他才做了兩次講演，便被抓起來關進監牢。牢房看守聽過保羅布道，同情他的窘境。在這個人的幫助下，保羅逃出了監牢，隨後到希臘另一個城市哥林多傳教。他在這裡獲得了成功，為基督教往後向西歐推進打下基礎。

就在這時，他打算返回土耳其，返鄉途中經過希臘的伊庇魯斯城。這裡是「戴安娜」女神（希臘名：阿緹密斯）的尊奉地，保羅大膽地走進一座神廟內講道，遭到當地人強烈抵制，也引起宗教當局的憎惡，打算殺害他。保羅聞訊後及時逃走。

保羅回到故鄉，又再南下經敘利亞到巴勒斯坦，進入耶路撒冷。這裡依舊是法利賽人的統治中心。保羅不顧一切地踏進聖殿進行布道，馬上有一幫人一擁而上要打他。鑑於他是羅馬公民，守門的羅馬士兵走上前去救出他。猶太最高參議會的長老們不斷就保羅的活動向羅馬總督提出控告。保羅覺得在巴勒斯坦再也待不下去，決定赴西歐向羅馬皇帝提出申訴，以捍衛自己的宗教事業。

基督教扎根羅馬

西元 60 年秋天，保羅在羅馬士兵押送下，啟程去羅馬。這是趟艱難的海上旅行，他乘坐的木船行至地中海時，突然被颶風打翻。幸有一條商船經過，他才得以獲救，並隨船來到地中海上的馬爾他島。保羅在島上滯留了三個月，搭船往東北繼續航行。半年之後，他終於抵達羅馬城。羅馬城內，保羅的弟子們聞訊來碼頭迎接。他被押送到羅馬法庭，鑑於保羅是羅馬公民，加上其行為未觸犯羅馬的法律，因此當局未進行審判就釋放了他。保羅又成了自由人，他在羅馬城一隅的貧民區內租下一所清靜的房子從事布道活動。

這是他人生的最後三個年頭。二十五年來，他從西亞到歐洲各國，往返數次。顛沛流離的生活、艱難困苦的旅行，以及坐牢所受的折磨，嚴重地摧

殘了他的身體。他忘卻了個人的一切，拖著衰老的身軀行遍羅馬城各個角落，精誠地從事傳教活動。經過一番苦心努力，歐洲的第一個基督教會在羅馬建立，基督教運動蓬勃發展。

西元 64 年，羅馬城發生了敵視基督教的運動，受尼祿皇帝支援，一幫暴徒開始追捕和劫持基督教徒。在這場迫害運動中，保羅被捕關進監牢，倍受折磨。他接著被押到羅馬皇帝面前受審，最後釋放。此時的保羅已是奄奄一息，出獄不久便憂憤而死。保羅死後，羅馬人在羅馬城郊某處無名墳地上為他建了一座殉教徒之墓，算是對他一生辛勞的「報償」。

保羅雖遭難而逝，但其理想已經實現：經過二十八年的不懈努力，終於把基督教從當初小小的一個猶太教支派，發展成為後來影響世界最大的新宗教。近代基督教會的興盛，便是保羅「歷史功績的一座豐碑」。

保羅畢生的偉大功績，還在於他用文字將基督教教義的基礎確立下來，編纂成經典聖書《新約》。這部聖經的二十七章中，有十四章是保羅所編寫的。

早期的基督徒作為猶太民族一分子，義無反顧地參加了西元 66 年至 73 年反抗羅馬暴政的猶太大起義，即「第一次猶太戰爭」。羅馬大軍攻陷耶路撒冷，燒毀聖殿，起義被血腥鎮壓下來，大批義士壯烈殉難。這種慘景使廣大基督徒認為「世界末日」已經來臨，並宣布「吾國不屬於這個世界」。他們也就不再參加後來發生的猶太民族大起義了。於是，基督教便完全從猶太教中分離出來，成為一個獨立的新宗教。到了這個時候，基督教已經具備一個獨立宗教所應具備的條件，即有自己的崇拜對象——耶穌基督，自己的經典——《新約聖經》，以及較為系統化的神學理論和較為完善的宗教組織——早期教會。

從西元一世紀末到四世紀初，近三百年的基督教被稱為「早期基督教」，也叫「原始基督教」。

十二世紀聖殤圖
耶穌殉難造就了救世者傳說，基督光環
也寫就了一部禍延千年的宗教爭鬥史。

③ 基督教的變遷

從西元二世紀起，獨立後的基督教已變成一個不分地域、種族、年齡、性別和階級，任何人皆可加入的世界性宗教。

如此在原基督徒社團的基礎上，開始出現以「主教制」為主體的教會組織，稱為「公教會」。這就是早期的教會組織。

基督徒殉道前的最後祈禱／格羅姆油畫
早期教會信徒遭羅馬帝國統治者迫害，被送到鬥獸場上餵猛獅。耶穌門徒在這時刻，以禱告感謝神所賜的殉道榮耀。

　　基督教誕生後，早期教會由於不向羅馬神廟獻祭而被認為是對羅馬帝國的蔑視，基督教教義亦被羅馬政府視為異端邪說，羅馬政府對基督教採取抵制的作法，大肆迫害基督教徒。特別是尼祿皇帝在位時期，這種迫害運動達到了高峰。但這並沒有撲滅它，反倒促使它日益發展壯大。

　　西元 173 年，小亞細亞的弗里吉亞興起了以孟他努為首的彌賽亞運動。它以《啟示錄》為宗旨，預言戰爭來臨，新耶路撒冷將於某時某地出現。這場運動發展得很快，贏得了一批狂熱的信徒，造成教會分裂。孟他努派被羅馬統治者視為威脅，對之進行鎮壓，甚且在帝國各地發動了一場反對基督教的宣傳運動。到西元三世紀後半期，羅馬政府對基督教採取了時而鎮壓、時而安撫的政策。

▌羅馬帝國下的基督教

　　西元 260 年，新登基的羅馬皇帝加列奴停止迫害基督教徒，發還其財產，准許教會和主教有活動自由。此後的四十年，基督教進入「和平時期」，教會抓住機遇大力擴展。特別是小亞細亞，基督教徒竟占其人口的半數，成為這一地區勢力最大的宗教。

西元 384 年，戴克里先登基，先是對基督教採取安撫政策，後於西元 303 年開始了對基督教的迫害，強迫教會神職人員向羅馬神廟獻祭，另還沒收教會財產，銷毀經書，禁止教徒集會。直至西元 305 年這位皇帝退位，迫害運動才告結束。

到西元四世紀，基督教以統一的「公教會」形式出現於世，形成了一股強大的社會力量。隨著富人、官吏和軍人參加教會並進入領導集團，加速了以主教為中心，尊卑分明之教職、教階制度的產生和一整套教規禮儀的形成。同時，教會與羅馬帝國政府的關係開始產生變化。教會上層人士利用一切機會，努力爭取羅馬政府的承認與保護。而此時羅馬帝國統治階層正遭逢內憂外患，已無力量來對付這一蓬勃發展的新興思想運動。

在基督教運動發展的過程，羅馬帝國統治者也窺出基督教教義中某些成分有利用來為其服務的可能性。後來，隨著境內民族衝突和階級衝突日趨尖銳，羅馬帝國統治者改變了對基督教的態度，實行安撫政策，由反對轉而保護、支援這一宗教。同時，他們根據己身的政治需求來改造它，以便「為我所用」。

西元 312 年，君士坦丁大帝正式宣布歸信基督教。翌年 6 月，他邀李錫尼在米蘭舉行會談，聯合發布著名的《米蘭敕令》，宣布：「信仰各種宗教之人均享有同等自由，不受歧視。開啟被封閉的基督教集會場所，發還教會被沒收的一切財產。」

這是羅馬帝國法律上首次承認基督教會可以擁有財產。《米蘭敕令》成為基督教發展史上的一大轉捩點，結束基督教長期所遭到的迫害，恢復了信仰自由與和平。十年後，君士坦丁打敗李錫尼，統一了帝國東西兩部。他頒布法令，進一步利用、扶持基督教，規定政府官員主要由基督教徒擔任，並不得再參加神廟獻祭活動。

君士坦丁大帝死後，歷任羅馬皇帝繼續執行他既定的宗教政策，扶持和利用基督教。基督教則藉助政府力量壓倒了固有的羅馬宗教。

西元 375 年，皇帝格拉提安宣布羅馬皇帝不再擔任羅馬神廟的「最高祭司」，禁止人民向神廟獻祭。

西元 392 年，皇帝狄奧多西大帝詔令全國，正式承認基督教為羅馬帝國國教，要求臣民「遵守使徒彼得所交予羅馬人的信仰」，使得基督教成為羅馬帝國唯一合法宗教。接著，這位皇帝連續下令，關閉所有異教神廟，禁止在任何場所獻祭。基督教遂一躍而升到帝國的精神統治地位。

羅馬統治者根據其政治需要，對原始基督教進行了系統性的改造。他們主要從以下三方面進行：

一、控制基督教運動的領導權。當基督教被羅馬皇帝立為國教後，大批

聖奧古斯丁
奧古斯丁提出有力的三位一體論證，豐富了基督教教義。

領主和貴族紛紛加入教會，進而成了主教，逐漸控制對基督教會的領導權。當時從著名的領主貴族中產生的主教有：阿卡洛西、格里哥利、凱撒里斯基和埃夫亥爾等。

二、**教會職業化和特權化**。根據羅馬皇帝的旨意，在帝國統治範圍內，包括安提阿、凱撒里亞、以弗所、迦太基、亞歷山卓和羅馬等地都建立了主教區，使教會職業化，並賦予教會許多政治與經濟特權，包括取得贈款、捐款和按照遺囑支配遺產的權利。西元331年，君士坦丁大帝下令把遭驅逐的「異端」教派教堂與財產賜給基督教會。於是，教會擁有極大的經濟勢力，從而把教會固定在私有制基礎上，作為鞏固奴隸制度的社會基礎。

三、**篡改教義**。貴族們剔除原始基督教中具有革命意識的一切思想因素，將其政治要求化為玄虛的宗教觀念；把對現實生活的要求，變成對「後世」、「天國」的模糊嚮往；把參加現實抗爭的念頭，變成放棄抗爭和忍受苦難的精神解脫；把消除私有和不公的願望，變成維護私有制和宣揚「平等」、「博愛」的空洞說教。總之，他們將羅馬帝國的王權統治加以神化，將皇帝和奴隸制度神化為「救世主」和「天國」，用天上的神權來為地上的王權服務。

這時期中，集基督教教義大成者，是最著名的基督教神學大師奧古斯丁。

奧古斯丁的神學理論

奧古斯丁，西元354年11月13日出生於今日阿爾及利亞君士坦丁地區。他的母親是虔誠的基督教徒，青年時代的奧古斯丁信仰摩尼教長達九年。他不拘小節，有不少風流韻事。在西元386年夏天，他的思想突然發生了轉變。原來，他聽朋友講述埃及基督教修道士們戰勝情慾、虔誠敬拜耶穌基督的故事後，深受感動，開始反省自己。隨後，他又讀到一本《新約·羅馬書》。書中寫道：「不可荒宴醉酒，不可好色淫蕩，勿為肉體安排去放縱私慾。」他讀到此處，深有感悟。從此，奧古斯丁開始約束自己，改弦更張，歸信了基督教。

西元387年，三十三歲的奧古斯丁乘船跨過地中海來到米蘭，接受了米蘭主教安布羅斯為他施洗。安布羅斯對奧古斯丁的思想影響深遠，他從此接納和研究新柏拉圖主義。西元391年，奧古斯丁在阿爾及利亞的希坡接受牧師神職，於396年升任希坡主教，並創辦一所修道院。從這時起，奧古斯丁傾其全

部精力與才智研究基督教神學，用三十年歲月先後寫出三部經典性著作《懺悔錄》、《論三位一體》及《上帝之城》。

繼奧古斯丁之後出現了另一位著名的基督教神學家，就是羅馬教皇格里哥利一世。格里哥利一世於西元 540 年出生在羅馬的基督徒議員之家，當過羅馬的行政長官。西元 573 年受修道主義影響，他棄官退隱進入安德烈修道院當修道士，同時把全部家產捐給修道院興辦慈善事業，十三年後被推舉為修道院院長。西元 590 年獲選為羅馬教皇，是第一個以修道士資格擔任教皇的人。

格里哥利一世任教皇時期，領導羅馬人用武力和金錢抵禦倫巴人圍攻，保衛了羅馬，贏得人民的擁護。同時他又善於理財，教會的財產經他管理，收入大增。他利用教會收入來加強羅馬城的防務，興辦各種慈善事業，造福人民，因此成為當時義大利最有威望的人。格里哥利一世繼承聖徒彼得權位的資格管理全教會，自稱是「上帝眾僕之僕」。西元 569 年，他派人去英倫三島布道，為基督教會在大不列顛的發展立下了特殊功勳。格里哥利一世在教理、儀式、教會生活及組織上提出的理論和做出的實踐，對日後拉丁教會有著極為深遠的影響，奠定了後來西方中世紀神學的基礎。

透過奧古斯丁和格里哥利一世等思想家對基督教教義的闡發，完成了對這一宗教的改造。經過幾位思想家所制定的新教義，基本上有「三位一體說」、「創世說」、「原罪說」三條，如下表所示。

基督教經典除了猶太教的《舊約》之外，本身的經典是《新約》，於西元二世紀後半期用希臘文寫成。到四世紀時，編出了今天的《新舊約全書》。

三位一體說	認為上帝是有人格的神，尊為「聖父」；耶穌基督是上帝的寵子，尊為「聖子」；教會是上帝在地上的代表，是把聖父、聖子和人聯繫起來的「聖靈」。這聖父、聖子和聖靈三者具有統一的神性，故為「三位一體」。
創世說	宣稱上帝是「天地之主宰」，是「萬物的創造者」，祂「無所不知、無所不能、無所不在，至善、至智、至愛」。世上的一切俱是上帝事先安排定的，永恆不變，人類必須敬畏祂、順從祂，無條件地聽從祂的安排，否則要受懲罰。
原罪說	宣揚人類始祖亞當和夏娃不聽上帝命令，偷食伊甸園中的智慧果而犯了罪，從此，人類子子孫孫均具有罪性，永遠逃脫不了上帝的懲罰，世上的一切苦難都是對人們自身犯罪的惡報。因此，人類只要透過忍受現實的苦難，實行戒慾和苦修來贖罪，死後便可升入天國，否則就受上帝的懲罰，被打入地獄。

格里哥利一世像

格里哥利於西元 590 年至 604 年任羅馬教皇，大力推動基督教勢力傳播。

4 中世紀基督教

中世紀的基督教處於「萬流歸宗的地位」，
這不僅表現在經濟上擁有大量的土地和財產，
在政治上居於統治地位，且還主要表現在它控制了整個思想方向，
連哲學、科學都成了它的隨從。

　　五世紀下半葉，西羅馬帝國滅亡以後，西歐出現了各國混戰的局面。八世紀中葉，法蘭克王國墨洛溫王朝宮相丕平及其兒子查理結束了紛亂局面，在西歐建立了最大的封建王國——查理曼帝國。帝國建立過程中，羅馬教會參與了丕平奪取王位的陰謀活動，號召教徒擁立丕平為王，並在西元 752 年為丕平舉行特別的塗油儀式，奉他為「神命的君主」。丕平為報答教皇支援，先後兩次率軍進攻義大利，把義大利半島拉文納至羅馬的大片土地贈給教皇。從此，教皇擁有了自己的領土，所謂「教皇國」由此發端。

　　西元 800 年，教皇利奧三世為丕平之子查理大帝加冕。這一行動創下了後來教皇聲稱對各國國王擁有批准與罷免之權的先例，正式形成了封建神權和君權相互依存的關係。查理大帝在給教皇的信中說：「我們的天職是用武力保衛教會，使它不受異教徒攻擊、蹂躪，在教會內

教皇國
位於羅馬城西北高地的梵蒂岡，至今仍為天主教信仰中心，享有自治權。

部確保教會的純正信仰。而神聖的教父，您的職責則是用祈禱支援我的武力。」一語道破了封建統治者與基督教會互相利用的實質。但當神權影響到君權利益的時候，二者又會發生衝突。在整個封建社會，神權與君權是既相互利用，又相互制衡的。

阿奎那的神學體系

確立和完善封建基督教教義的過程中，形成了系統化的基督教神學，在哲學上表現為經院哲學，其主要代表人物是天主教的「聖徒」托馬斯・阿奎那（1225～1274 A. D.）。

阿奎那是義大利那不勒斯人，朗多福伯爵之子，自幼受教於蒙特卡西諾修道院。他年輕時加入多明我教團，在巴黎和科隆研習神學，後來在法國、義大利從事哲學和神學的教授與研究，建立了天主教會的神學思想體系。他的主要著作是《神學大全》，被視為基督教神學的「百科全書」。他用空洞抽象、形式主義的

阿奎那的勝利／蛋彩畫

「經院哲學」於十三世紀進入黃金時期，至文藝復興時期走向衰落。教會統治時期，經院哲學家成為教育事業的推進者及知識自由的先導，阿奎那正是天主教官方哲學的代表人物。

法國克呂尼修道院
中古世紀的修道院是團體耕作生活，
有獨立的經濟功能。

推理方法加上詭辯術，論證基督教的全部教義及「教權高於一切」的思想。

　　阿奎那的基督教神學體系包括他的哲學、政治學、倫理學和心理學等，繼承並發展了奧古斯丁的基督教神學及亞里斯多德的哲學。基督教各派系皆採納了阿奎那的學說，羅馬天主教會尤將它作為自己的「官方哲學」。

東西教會分離與教階組織

　　十一世紀初到十五世紀末，是基督教在經濟、政治和思想統治上的全盛時期。教會成為歐洲神權統治的中心，不僅與國王之間長期勾結又爭鬥，其內部也展開了權勢爭奪。

　　早在西元四世紀，隨著羅馬帝國一分為二，基督教會就形成了以羅馬為中心的西部教會和以君士坦丁堡為中心的東部教會。後來，西部羅馬大主教在西羅馬皇帝的扶持下，稱其地位來自「聖彼得所賜」，要求在整個基督教事務中享有最高權力。東方君士坦丁堡大主教不甘服從，於六世紀中期仿效羅馬教皇作法，自稱為東部教會的「普天至聖」。因此，東部教會和西部教會之間的衝突越演越烈。

　　1054 年，東部教會領袖宣布脫離羅馬教皇統御，最後東西兩部教會公開決裂。西部教會以羅馬教皇為首，稱「羅馬公教會」，也就是天主教會，主要分布在西方各國；東部教會以君士坦丁堡大主教為首，稱「希臘東正教」，主要分布在巴爾幹半島、西亞和俄國。1453 年，東羅馬帝國遭土耳其人入侵而覆滅，莫斯科大公趁機使俄羅斯正教會擺脫君士坦丁堡大主教的控制，形成獨立教會。十六世紀，沙皇政府支援俄羅斯正教會在各國東正教會中謀求霸權，以作為對外擴張的侵略工具。

　　分裂後的歐洲天主教，迅速坐大。八世紀中期，法蘭克皇帝丕平曾把義大利中

部一塊土地賜給教皇，奠定了教皇領地的基礎。後來教皇進一步偽造宗教文件，說君士坦丁皇帝曾許諾把西歐各地的統治權授予教皇，從而要求對世俗政權擁有最高權力。於是，天主教會逐漸形成了歐洲社會最強大的政治勢力。

天主教會按照封建階級制原則，建立自己的教階制度，構成一套嚴密的組織系統。教皇之下有大主教、主教等，主教各有轄區，每個主教區設有許多教堂和修道院，神父和修士居於其中。

天主教會是歐洲社會的最大封建領主，擁有大量土地和財產。從十一世紀以後，天主教會的經濟勢力迅速膨脹。它利用聖職買賣及教徒捐獻等方式，把越來越多土地攫為己有，擁有所在地區全部土地的三分之一。天主教會不僅控制西歐各國大面積的土地，霸占森林、

第三章　基督教——天國之道

宗教裁判大會的多明我會士／佩德羅·貝魯格特繪

西班牙宗教法庭盛名遠播，圖中右下方兩名被繩子繫脖的男子，經審判後正受刑罰之苦，命在旦夕。

牧場、磨坊，控制釀酒、製鹽、海陸運輸和放債等行業，此外還利用各種名目向百姓攤派苛捐雜稅。教皇每年經濟收入，超出當時歐洲各國國王年收入的總和。

天主教會也是社會文化的壟斷者，它成立宗教法庭「異端裁判所」扼殺進步思想，哥白尼、布魯諾和伽利略等著名科學家都曾遭到天主教會的殘害。

神權與君權拉扯

前面曾提到，神權與君權是既相互利用又相互制衡的，它們之間的爭鬥，主要表現在教皇和國王的衝突，其起因出自「授任教職權」問題。過去任命主教和修道院長等職是由皇帝任命的，但從十一世紀起，教會內部掀起一種運動，反對俗界授職，主張一切教職只能由教皇任命，等於向皇權發出了挑戰。

1073 年，教皇格里哥利七世認為教皇權力為上帝所賜，故高於俗權。教皇不僅可任免教職，且可廢黜君主。當時的神聖羅馬帝國皇帝亨利四世堅決反對教皇此說，雙方之間的衝突公開化。

1075 年，格里哥利七世下令廢除俗界授任教職之權。翌年 4 月，亨利四世於沃姆斯召開宗教會議，宣布廢黜教皇，而格里哥利七世隨即將亨利四世開除出教，日耳曼境內各領主趁機起兵反叛亨利四世。1077 年亨利四世被迫屈服，前去義大利卡諾莎城堡晉見教皇悔罪求恕，於是恢復了教籍。待度過難關，亨利四世先發兵撲滅各地叛亂，復與教皇進行較量，進兵羅馬趕走格里哥利七世，另立新教皇。

1099 年，教皇巴斯加二世與神聖羅馬帝國皇帝亨利五世發生衝突，再次向皇權發出挑戰。直到 1122 年，雙方在沃姆斯談判，達成一項妥協性協議，規定：主教由選舉產生，但皇帝或其代表要出席選舉會議，並有權進行干涉。主教授職時，由教皇授予宗教權力，以指環和神杖為標誌；皇帝則授予他世俗權力，以權杖為標誌。

至十二世紀下半葉，教皇進一步提出「兩把刀」理論，把《新約·路加福音》第二十二章第三十八節中記載的耶穌叫彼得打的「兩把刀」說成是神權和政權，兩者俱屬於教會，只是暫且把政權這把刀交給國王保管，從而論證「王權授自於教權」和「王權來自教皇」。

異端裁判的酷刑
1549 年，阿姆斯特丹居民遭判異端罪而受火刑之罰。

十三世紀，教皇英諾森三世和波尼法修八世分別發表了宗教宣言，進一步宣稱教會是個完整的社會，不受世俗權力的約束。他們認為「教皇是世界教會的神父」，「教權是太陽，君權是月亮」，皇帝的權力是從教皇手中「借來」的，教皇高於皇帝。

教皇派和國王派爭奪統治權的衝突由來已久，不過在十一世紀中期以前，教皇權力尚低於皇帝。十一世紀後半期，教皇權力有所加強。到十三世紀，教皇勢力占得壓倒性優勢，教權與王權之爭達到空前尖銳的程度。

隨著封建社會經濟發展，西歐各國王權得到加強，教皇勢力受到排擠。至十四世紀，教皇在與法國國王的爭鬥中大敗，被禁閉於亞維儂城堡作為傀儡達七十年之久。從此教皇勢力江河日下，各國教會轉而臣服於本國君主，「教權至上」的理論終告破產。

教權至上年代

　　自十一世紀起，天主教會在羅馬教皇的煽動下發動了八次十字軍東征，侵略東方的土耳其、敘利亞和巴勒斯坦地區。十字軍綿亙二百年的侵略，給中東、北非人民，也給歐洲各國人民帶來了慘重災難。歐洲領主還組織了「童子十字軍」，用欺騙手段將大批歐洲兒童送往東方。許多天真無辜的兒童在過海時淹死，還有不少孩子被拐賣為奴。

　　十字軍戰爭中最大獲益者是羅馬教廷，教廷利用十字軍東侵之機，奪取下西歐君主手中的霸權，另還從東方掠奪來大量財富。二百來年當中，羅馬教廷的政治、經濟勢力發展達到頂峰。然而，沉重的兵役、教會的橫徵暴斂以及曠日持久的戰爭，使西歐各國人民逐漸認清羅馬教廷的真面目，掀起了一場場反對教會的運動，主在抗拒封建神權統治。

　　農民和城市平民反抗教會的運動貫穿整個中世紀。為了鎮壓這種運動，羅馬天主教會於 1220 年建立「異端裁判所」，亦稱「宗教法庭」。宗教法庭建立以後，凡被控為異端者，無例外地都遭祕密審判，受到嚴刑拷打；輕者監禁或終生監禁，重者處以極刑，絕無倖免。宗教法庭成立後的五百年中，遭迫害致死者數以百萬計。據羅馬教會資料記載，十五世紀以降的一百五十年間，羅馬就燒死了三萬人。西班牙的異端裁判所尤為殘暴，1483 年至 1820 年間，受迫害者竟達三十餘萬人，其中火刑處死者十幾萬人。十六世紀之後，異端裁判所隨著教皇權勢下降，漸趨衰落。十九、二十世紀之交，異端裁判所幾已不復存在。1908 年，教皇將羅馬異端裁判所改為「聖職部」，由教皇親自主持，公布「禁書目錄」，對參加進步組織和活動的教徒處以「絕罰」（開除降籍）。

　　綜上所述，中世紀的基督教處於「萬流歸宗的地位」，這不僅表現在經濟上擁有大量的土地和財產，在政治上居於統治地位，還主要表現在它控制了整個思想方向，連哲學、科學都成了它的隨從。

進攻耶路撒冷／十三世紀手卷插圖

在教皇的號召下，歐洲各國領主組成了規模浩大的十字軍。第二次東征時，十字軍與穆斯林軍隊交戰，兩方屠戮了二十萬之眾。

基督教改革運動

5

人類的進程可比作「巨大的鐘擺」，永無休止地前後擺動。
繼文藝復興時期對宗教的漠然和對藝術與文字的熱情之後，
是宗教改革時期對藝術與文字的漠然和對宗教的熱情。

十五世紀中葉，歐洲展開了「文藝復興運動」。文藝復興使人本主義和人文主義大大抬頭。人們對「人」的興趣超過了對「神」的興趣，對現世的興趣超過了對天國的興趣，羅馬教廷在精神領域的統治開始動搖。與此同時，還出現了資本主義的肇始。

隨著城市的繁榮和新航路的發現，生產交易逐步擴大，那種用封建劃界限制人們視野的狀況逐漸改變。封建制度走向衰微，基督教會內部亦已腐朽到人民群眾再也無法容忍的地步，如教會向教徒們徵收什一稅，猶且分作大什一稅（糧食）、小什一稅（蔬菜）和血什一稅（牲畜等）。更有什麼傳教費、埋葬費、聖水費、祈禱費，名目五花八門，多如牛毛。有人指出，甚至連老太婆為了讓小偷、強盜找不到才藏在頭巾裡的最後一枚銅元，也被教會奪走！

宗教改革運動的導火線是在十六世紀，教皇利奧十世以建造羅馬聖彼得大教堂為名而聚斂錢財，用發放、出售「赦罪券」搜刮信徒財產。教皇宣稱，他「掌握一切犯罪者的名單和對每一椿罪惡的懲罰」，但不管什麼人犯了什麼罪，只要按規定價格購買教皇所發行的「赦罪券」，就可以使自身「罪惡」得到赦免。

教皇一方面委派各地教士作代理人，赴各基督教國家銷售「赦罪券」，同時還委託商人們代為推銷，要他們挨門逐戶，沿街叫賣。教皇與教會的專制與腐敗激起一般群眾不滿，反教會的浪潮席捲西歐社會各階層，就在這種情況下，爆發了基督教改革運動。

▌胡司戰爭

歐洲近代宗教改革運動的先驅者，是捷克人約翰·胡司。

胡司自幼家貧，從青年時代起便受華爾多派的進步思想影響。當時，教會首領的專制和腐敗，特別是教皇發放「赦罪券」搜刮人民財物的無恥行為，激起了他的憤慨。於是，他便從維護民族利益出發，在平民群眾中進行宗教改革宣傳。他認為教會占有大量地產是「一切罪惡的根源」，因而主張沒收教會財產。他說：「在上帝眼裡，一個有道德的貧苦農民比一個犯罪的富有教主要高尚得多。」他猛烈抨擊教會，堅決

反對教皇推銷「赦罪券」，主張推動宗教改革。

胡司深入農村傳教，公開抨擊農奴制度，反對教會的苛捐雜稅，深受貧苦農民擁戴，教會首領則把他看作危險的異端分子，將其開除教籍。他百折不撓，繼續進行宗教改革宣傳活動。最後，皇帝下令透過天主教會的異端裁判所將他處以火刑。胡司在火刑場上向在場群眾發表講演，慷慨赴死。胡司的英勇殉難激起捷克人的民族情緒，爆發了十五世紀歐洲最大規模的一場農民起義，歷史上稱之為「胡司戰爭」。捷克的這場農民起義後來雖以失敗告終，卻沉重打擊了天主教會，讓胡司派的思想主張傳播至西歐各國，促發近代宗教改革運動提早到來。

十六世紀上半期宗教改革運動席捲歐洲，當時的日耳曼成為這一運動的策源地。這場宗教改革運動的首倡者是馬丁·路德。

▌路德新教

馬丁·路德是日耳曼伊茲勒賓人，出身於農民家庭，自幼家貧。路德發憤讀書，考取了一所法律學校，因為繳不起學費，他便利用課餘時間走上街頭賣唱，堅持學習。就這樣，他刻苦攻讀法律，期望將來為平民伸張正義。

路德青年時代有位好友由於批評教皇發放「赦罪券」，被稱叛教徒而活活燒死。這位好友的慘死深深震撼了路德的心靈，對他的思想產生很大影響。那時他即將從法律學校畢業，卻毅然放棄法律，改習神學。

路德在神學院裡學習了兩年，鑽研基督教教義，於基督教神學方面有了較深的造詣，後被任命為神父。二十五歲時，他獲聘為日耳曼威登堡大學神學系教授。幾年之後，路德作為日耳曼宗教使團的一員前往羅馬訪問，當他走進皇宮般的羅馬教廷時，吃驚地發現教皇儒略二世竟深居皇宮，窮奢極侈，儼然以地上的「上帝」

胡司受火刑
胡司領導農民起義，1415年被教會以異端邪教之罪判處火刑。

馬丁·路德
馬丁·路德提出的「九十五條論綱」，沉重打擊了羅馬教會的權威。

自居。他見到教堂裡神父和修女們之間生活腐敗，烏煙瘴氣……這一切景況使他對教廷大失所望，深感不滿。

1517 年秋，羅馬教皇代表來到日耳曼推銷「赦罪券」。路德認為這是對上帝的侮辱和背叛，因而勇敢地站出來反對兜售「赦罪券」。11 月 1 日大清早，路德把他批評教廷、改革宗教的「意見書」用拉丁文寫成九十五條論綱，貼在威登堡教堂大門之上，造成全城轟動，百姓譁然。

路德在這份「意見書」中，陳述了羅馬教皇犯下了背叛上帝、侵犯人權的種種罪行，進而提出二十七點宗教改革方案。

路德主張，人只要虔誠信仰上帝，苦讀《聖經》並懺悔自己，便可得救。毋須透過教皇，人人都可以「通上帝」，這叫作「信仰可得救」（即「因信稱義」）。他反對教皇擁有至高無上的特權，反對教皇舉行繁瑣又奢侈的宗教儀式，要求建立「廉價教會」，提倡人人有讀經、講經的自由，主張削減教會的苛捐雜稅。

《舊約聖經》德文譯本卷首插圖
威廉・布萊克繪於十九世紀的此張插圖，表現耶和華初創世界。馬丁・路德翻譯聖經的同時，也確立了標準德語。

路德的宗教改革主張迅速地傳遍整個日耳曼地區，人民的情緒被激發起來，一場反對羅馬教皇與天主教會的群眾運動席捲全國，不僅使「赦罪券」成了廢紙，連帶讓教皇的地位受到了威脅。教皇怒得採取威脅利誘的手段來對付路德，企圖撲滅這場群眾運動。

1520 年 6 月間，教皇下了「敕令」開除路德的教籍，禁止他宣講改革論綱，並嚴禁別人和他來往。同時，教皇又向路德下了一道「通論」，請他前去羅馬教廷進行辯論，規勸他放棄自己的觀點，將對他報以重賞。

路德不理會教皇的威脅與收買，多次公開演說闡明自己的宗教改革理論，更先

後發表《致德意志基督教貴族公開書》等三本小冊子，被人們視為日耳曼宗教改革的「三大論著」。這一年年底，教皇的「敕令」最後下到路德手上，他在演說中當場撕碎，以示與教皇「決裂」。此後，路德努力著書批評教廷，發表了《改革論》一書，明確提出反對教皇專制、反對教會和教階制度，在此基礎上創立了「新教」。

1521 年初，神聖羅馬帝國皇帝查理五世在沃姆斯召開帝國宗教大會，命令路德收回他的「論綱」。路德得到與皇帝不和的一群地方貴族大力支持，罔顧教皇命令，仍舊堅持宗教改革立場。皇帝憚於路德背後強大的支持力量，未敢加害路德，只宣布他「不受法律保護」。

沃姆斯會議之後，宗教改革運動內部出現分裂，產生出兩派：一是溫和派，主要包括市民和小貴族；另一是激進派，主要是傾向革命的農民和平民。

激進派要求將這場運動繼續向前推進。路德作為溫和派的代表，已經不想繼續前進，他放棄討伐羅馬教廷的戰鬥口號，轉而鼓吹和平發展與消極抵制。

在路德思想蛻變後，日耳曼的宗教改革運動排除阻力干擾繼續前進，發展成為一場波瀾壯闊的農民戰爭。與路德同時代的日耳曼下層僧侶閔采爾直接領導了這場日耳曼農民起義。

閔采爾農民起義

托馬斯・閔采爾出生於日耳曼手工業家庭，早年於萊比錫學習，後來在哈勒市一座教堂當見習神父，曾組織過反對當地封建統治者的祕密宗教組織。

閔采爾將教會首領和封建君主稱為「不敬上帝的人」，是造成社會弊病的「禍首」。他認為農民和工人才是上帝的「真正選民」，號召他們拿起刀劍，於世間建立「現世的天國」。在這個天國中，實行一切工作和財產共同分配、完全平等。他公開號召「整個世界必須忍受一次大震盪，這是不敬上帝之人垮臺、卑賤之人翻身的號角」。

閔采爾是位出色的組織者，為達到推翻封建制度的目的，他祕密地組織了「基督教同盟」，奔走於日耳曼南部一帶聯絡起義的農民軍，推動農民運動蓬勃發展，到 1525 年便形成了波瀾壯闊的農民戰爭。這一年 3 月 17 日，閔采爾親自在南部的薩克森和圖林根地區領導農民掀起大起義，組織政權機構，將沒收的修道院財產分配給窮人。附近城市的礦工，紛紛響應起義。

閔采爾肖像
1975 年東德政府發行的五馬克鈔票上，取用閔采爾肖像。

日耳曼君主急忙調動軍隊包圍農民軍，閔采爾領導起義軍堅決抵抗。5 月 16 日，君主的武裝大砲猛攻農民軍。因農民軍裝備不足、訓練不精，經過激烈戰鬥後落敗，閔采爾受傷被俘，受到嚴刑拷打，最後遭處死。這場如火如荼的農民大起義，終被鎮壓下去。

　　由於農民戰爭的影響與推動，宗教改革運動繼續發展，到十七世紀中期已然成為一股勢不可擋的時代潮流，在西歐各國先後掀起了反對專制教會的大規模群眾運動。

▎喀爾文派興起

　　十六世紀中期，隨著宗教改革運動在日耳曼興起，西歐以日內瓦為中心，出現了一個比路德派更符合新興資產階級需求的宗教改革派別——喀爾文派。

　　約翰‧喀爾文是法國人，青年時代在巴黎學習，深受路德學說影響，提倡宗教改革，而被羅馬教廷指控為「異端」，被迫流亡到瑞士。1535 年，喀爾文在巴塞爾著《論基督教原理》一書，闡明其宗教改革主張，從事反天主教的宣傳運動。1547 年，喀爾文著《天主教預簡》一書，逐漸形成了系統化的宗教改革思想，稱「喀爾文教」，其追隨者則組成了喀爾文派。

　　喀爾文繼承了路德「信仰可得救」的思想及其建立「廉價教會」的主張，他的宗教改革學說卻比路德更加突破。他提出了建立「民主教會」的主張和所謂的「預選說」，他認為人的命運早已為上帝所定，現世人的富貴與貧賤，就是上帝「選民」或「棄民」的標誌。因此他鼓勵信徒們在世時積極活動，發財致富，用以證明

自己被上帝「選中」，以「升天國獲救」。

　　喀爾文以「真正法國式的尖銳性」彰顯了宗教改革運動中的世俗性質，鼓勵信徒追求財富資產，使教會共和化、民主化。

　　1541 年起，喀爾文在日內瓦推行他的宗教改革，當上日內瓦教會首領。他按照共和制原則成立「長老會」，以此為基礎建立了政教合一的基督教神權國家，統治達二十多年。

喀爾文的新教派
喀爾文宣揚「上帝預選說」，在日內瓦成立新教派。

因此，當時的日內瓦被稱為「新教的羅馬」，喀爾文本人被稱為「日內瓦教皇」。喀爾文在日內瓦實行嚴厲的宗教管理，反對任何「異端」思想，取消一切浮華的宗教儀式，甚至包括禁止人們日常的歌舞娛樂，故稱「清教運動」。

▌英國清教運動

十六世紀中期，喀爾文教傳入英國。喀爾文派所宣傳的教義以及「民主教會」的組織形式，符合當時英國新興資產階級和新貴族的利益。於是他們高舉喀爾文派的「清教」旗幟，發動宗教改革運動，要求對英國國教教義和禮儀進行根本改革，清除天主教的影響，削減教會費用，反對教會勒索，主張淨化教會。

英國資產階級發動這場「清教」運動，要求按照喀爾文派的方式建立一個「廉價民主教會」。他們宣揚積極開展工商業活動是「上帝差派的神聖使命」，發財致富是「上帝的恩寵」，為發展資本主義製造輿論。

英國的清教運動，至十七世紀初分裂為「長老派」和「獨立派」。

「長老派」乃是由控制中央與地方教會會議的長老們組成，他們代表大資產階級和上層新貴族的利益，掌握清教運動的領導權。這個溫和保守的宗教集團，在組織上並未和國教會斷絕關係，僅僅是主張廢除王權所授的主教職位，由教徒們推選長老來治理教會。

「獨立派」反映了新貴族和中產階級的利益，他們接受閔采爾的革命思想，主張每一座教堂、每一個教派都應當獨立自主，由教徒管理教務，教徒可以自由祈禱和自由講經。他們還認為，每個教徒都可以「直接與上帝溝通」，無須主教干預。因此，他們否定主教的存在性，也否定了長老們的權力。

後來，隨著城市中產階級和部分農民的參加，英國清教運動排除長老派的控制，繼續發展，挑戰英國王權和國教會的專制統治。

宗教改革使西歐各國教會相繼擺脫了羅馬政治、經濟的束縛，使羅馬基督教終於從萬流歸宗的絕對權威高峰一步步跌落下來。宗教改革也造成了基督教繼 1054 年首回大分裂後的第二次大分裂，除了原來的天主教和東正教以外，又出現了新教。新教作為一種宗教，其基本信仰實無太大改變，只是訴求屏棄教皇的統治、簡化天主教繁瑣儀式、用民族語言進行傳教活動等等。

英國宗教改革紀念章
1534 年英國頒布法令，亨利八世成為英國國教之首，自此脫離羅馬教廷的脅制。

6 近代基督教

資本累積和海外掠奪是分不開的，
伴隨著重商主義強國大砲的轟鳴，基督教由歐洲傳遍了世界各地。

　　基督教成為世界性宗教，是在資產階級興起時代。資產階級在反對封建制度的時候，雖對中世紀神權進行抗爭，但當他們掌握了政權之後，也跟封建統治者一樣，把基督教作為自己統治的工具。資本累積和海外掠奪是分不開的，正是伴隨著商業強國大砲的轟鳴，基督教由歐洲傳遍了世界各地。

　　隨著重商主義在全世界各地的蓬勃，資產家為擴大自己的勢力範圍，把基督教作為向外擴張的「敲門磚」。他們先派出傳教士，接著是商人，然後是殖民地的總督，把觸角伸往亞洲、非洲和美洲。傳教事業可配合殖民侵略來征服殖民地人民，「一個傳教士足能抵上一個營的軍隊」。非洲人曾經生動地描述：「歐洲人剛來時，他們有《聖經》，我們有土地。而現在，我們有了《聖經》，他們卻拿走了土地。」

　　近代基督教在非洲的傳播，大體上經歷了四百年。從十六世紀至十八世紀，西方舊殖民主義國家如葡萄牙、西班牙、英國，先後侵入撒哈拉以南的西非地區，主要從事掠奪海外殖民地和販賣黑奴貿易。這段時期內，傳教成了殖民主義者打入非洲、取得黑奴的一種特殊手段。

　　當時，西方舊殖民主義者和非洲當地居民的接觸主要透過傳教士，因基督教傳教士不僅會當地民族語言，且懂得當地風俗習慣。他們深入居民間進行傳教活動，於是很快有一批黑人信奉天主教，殖民主義者再利用這些黑人傳教士作為他們侵略、掠奪所在國的得力「嚮導」。傳教士還在當地大力興辦許多慈善事業，如開設育嬰堂、教會醫院和各類教會學校等等，對所在國人民特別是青少年進行殖

傳教運動
基督教的傳播擴散，最大功臣該是這些數不盡的無名傳教士。

民教育，以培養一批代理人，利用他們去拐騙收買黑人奴隸。這樣，基督教會就成了殖民主義者從事奴隸販賣貿易的幫兇。

基督教海外傳教活動

進入十九世紀，傳教事業隨著西歐工業革命發展而興旺起來。西方殖民主義者為了掠奪非洲各國的原料和尋求商品市場，與傳教士緊密結合，透過他們去拉攏、欺騙非洲人，以獲取各種工業原料。

至一八六〇至七〇年代，歐洲資本主義由自由競爭過渡到壟斷階段。基督教傳教事業，更加積極地參與了西方列強瓜分海外殖民地的侵略活動。

在西方殖民主義者爭奪亞、非、拉丁美洲三大洲的過程中，傳教士充當了急先鋒。當時歐洲各國基督教會紛紛向三大洲各國派出大批傳教士，他們以傳教「親善」為名，進行思想滲透和文化侵略，同時還利用傳教士的活動方便，為帝國主義政府偵探搜集所在國的政治、經濟和軍事情報。

中國境內的基督教發展

基督教最早傳入中國，可溯自唐朝初期。據西元 781 年於長安西面所立的「大秦景教流行中國碑」記載，西元 635 年（唐貞觀九年），基督教支派聶斯托里派（唐人稱「景教」）從敘利亞經波斯傳入中國。當時，景教僧侶曾受到自太宗到德宗六代皇帝的尊重，在大唐帝國廣泛傳播，堪稱「法流十道，寺滿百城」。景教在中國存在了二百多年，而後自行消亡。

天主教與中國正式發生關係，是在宋理宗淳祐五年（西元 1245 年）。當時，成吉思汗麾下的蒙古大軍遠征歐洲，許多基督教傳教士被擄到中國，從而把天主教帶入中國。同一年，羅馬教皇英諾森四世派出了特使柏朗前來中國傳教。

1252 年，羅馬教皇又派特使羅柏魯晉見東方皇帝，後被留在元朝宮廷內傳教，宮內有不少達官貴人跟著信奉天主教。之後，許多西歐傳教士以商人、旅行家的身分，紛紛進入中國從事傳教活動。

1275 年，義大利天主教士馬可波羅到中國，得到元世祖忽必烈的信任，在中國做了十七年官，遍遊各地。他回國後，經口述寫出了著名的《馬可波羅遊記》，向西方人介紹中國的情況。

1292 年，教皇尼古拉四世派特使孟高維諾赴北京傳教。六年後，他在北京建立了首座天主教堂。元朝皇帝對天主教在中國傳播予以歡迎，彼時僅北京一地就有六千名教徒。南起廣州、北到外蒙古和林的廣大地區都有天主教士的蹤跡，當時的天主教徒大多是蒙古人。

十四世紀後半葉起，明朝政府採取閉關政策，不許外國教士在中國傳教，天主教會的活動一度停頓下來。十六世

紀後半期，有少數傳教士潛入中國南方的廣州及福建沿海城市，但難於開展傳教活動。

1557 年，隨著葡萄牙殖民者侵占澳門，傳教士便跟著在那裡立足傳教。十年之後，澳門已有教徒一千多人，教皇庇護五世遂委派神父麥爾覺為中國主教。明萬曆八年（西元 1580 年），義大利著名學者利瑪竇來中國傳教，在北京建立了天主教堂，同時把歐洲先進科學文化介紹給中國。1584 年，《聖經全書》被譯成漢文在中國傳讀。

明朝後期，皇帝允許天主教在中國傳播。當時，西方傳教士竭力在上層統治階級和士大夫中間展開「交友」傳教活動，結果有許多人信奉了天主教。

清朝初年對天主教傳播採取開放態度，皇太后和皇后都曾信教。當時，耶穌會士湯若望在朝內供職，深得順治皇帝信任，遂於 1650 年在北京宣武門內建一天主教堂「南堂」。當時，南自廣東、北至熱河、西到甘肅和青海的十三個省內，皆有天主教傳播活動，天主教徒增加到十五萬人以上。這期間有不少傳教士利用替中國皇帝辦外交、繪製地圖和製造槍械等機會進行間諜活動。1664 年，清臣楊光先上書皇帝告湯若望藉機謀反，結果湯若望被處以「肢解」之刑。此教案牽連全中國，各地掀起禁教運動。1681 年，法王路易十四派特使來中國，要求中國皇帝保護天主教教權。

康熙後期天主教得以發展，連皇帝也進教堂瞻仰聖像，為教會題匾書聯。

馬可波羅覲見大汗
《馬可波羅遊記》插畫中呈現的東方世界。

當時，全境內有二十八個城市設立天主堂，教徒多達三十萬人。雍正即位後，開始迫害教會。乾隆時出諭禁教，發生數起反教會的流血事件，反教會的運動一直延續到十九世紀初。

東正教在十七世紀中期傳入中國。早在《尼布楚條約》（西元 1689 年）簽訂以前，黑龍江一帶及北京等地已有東正教徒活動。

1715 年，俄國沙皇政府向中國派出第一個東正教傳教士團，即「北京東正教總會」。這個傳教士團到 1916 年已從北京擴張到華北、華東、西北各地，設有教堂三十二座、分堂五座、神學

東正教新中心

伊凡大帝所建的聖瓦西里教堂，是俄羅斯東正教的信仰中心。富麗宏偉之外觀，展現出欲超越希臘止教的企圖。

院一所、教會學校二十所，受洗禮的華籍教徒達六千多人。另外在蒙古及西北邊疆地區，註冊教徒約有三萬七千多人。

新教隨著英國鴉片貿易開展，傳入中國。1807 年，英國東印度公司祕書馬禮遜來華，將新教信仰帶進。而後，做鴉片貿易的許多新教教徒開始進入中國南方的一些沿岸城市進行傳教，此時中國人稱新教為「耶穌教」。

鴉片戰爭爆發後，英國與滿清政府簽訂《南京條約》，其中規定：清政府須保障新教傳教自由，保證教士活動安全，並允許在通商口岸設立教堂、創辦教會醫院等，於是新教教會在中國的勢力迅速擴大。從十九世紀末到二十世紀初，各地反對外國教會的運動此起彼伏，尤以「義和團」規模最大。民國以後提倡信仰自由，教會大有發展。1922 年，中國天主教會與羅馬教廷接上關係，教皇庇護十一世派岡恆毅主教為駐華代表，此後，天主教會在中國得到進一步發展。

基督教的經典、組織和禮儀

基督教宣稱《聖經》是他們信仰的基礎，是「上帝啟示的記錄」，
是「絕對真理」，具有至高無上的權威。
事實上《聖經》並非一人一時之作，而是由不同時代、不同作者根據不
同需要編寫的。

基督教經典

　　基督教的主要經典
為《聖經》，由《舊約聖
經》和《新約聖經》組
成。《舊約聖經》是從猶
太教繼承下來的。猶太教
認為《舊約聖經》是上帝
與猶太民族在西奈山訂下
的盟約，故稱《約書》。
基督教繼承了這種說法，
但認為基督以他的流血受
死而在上帝與人之間建立
了「新約」，於是就把從
猶太教繼承下來的《聖
經》稱為《舊約聖經》或
《舊約全書》，把新訂立
的《聖經》稱為《新約聖
經》或《新約全書》。
《聖經》又稱為《新舊約
全書》。

　　《新約》原文為希
臘文，共二十七卷，分四
部分。第一部分是「福
音書」，它是四福音，即

四福音書／十二世紀祈禱書插圖
基督教的四福音，由馬太、馬可、路加、約翰四位使徒所作，
各以人物、獅子、牛犢、飛鷹為標誌。

〈馬太福音〉、〈馬可福音〉、〈路加福音〉、〈約翰福音〉的總稱，主經記述耶穌生平，包括替人醫病、降魔，以及復活升天的種種奇蹟，加上耶穌的教誨與言行等等。第二部分為「使徒行傳」，寫耶穌門徒的傳教活動；第三部分是「使徒書信」；最後一部分是「啟示錄」，用各種隱喻方式描繪「世界末日」和「基督再臨」的景象。《新約》行文大都採用韻律的詩歌體，這也許是為了便於讓不識字的人們歌唱、背誦與記憶。

基督教宣稱《聖經》是他們信仰的基礎，是「上帝啟示的記錄」，是「絕對真理」，具有至高無上的權威。事實上《聖經》並非一人一時之作，而是由不同時代、不同作者根據不同需要所編寫的，且經過多次修訂。《聖經》的內容龐雜，風格不一，甚至有不少自相矛盾之處，唯《聖經》的價值仍不可低估。基督教因其傳播之廣、信徒之眾、影響之大，而居世界三大宗教之首位。《聖經》已有三百零一種文字的版本，其中《新約全書》曾被譯成一千八百多種語言和方言，對世界文化產生深遠的影響。基督教的教義存在於《聖經》之中，各家說法不盡一致，主要有下表所列四方面：

創世說	與其他宗教相比，基督教最完整地描述了神創造世界萬物的經過。《舊約·創世紀》說：神用五天時間造出了自然界萬物，第六天造人，第七天歇息。「神創論」是基督教的核心，正是因為神創造一切，祂才被說成是至高無上的統治者。神是創造者、是主動的，而人則是被創造者、是被動的，這就必然得出肯定神而否定人的結論。正如費爾巴哈所說：「為使上帝富有，人就必須赤貧；為使上帝成為一切，人就成了無。」在至高無上的上帝面前，人越是謙卑，就越能得到上帝恩寵，這就是神學家安瑟倫所說的：「輕視自己的人，在上帝那裡就受到尊重；不順從自己的人，便順從了上帝。可見，你應當把自己看得很渺小，這樣在上帝眼中，你就是巨大的；因為，你越是為人間所蔑視，你就越得到上帝的珍視。」
原罪說	基督教宣揚人類的始祖亞當和夏娃由於受蛇的誘惑，吃了「智慧之果」，懂得情慾，而違犯了上帝的禁令，被逐出伊甸園，下放到地上勞動。從此，人類世代代都有了罪，人一生下來甚至在母腹中就有了罪。「原罪論」是基督教禁慾主義的根據，在基督教看來，人的本性就是有罪的，所以人在塵世的最高職責就是向上帝贖罪，贖罪的重要內容即是禁慾。神學家認為，人的罪孽根源在肉體的要求和情慾。既然罪惡是從肉體中滋長起來的，那麼就必須用靈魂戰勝肉體、犧牲肉體。
救贖說	基督教認為，人類與生俱來就有「原罪」，是無法自救的。人既然犯了，就需要付出「贖價」來補償，而人又無力自己補償，所以上帝便差遣其子耶穌為人類代受死亡，流出他的血以贖信教者的罪。耶穌基督被釘死於十字架上，但不久又復活升天，他將再一次降臨人世，拯救信仰基督教的人。
天堂地獄說	基督教宣稱世間充滿了罪惡，將來基督要從天降臨，審判活人、死人，信教者將進入天國得永生，不信教者將被推入地獄受永恆的處罰。他們描繪的天堂是「黃金鋪地、寶石蓋屋」、「眼看美景，耳聽音樂，口嘗美味，每一種官能都有相稱的福樂」；地獄則到處充斥不滅之火，蛇蠍遍地，可怕到了極點。天堂地獄說的最終目的，是要人們把解脫苦難、獲得幸福的希望，寄託於虛無縹緲的天國。

▍基督教組織 ∙∙∙∙∙∙∙∙∙∙∙∙∙∙∙∙∙∙∙∙∙∙∙∙∙∙∙

　　基督教有自己的組織系統，也就是所謂的「教階制」，其中天主教較嚴密，東正教和新教則相對寬鬆。

　　天主教的組織制度為：羅馬教廷是天主教的國際中心，羅馬教皇自稱是「基督教在世間的代表」，「在信仰和理論上永無謬誤」。教皇為終生職，由紅衣主教團以三分之二的多數選出。羅馬教廷在義大利羅馬城西北角的梵蒂岡向許多國家派駐大使，透過各地使節召集主教會議，並以梵蒂岡電臺等媒體團結全球教徒。

　　天主教神職人員在教皇之下還有一批樞機主教，是天主教羅馬教廷中最高階等的主教，擔任羅馬教廷重要職務和駐外使節。樞機主教由教皇任命，有選舉和被選

最後的審判／十六世紀版上畫

紅衣主教

紅衣主教是天主教教階制度中的分級之一。

舉為教皇的權利，樞機主教團為教皇的諮詢機構。自十三世紀中葉起，樞機主教開始穿紅色衣服，因而又稱為「紅衣主教」。

在天主教勢力較大的國家有「首席主教」作為該國天主教會之首，還有「總主教」，是負責一個教省的主教。主教是一個教區的高級僧侶。神父通常在基層教堂工作，直接管理教徒、進行傳教活動。修士和修女是終生為教會服務的神職人員。

東正教的組織制度為：東正教有君士坦丁堡、亞歷山卓、安提阿、耶路撒冷和莫斯科共五個總主教區，另外還有羅馬尼亞、塞爾維亞、希臘、保加利亞、格魯吉亞、塞普勒斯、捷克斯洛伐克、波蘭、阿爾巴尼亞和西奈等十個自治教會。君士坦丁堡的總主教享有東正教會「牧首」的稱號，是東正教最高神職人員。「牧首」不同於天主教教皇，不行使全面的管轄權。各東正教會在組織上相對獨立，只在必要時召開最高級會議。牧首之下還有「都主教」，僅次於牧首，是重要城市教會的主教。除此以外還有總主教、主教、神父。

新教的組織制度為：新教一般以「堂會」為基層單位。它的神職人員主要是「牧師」，通常每一個最基層的布道場所（即堂會）有一名牧師負責教會事務。牧師之下有傳道員，另外還有由教徒骨幹分子組成的志願者（義工）和執事、長老等等。有些新教教派在牧師之上還設有主教。

基督教禮儀

關於基督教的重要儀式，首要是「聖洗」。「聖洗」是基督教的入教儀式，分「注水洗禮」和「浸禮」兩種。所謂「注水洗禮」，就是主禮者給受洗人額上傾注少量的水；所謂「浸禮」，就是讓受洗者全身浸入水池中片刻。「聖洗」之所以為基督教的重要儀式之一，是因為在基督教看來，這樣做可以赦免入教者的「原罪」和「本罪」，並施予「恩寵」，使其成為教徒。未經過洗禮的人，不能算是正式的基督教徒。

第二為「堅振」，亦稱「堅信禮」。入教者在領受洗禮一定階段

後，再接受主教的「按手禮」和「敷油禮」，這樣可使「聖靈」降於其身，以堅定信仰、振奮心靈。

第三是「告解」，被認為是耶穌為赦免教徒在領洗後對上帝所犯諸罪，使他們重新獲得上帝恩寵而親自訂立的。舉行時，由教徒向神父告明對上帝所犯的罪過，表示懺悔。神父對教徒所告諸罪應守祕密，並指定今後應如何做才能補贖所犯之罪。

第四為「聖餐」，天主教稱之為「聖體聖事」，其儀式叫「彌撒」；東正教稱之為「聖體血」；新教叫作「聖餐」。據《新約聖經》記載，耶穌和使徒們最後晚餐時，對餅和酒進行祝禱，分給他們，並稱其為自己的身體和血，是為眾人免罪而捨棄和流出的，讓後世門徒都這樣做來紀念他。具體儀式各派

基督教婚姻儀式

傳統基督教婚姻儀式中，夫妻雙方需互相表述誓詞：「我一生中每一天都對你忠實。無論是好是壞，是疾病是健康，我要愛護你、尊重你。」

不相同，一般由主禮人（神父或牧師）對麵餅和葡萄酒進行祝禱，然後分給正式信徒領食。基督教認為，經過祝禱的麵餅和葡萄酒等同耶穌的肉和血，教徒領食後便洗淨了自己的罪，獲得耶穌的生命。

第五是「終傳」，意為終極（指臨終時）敷擦「聖油」，一般在教徒年邁或病危時，由神父用經過主教祝聖過的橄欖油敷擦病人的耳、目、口、鼻、手、足，並誦唸祈禱經文。其認為這樣可以赦免一生的罪過。

第六是「聖職」，也就是教會對神職人員的授職儀式。

第七為「婚配」。基督教徒須在教堂舉行婚禮，由神父主禮，宣布「天主所配合的人不能分開」。

新教儀式相形簡單，一般僅承認洗禮和聖餐為「聖事」。

基督教的主要節日有耶誕節、復活節、聖靈降臨節等。「耶誕節」即耶穌基督誕生的日子，為每年 12 月 25 日。「復活節」是紀念耶穌復活的日子，為每年春分月圓後的第一個星期日。「聖靈降臨節」是紀念耶穌門徒領受聖靈的節日，一般在每年復活節後的第五十天。在所有節日中都要舉行盛大的慶典活動和宗教儀式。

伊斯蘭教之前的阿拉伯

閃族人譜寫了古代西方世界史的重要篇章，自迦太基被毀滅之後，
他們沉默了八百年之久。然而到了七世紀，
另一支閃族部落登上歷史舞臺並挑戰西方列強。
這些阿拉伯人從洪蒙初始就遊蕩在沙漠中，他們是未表現出任何帝國
野心、與世無爭的牧羊人。

阿拉伯地理環境

阿拉伯半島位於亞洲西南部，北界敘利亞沙漠，東接波斯灣與阿曼灣，南連印度洋，西瀕紅海，面積約一百萬平方英里。這裡三面臨海，北部是肥沃的新月綠帶。半島的絕大部分屬於中部沙漠地帶，越過廣闊沙漠區就是半島西部，分為北邊的漢志與南邊的葉門兩塊區域。

「漢志」是綿亙在沿海一帶的山脈，隔開了紅海沿岸的哈拉低地及東邊的內陸高原。漢志是個貧瘠的地區，在這片荒原之上只有幾條季節性河流，大部分地方氣候酷熱，居民多為游牧的貝都因人；因地處南北要衝，聯繫著葉門和北方的貿易，地理位置十分重要。麥加即為漢志最著名的城市，處於低窪的不毛之地，南北長二英里，東西長一英里，水源稀少。麥地那也不適於耕種，北為伍候德山，多椰棗樹林，東北為海邑巴爾。

葉門位於半島西南角，土地肥沃富庶，薩那為其首府。葉門東南的馬里卜是薩巴人的故鄉。葉門的東部為哈達拉

阿拉伯衛星圖
向東南伸入印度洋中的阿拉伯半島，氣候乾旱，中部地帶幾為沙漠覆蓋。

毛，是個多山多谷地區，東面的佐法爾自古為香料產地。阿曼在半島的東南角海濱，居民以航海術聞名於世。阿曼的西北為巴林群島，向北延伸到伊拉克的邊境。由漢志向東到巴林沙漠所經過的高原叫作「內志」，多高山和沙漠，零星分布著一些耕地，是阿拉伯半島氣候最佳的區塊。介於內志和葉門之間者為葉瑪邁，此地東邊連巴林群島，西邊接漢志。

阿拉伯人稱自己的故鄉為孤島，僅

有少數征服者敢於接受沙漠的挑戰。從無比遙遠的古代，阿拉伯人就以此地為中心向兩側擴張，觸及到富饒的北部、非洲北部及非洲東部沿海。美索不達米亞這朝北部彎曲的弓形綠色地帶，世人稱之為「肥沃月灣」。阿拉伯人的大部分歷史正是以肥沃月灣和沙漠為舞臺，肥沃月灣總是誘惑著沙漠居民。由於阿拉伯人的起源複雜而難以確定，阿拉伯人和他們的種族集團便以諾亞的兒子之一閃姆命名，我們稱之為閃族人。

阿拉伯人的生活性格

除了像麥加、雅特里布及邊遠的薩那，阿拉伯廣闊地區再無其他城市。人們居住於零星分布的綠洲上，或隱沒在難見的山谷裡，自給自足地生活。他們的生存依賴於動作迅速和堅強毅力，向以家族為單位，完全忠實並獻身於家族和氏族。

阿拉伯人的生活環境酷烈，想要生存就必須適應這種艱難，因此他們有著斯巴達式的生活理想，富有想像力，不僅熱愛自己擁有的一切：女人、駱駝、馬、劍和榮譽，也熱愛自己的語言。他們喜愛以天地為居室的露天生活，由於愛好鬥勇，且生活依賴戰鬥技巧，械鬥成為整個民族的一種消遣，常因微不足道的理由就進行械鬥。阿拉伯的部落制度大大地增強了他們的忠誠，分歧一旦出現便難以排解，往往釀成部落間的長期戰爭。這種制度也刺激個人主義的發展。在沙漠和草原上生長的氏族成員或氏族部落裡的各個氏族，需要緊密結合以共同防禦敵人。但在城鎮，商業的發展使人們在經濟上獲得獨立，人們只為自己著想，也就產生另一套價值和忠誠的準則。

阿拉伯人養成了「勇於戰鬥，善於忍受不幸，頑強報復，扶弱抑強」的個人品格。氏族首領不一定傳位給自己的兒子繼任，亦可由堂兄弟或姪子來繼承，關鍵條件是聰明：在戰時，能是傑出的指揮官；在平時，他的裁決關係氏族威望；在危急關頭，他的裁決則決定氏族的存亡。他們當中最優秀者被推選為首領，這個習慣在後來王權繼承者中間引起糾紛而孕育內亂，削弱國力。

西元六世紀前的阿拉伯半島，是歐、亞、非三洲水陸交通的要衝，溝通三大洲貿易的重要商道和商品集散地。阿拉伯人從事商業活動者非常多，一批批陣容龐大的駱駝隊絡繹不絕地通過紅海商道，從事轉運東西方商品的商隊貿易。隨著商業發展，這一帶也出現了一些繁榮城市，伊斯蘭教發源地「麥加」便是這紅海商道上繁華的商業中心，孕育了一批新興的商業貴族。

阿拉伯社會

當時的阿拉伯社會政治上極不統一，氏族部落制仍然存在。每個氏族部落都是一個小王國，貴族們各據一方，占有大面積的牧場，並擁有大批牲畜和

奴隸。部落間為了爭奪牧場、土地、水源和牲畜，經常發生戰爭和仇殺事件。其中一些勢力強大的部落首領，透過這種戰爭，把奪占來的大片土地和牧場分賜給本部落的各貴族。於是，這些人就變成了阿拉伯社會新興的封建領主。

貴族階級對奴隸的殘酷壓榨，加上頻繁發生的部落戰爭，使社會生產發展陷於停滯，造成阿拉伯半島嚴重的政治、經濟危機。紅海商道的破壞，尤更加劇此危機。

六世紀末至七世紀初，波斯與阿比西尼亞（今衣索比亞）因爭奪葉門爆發戰爭，使阿拉伯人重要的紅海商道遭到破壞，東西方的中轉貿易開始衰落。西元 525 年至 628 年，東羅馬帝國與波斯帝國發生戰爭，這場戰爭的結果，使波斯人另闢了一條從波斯灣經兩河流域到地中海的東西商路（即絲路），紅海商道因而蕭條下去。

商隊貿易的衰落加深了阿拉伯社會的經濟危機，貴族階級遂加重對廣大奴隸的壓榨並發放高利貸來掠取財富，半島各地不斷發生奴隸反抗事件。身處苦難和動亂中的阿拉伯人民要求減輕剝削、禁止高利貸，渴望和平安定的生活，在思想上將解除己身痛苦的希望寄託於神的威力上。

政治上的分裂、社會秩序的動亂及商業的衰落，大大損害了阿拉伯社會新興領主和商業貴族的切身利益。在這種情況下，為了維護且擴大自己的經濟權益，他們要求把如散沙般相互衝突的各部落聯合起來，建立一個強大的統一民族國家，期盼藉此力量來打通商路，奪取新土地。對內，他們希望藉此力量鎮壓奴隸叛亂，穩定社會秩序，保護其政治利益。

阿拉伯半島貿易興盛
古紅海商道的興盛，產生了一批商業貴族。

建立統一民族國家的政治要求，於意識形態上便體現為新一神教的出現。在這種社會歷史背景下，伊斯蘭教應運而生。

▌阿拉伯的原有宗教 • • • • •

阿拉伯人原初的宗教是精靈崇拜，相信周圍自然環境裡充滿超人的力量。早期，他們崇拜樹木、石頭和存在於其中的精靈。禮拜儀式的主要內容是供奉祭品，透過種種儀式，神就和禮拜的部族結成了血緣，變成這部族的守護神。每個部族都奉祀自己的神，但同時也承認別個部族的守護神在各自管界裡的權力。

某些聖地對人們特別具有吸引力。各部族要到例如烏長茲之類的地方去參拜，時常還要從遙遠之地到麥加朝觀。遇到節日時沙漠上一律禁止械鬥。由於宗教，這種廟會才興起，阿拉伯人才有了共同的世界觀、風俗習慣及道義上的榮譽觀念，同時在語言上產生了富有詩意的固定表達方式。

後來，有三位女神的地位突出於一般小神之上。她們是司命運的女神瑪納特、金星維納斯，以及司愛與美的女神拉特。拉特是人們普遍崇拜的月亮女神。同時，阿拉伯人產生了一種宿命論和對於高尚品質的追求。這些宿命論使阿拉伯人無憂無慮，儘管生活不安定、雨量稀薄、牧場缺少，對綠洲的爭奪十分激烈，阿拉伯人仍毫無怨言地接受了這種生活。

除了這些男女諸神外，麥加城中古萊氏人崇拜的一尊主神叫作「阿拉」，被視為宇宙主宰。在此基礎上，將阿拉伯人由多神教推向一神教的過渡宗教——「哈尼夫」教便產生了。

漫長的蒙昧時代中，阿拉伯人對自然界的多神教偶像崇拜是根深蒂固的。但隨著社會的發展，特別是猶太教和基督教的先後傳入，對於阿拉伯人的思想產生了潛移默化影響，促使他們的宗教信仰發生了深刻的變化。

早在西元前，由於外族不斷入侵，一部分猶太人由巴勒斯坦南下，遷徙到阿拉伯半島西南部定居。除了葉門以外，這些流亡的猶太人主要集中居住在漢志地區的麥地那、海巴爾和塔伊夫等地，這些地方便存在著勢力強大的猶太教社團。猶太人長期與當地阿拉伯貝都因人朝夕相處，向他們宣傳猶太教《聖經》中有關「神創世」、「天使」、「報應」和「懲罰」之類的信仰，講解亞伯拉罕的一神觀念，使信奉多神教的阿拉伯人對一神教信仰有所瞭解。

猶太教是在古代閃族人游牧和半農半牧經濟基礎上制定的教義，較容易為阿拉伯貝都因人所接受。猶太人嚴格的一神觀、政教合一的神權政體以及建立民族國家的強烈願望，對長期苦於外族侵略和內部紛爭、渴望實現政治統一的阿拉伯人具有更大吸引力，從而使阿拉伯人的宗教生活產生影響，結果有不少阿拉伯人改奉猶太教。因此，猶太教的

深刻影響，是伊斯蘭教產生的主要外部思想來源。但是，猶太教僵化的教條和繁瑣又嚴格的教律，令崇尚自由的阿拉伯人難於接受。而猶太人的種族優越感、狹隘心加上猶太富商的狡詐，也招致阿拉伯人反感。

基督教傳入阿拉伯半島，是西元四世紀以後的事。基督教在羅馬帝國的旗幟下，傳到了阿拉伯半島南部。當時，許多行商的基督教士南從非洲之角的阿比西尼亞、北從敘利亞、西從西奈半島這三條渠道，進入阿拉伯半島南部。葉門的奈芝蘭成了基督教的活動中心。當時的麥加和麥地那都有一批基督教徒定居，向阿拉伯人傳播自己的一神教信仰。基督教《聖經》中的「上帝創世」、「天國」和「救世主」等觀念，對於飽經戰亂憂患的阿拉伯人具有很強的吸引力。基督教教義中宣揚的「馴服」、「仁慈」和「忍耐」等教說，亦合乎阿拉伯貴族階級的統治需求。因此，基督教的影響，也是伊斯蘭教產生的一個重要的外部思想條件。

但是，這些基督教徒分屬於不同的教會，彼此間經常發生紛爭，為渴望團結統一的阿拉伯人所厭棄。而基督教深奧神祕的教義和嚴密的教階制，與當時阿拉伯貝都因人的觀念以及阿拉伯社會現實不相適應。

這種情況下，當時漢志地區的阿拉伯人當中湧現出一批先覺者，他們站在時代的前端，代表著民族和社會的要求，捨棄偶像崇拜，決心擺脫古老年代承襲下來的落後風俗習慣，如酗酒、賭博和活埋女嬰等。但他們既不願改信猶太教，也不想歸信基督教，而是渴望產生出不太拘泥於教條與儀式，一種更崇高嶄新的一神教。在猶太教和基督教教義的影響下，他們相信亞伯拉罕的一神「正道」觀念，認為世間只有一個神，他們把古萊氏人的部落主神「阿拉」尊奉為獨一無二的神。他們信仰「天命」、「復活」、「懲罰」與「報應」，反對巫術活動。阿拉伯人這種最初的一神信仰，被稱為「哈尼夫」教。哈尼夫教徒的正統宗教活動，即是伊斯蘭教產生的思想和社會基礎。

穆罕默德摧毀偶像

伊斯蘭教的特色是不崇拜偶像，先知穆罕默德曾率領一批信眾搗毀偶像，將阿拉伯民族自古以來的信仰習俗進行了一番徹底的革新。

2 伊斯蘭教的誕生

穆罕默德在成為先知之前，只是個普通的阿拉伯男子：
一個文盲、一個醜陋而漂亮的青年、
一個平凡的牧羊人、一個女富商的丈夫。
他後來卻成為一位先知……

阿拉伯人的起源

據《古蘭經》記載，西元前兩千年時，由今伊拉克南部的烏爾遷居到巴勒斯坦迦南之鄉的伊卜拉欣，與他的妻子莎萊，年近半百仍不育子。伊卜拉欣便娶了家中年輕漂亮的埃及女僕哈吉爾為妾。不久，哈吉爾生下一個兒子，取名伊實馬利。就在第二年，莎萊懷孕生下一個兒子，取名以撒。這樣一來，伊卜拉欣的家庭就產生了衝突。莎萊對哈吉爾母子深懷嫉妒、厭惡之心，多次逼迫伊卜拉欣將哈吉爾母子趕出家門，伊卜拉欣最後屈從了妻子的意志。

伊卜拉欣用駱駝駄著哈吉爾和不滿兩周歲的伊實馬利，從迦南一直向南走去。他們穿過浩瀚沙漠，最後來到今天沙烏地阿拉伯西部的麥加地區。伊卜拉欣將母子二人留在這裡，丟下一袋乾糧和一皮囊水，然後就匆忙順原路回去。

哈吉爾和伊實馬利被遺棄在這南阿拉伯的荒山野谷中，依賴伊卜拉欣留下的一點東西度過了幾天，之後便糧斷水絕。哈吉爾為了哺育她的嬰兒，在麥加附近的塞法和麥爾維兩座山之間發瘋了

似地來回奔波，尋找可以充飢的食物和水源，但一無所獲。最後，哈吉爾絕望地回到自己孩子身邊，坐在一塊石頭上慟哭。此刻，躺在地上的小伊實馬利由於極度飢渴，拚命在地上直打滾，兩隻小腳急促地擊搗地面，剎那間，從他那小腳印的黃沙下面出現了一個泉眼，湧出清涼的泉水。今天聞名於世的麥加聖泉扎姆泉（即滲滲泉）的由來，便源於此說。

哈吉爾母子在生命垂危關頭得到這聖泉之水，在麥加土地上生存下來。伊實馬利長到十二歲這一年，伊卜拉欣於夢中領受神的旨意，須將他的這個兒子殺死，用以向神獻祭。於是伊卜拉欣來麥加找到伊實馬利，把他放在一座祭壇上，拔出刀子就要割他的脖子，然而無論如何也割不動。此時，他身邊突地竄出一頭小綿羊，伊卜拉欣意識到這是神做出的安排，便就一刀下去把小羊宰了，替他的兒子贖身。伊斯蘭教的年度重大節日「宰牲節」，即源於此說。

後來，伊卜拉欣按照神的意旨，再次來到麥加，建造一座祭主的廟宇，稱

之為神的住所，即「天房」。他們父子倆選了一處高地，從附近希拉山採來石頭砌牆，並把伊卜拉欣帶來的一塊黑石（據傳是他從人類祖先阿丹手裡繼承下來的「天石」）嵌放在牆的東南角。於是，一間立方體古廟便在麥加的土地上豎起。人們根據這座建築物的形

穆罕默德誕生／中世紀插畫
阿拉伯宗教作品中，伊斯蘭教創立者穆罕默德出生之時有眾多天使圍繞。

狀，稱它為「克爾白」（阿拉伯文即立方體物）。這就是今天全世界穆斯林朝拜的精神中心——麥加「天房」克爾白聖殿的前身。

伊斯蘭教傳說中還說伊實馬利成人以後，在麥加土地上與鄰近游牧部落的女子結了婚，生兒育女，傳宗接代，代代傳下來，形成了倔強、剽悍的沙漠民族——阿拉伯人。阿拉伯史書上亦如此敘述：「北部阿拉伯人的祖先是伊實馬利。」

後來，從麥加的阿拉伯貝都因人當中出現了古萊氏部落，從這部落中再分出來哈希姆家族。西元六世紀末，哈希姆家族中出現了一個名叫穆罕默德的青年人，他繼承了亞伯拉罕的一神教信仰，為阿拉伯人創立了新的宗教——伊斯蘭教。聖城麥加便是這個新宗教的發祥地。

穆罕默德誕生

西元六世紀後半期，麥加城東邊不遠處有條古老商道，道路兩旁開著許多商棧、客店和茶館，馱著貨的駱駝商隊來來往往，甚是熱鬧。緊靠商道一邊，有個古萊氏族的小商人家庭，父子六人。父親阿卜杜勒‧穆塔利布年逾七十，大兒子阿卜杜拉年方二十四歲，已和北面麥地那城中祖海爾部落的名門淑女阿米娜結了婚。婚後，他經常北上敘利亞一帶行商。

西元 570 年，阿卜杜拉從敘利亞行商返回途中在麥地那的岳父家得了急病不幸死去，之後阿米娜於悲痛中生下一個兒子，取名穆罕默德，意為受人稱讚的孩子。

穆罕默德出生在 3 月 12 日，故全世界的穆斯林把伊斯蘭教曆的這一天定為「穆聖誕辰節」，隆重紀念。

阿米娜是一位善良的阿拉伯婦女，受過教育。她在麥地那城長大，接觸過一些猶太人和基督教徒，知道不少有關亞伯拉罕、摩西及耶穌的故事。童年時代的穆罕默德便從母親口中聽到這方面的傳說，在他幼小心靈中留下印象。

穆罕默德六歲時，母親不幸因病去世，小小年紀便成為一個孤兒。此後，他與爺爺阿卜杜勒·穆塔利布相依為命，受到老人的寵愛。兩年後，八十歲的爺爺也去世了，他便由叔父艾布·塔利布收養。

穆罕默德雖然不幸，卻憑著頑強毅力長成一個有思想又彬彬有禮的青年。他心地善良，助人為樂，熱愛真理，博得眾人喜愛，十八歲時就贏得了同輩人的尊敬，親切地稱他為「阿明」（誠實的人）。

當穆罕默德長到十二歲，在他的一再要求下，第一次伴隨叔父趕著駱駝去敘利亞一帶做買賣。他雖還年幼，但一顆渴望探索外部世界的熱心，使他忘記了烈日的曝曬和旅途的勞累。

穆罕默德隨著商隊來到敘利亞南部叫布蘇拉的城市，在這裡結識了一位名叫巴希拉的基督教僧侶。這位基督教修道士從穆罕默德的言談中，發現這名阿拉伯少年聰慧過人，非同一般，兩人便就人生信仰和一些社會問題進行了深入的交談。就是從這次談話中，穆罕默德開始顯露他作為一位宗教先知的才賦。

這次漫遊使年輕的穆罕默德大開眼界，特別是透過跟基督教僧侶的交談，他知道了不少有關西方羅馬社會的情況和基督教的知識，也聽到了有關東方波斯人及其宗教信仰的談論，充實了自己的見識，促使他開始考慮本民族信仰中存在的許多問題。

後來，因生意不好，叔父不再經商，穆罕默德便在清貧的生活中，在具有悠久文明的家鄉廣泛地接觸社會，開闊他的思想。

那時候，每年的 1 月、7 月、11 月和 12 月這四個「禁月」中，阿拉伯人在麥加東北方的一個古老鄉村烏卡茲舉行盛大廟會，進行集市貿易。同時，半島及其東西方各國的詩人、歌手和演說家，帶著他們的詩篇和演講稿雲集在這裡，舉行賽詩會、講演會，以顯示他們的文學才華和闡明自己的倫理觀點。比賽結果通常選出七篇最優秀的詩歌，用麻布抄寫，張貼在克爾白神廟的牆壁上供人們欣賞。這些詩篇，在阿拉伯文學史上被稱為「七懸詩」。

青年時代的穆罕默德每逢這盛大的廟會季節，總會偕同夥伴們一道前來觀摩古老的阿拉伯「文化節」盛況，傾聽藝術家們朗誦詩歌和發表演說，這使他對當時東西方社會情況有了更廣泛的瞭解。他還熱心地跟其中一些人接觸交談，向他們探討有關人生的信仰與道德方面的諸多問題。

這是穆罕默德正興致高昂的時代，雖因家貧而目不識丁，但他有一顆睿智的頭腦。自幼所受的母教、少年時代的漫遊、青年時代對社會進行的廣泛接觸，以及燦爛的阿拉伯古老文化的薰陶，使他在思想上較同輩早熟。

為了減輕叔父的經濟負擔，其間，穆罕默德曾經替麥加一家牧主放了幾年

羊。在那清貧自在的日子裡，穆罕默德成天趕著羊群，逐水草到處奔波。浩瀚的阿拉伯大沙漠中，宇宙間千變萬化的自然現象引起了他的冥思。他開始感到，這天地間的一切，都被一種超然的神力安排得井然有序。他仰望茫茫蒼穹，癡癡地冥想：這位偉大的神在哪裡？

▌與富孀結婚 ·········

叔父艾布‧塔利布子女甚多，靠他和穆罕默德當牧羊人的收入，維持不了全家的生活，他便考慮給姪兒找一份收入更多的差事。某天，艾布‧塔利布聽說麥加城中女富商赫蒂徹要雇夥計，他喜出望外，把這消息及自己的打算告訴了穆罕默德。

赫蒂徹是古萊氏部落名門望族胡韋勒家族的女子，是位風流女商人，曾先後嫁給兩個富有男人，成為麥加城中顯貴。可是她的命運多舛，兩位丈夫都在婚後不久死去。

她平時雇用幾名夥計幫她趕駱駝到巴勒斯坦、敘利亞一帶做買賣，由於經營得法，使她成為富甲一方的女老闆。而今她已是四十歲的人了，不願再外出奔波，希望從本族人當中找一名忠實的小夥子作為她的代理人，替她帶領商隊外出行商。

年方二十五歲的穆罕默德一心想出外考察社會以豐富自己思想，於是爽快地接受了叔父的建議。後經別人推薦，

赫蒂徹雇用了穆罕默德。

鑑於穆罕默德是古萊氏人部落子弟，年輕誠實又具有行商經驗，因此赫蒂徹以高出平常人一倍的傭金（四頭駱駝的價錢），雇用他作為自己商行的代理人，帶著駱駝隊前去敘利亞一帶行商。過了幾天，穆罕默德偕同一名小夥計馬薩拉趕著載有貨馱的駱駝隊，踏上去敘利亞的旅程。這條路是他十二歲時隨同叔父所走過的那條老商道，一路上的風光，勾起他對過去的回憶。

第二度來到敘利亞南部商城布蘇拉，他再一次和這裡的基督教僧侶接觸。這一次他與一位名叫涅斯托里的基督教傳教士進行了深談，一起討論基督教教義。此趟漫遊敘利亞的經驗，同樣對穆罕默德影響深遠，在思想上確立了一神教信仰的基礎。他開始冥思神祕的「後世」和「天國」。

穆罕默德憑著他的精明，首次出門行商便為赫蒂徹賺下了一筆前所未有的財富，因此取得了這個多情寡婦的信賴和歡心。然後，這種歡心又發展成一種對他的傾心愛慕。赫蒂徹心中愛情之火燃燒起來，使她按捺不住，把自己的心思告訴了友人納菲莎。納菲莎便為她牽線，去找穆罕默德提親。穆罕默德接受了這門親事，和富孀赫蒂徹結婚。

從二十五歲到四十歲這十五年間，是穆罕默德創立伊斯蘭教的準備時期。妻子赫蒂徹是個思想開放的女人，她和穆罕默德的結合，提高了丈夫的社會地

位，為其創教事業提供了安定富足的生活條件。婚後，兩人過著幸福美滿的夫妻生活，先後生下三男三女。不幸的是，他們的三個兒子（塔希爾、塔伊布和宰奈卜）皆於幼年夭折。然而，不論是這家庭的天倫之樂，抑或是不幸的災難，都沒能影響穆罕默德透過接受「真主的啟示」來完成創立伊斯蘭教的偉大事業。

▌天使的啟示

穆罕默德對麥加人各種荒誕的行為感到不安，他認為生活絕不能是這種徒然虛度和毫無意義的循環，在此之外必定存在著更高的智慧、更大的宇宙。穆罕默德決定投入苦行主義的懷抱，開始在麥加附近希拉山上某個僻靜處不分晝夜地思考，尋求自己靈魂的解救之道。他看透同鄉們所信仰的多神教已經不合時宜，因此產生這樣一個疑問：「真主既然透過先知們對別的民族顯示了祂自己，怎會長久聽任祂的同鄉們不信真主？」直到在希拉山上有了一次奇異的經歷之後，這個疑問才消失。

根據《古蘭經》記載，穆罕默德四十歲那年齋月，正當他在希拉山洞裡默思之際，突然面前出現大天使迦伯利的幻影。這位大天使展開手中金卷，捏住他的脖子連叫三遍命令他唸。穆罕默德惶惑不安，不知要唸什麼。

天使說：「你奉以血塊創造人類的真主之名義唸吧，你奉以人所不知的、最崇高的真主之名義唸吧！」穆罕默德照著唸了一遍，大天使的幻影就倏忽離去，他如大夢初醒，神智恍惚。但這「自天而降的神之啟示」，卻深深銘刻在他腦海中。

穆罕默德惶恐不安地匆匆跑回家，像發瘧疾一樣顫抖著對赫蒂徹說：「快給我蓋上被子，快！」赫蒂徹馬上給他蓋上厚厚的一床被子，他躺在被窩裡打哆嗦，直到恐懼消失為止。

天使告喻穆罕默德順從真主啟示
天使現身，告知穆罕默德順從真主的啟示。此插圖出自十六世紀詩人內札米為波斯王所述的《五卷詩》。

穆罕默德把在山洞裡幻夢所遇到的一切告訴了赫蒂徹，並表示了他的懷疑與擔憂：這是否是一種幻覺？赫蒂徹對丈夫遭遇的一切毫不懷疑，她以十分歡喜又崇敬的眼光看著丈夫說：「您不用擔心，這可是一大喜訊呀！指主發誓，作為您的妻子，我盼您能成為我們這個民族的先知，真主是不會失去體面的。」

穆罕默德開始感到自己肩負著重大使命。在當時情況下，要實現使麥加的多神教徒們改奉一神教是件非常困難的事情。他很清楚，當地人民受多神教的影響已根深蒂固。擁有財富的麥加貴族們道德低落，整日沉醉於金錢與色慾之中。社會階級衝突加深、奴隸們不斷反抗，在他這位作為新興封建階級的代表人物看來，人們的性格變得如此粗暴殘忍。那麼，怎樣使人民擺脫愚昧與僵化的信仰，如何才能實現人們思想上的統一，對他來說還是個尚待解決的大問題。他焦急地等待「真主給他新的啟示」為他指明一條道路，因而時常到希拉山洞中去默思。

穆罕默德後來不斷聽到神聖聲音的呼喚，甫確信真主已選定他為「納比」（先知）。從此以後，他多次聆聽真主的教導，專心致志於思索神聖之道。三年之後，真主才向他啟示，他將成為「拉蘇爾」（使者）。

某天早晨，當他正在希拉山洞裡默思，忽聽天上傳來一陣奇怪的嗖嗖聲。他抬頭一看，吃驚地發現大天使迦伯利正騰雲駕霧向他奔來。他急忙跑回家，顫抖著對妻子說：「快給我蓋上被子！」他躺在被窩裡渾身發抖，粗聲喘氣，全身是汗。他聽到大天使發出聲音：「你這個蒙頭大睡的人呀，我向你發出警訊，你的主是神聖而偉大的，你必須洗淨你的衣服，讓污垢遠離。為了你的主，你必須堅忍一切。」

停了一會兒，他又聽見大天使的聲音：「在清晨和夜晚靜冥之時，你的主將把祂的訓誡授給你。你最好第一個走向後世，主將給予令你滿意的報償」。

穆罕默德深知這就是「使命」，真主已差遣他到這個世界執行祂的神聖使命，以便把一種「永恆的真理」傳達給人們，這個真理就是：萬物非主，唯有阿拉是真主，穆罕默德是阿拉的使者；萬物都屬於阿拉，一切都順從於祂。這些皆是伊斯蘭教最基本的信條。

穆罕默德融合猶太教和基督教教義，在妻子赫蒂徹和堂兄瓦爾格的幫助下，透過「接受真主啟示」的神祕安排，以「先知」自命，打出宗教革命的旗幟，創立了伊斯蘭教，把古萊氏人的部落主神阿拉尊奉為獨一無二的「真主」。他的宗教宣揚「一切順從阿拉」，名曰「伊斯蘭」，而信教者即歸順者，稱為「穆斯林」。

穆罕默德的宗教一經創立，馬上開始了他在麥加的傳教活動。這一年是西元 610 年。

3 早期伊斯蘭教的傳播

他過著動盪的生活，行商與傳教，旅行與逃亡，直到五十一歲為止。
伊斯蘭教創始人的性格仍是個推測、爭論的問題，
自此以後就很清楚了。他們發現他是個想像力豐富的人物，
具有阿拉伯人的分析方式，並且帶有大部分貝都因人的優缺點。

穆罕默德的傳教活動，先從家庭內部開始。他的妻子赫蒂徹率先歸信，運用她的財力與社會關係全力支援丈夫披荊斬棘的偉大事業。

第二個歸信伊斯蘭教的人，是他的堂弟阿里。阿里是艾布·塔利布的次子，因艾布的子女較多，生活緊迫，穆罕默德在自己的兒子死後，與妻子商量一番，就把阿里從叔叔家接到自己家裡撫養。阿里是第一個歸信伊斯蘭教的古萊氏少年，當時他才十來歲。

接著，是宰德成了伊斯蘭教徒。他原是赫蒂徹的家奴，由於穆罕默德喜歡這孩子聰明伶俐，便收他為義子。這樣，最初的伊斯蘭教僅局限在穆罕默德家中。穆罕默德決定讓他的宗教跳出家庭小圈子，走向麥加社會。

穆空默德在布道中提出「寬宏」、「和平」、「安寧」與禁止高利貸的主張，反映新興商業貴族階級的要求，於是吸引了一批商人入教。

不久，他的一位摯友艾卜·伯克爾也歸信了伊斯蘭教。艾卜·伯克爾是麥加古萊氏人當中一位有名望的富商，年輕時曾和穆罕默德一塊外出行商，彼此

間結下了深厚的友誼。在他的影響下，以鄂斯曼（後來成了第三任哈里法繼承人）和祖拜爾（赫蒂徹的外甥）為首的第一批五個人歸信了伊斯蘭教，後來，又有以阿爾格姆為首的五個人成了伊斯蘭教徒。阿爾格姆是熱誠的信仰者，為了支援穆罕默德的宗教事業，他曾一度提供自己的家，當作祕密傳教中心。

最早的穆斯林社團

這些最早的穆斯林，每天祕密地集結在一起向真主做祈禱，背誦先知穆罕默德教給他們的關於真主的「啟示」。他們形成了最早的穆斯林社團，過著神祕而虔誠的宗教生活。

麥加城內居統治地位的古萊氏貴族信仰多神教，從一開始就藐視這批穆斯林，視他們為異端，對他們採取敵視立場，迫使他們有時不得不到麥加附近的塞法山中一條羊腸小道上來進行聚會和祈禱。

穆罕默德在這般困難環境中從事了三年的祕密傳教活動，儘管開始時發展不大，卻為後來伊斯蘭教在阿拉伯半島的傳播培育出第一批種子。

西元613年，穆罕默德決定在麥加公開傳教，向麥加的多神教徒發出公開的挑戰。有時，他登上塞法山山頂，大聲朗誦真主的「訓誡」。有時他在街巷里弄中，對居民們生動地講述亞伯拉罕打碎偶像的故事。他還用淺顯易懂的語言來宣揚「阿拉至上」，宣揚他是阿拉的「至聖」，是真主「意旨」的代表。

天房克爾白
天房中的黑石崇拜，可溯源到阿拉伯的原始信仰。

因此，他時常受到麥加貴族與多神教徒圍攻，但他以雄辯的口才與他們辯論，絕不示弱。在辯論中，穆罕默德不僅攻詰崇拜偶像的愚昧，還抨擊麥加社會的一些腐敗現象，將矛頭直指麥加貴族統治階級。

貴族統治者不由擔心自己的地位，尤其當他們聽說先知宣傳一切穆斯林皆平等，都是親兄弟，而且真主認為最虔誠的人離祂最近時，作為久經世故的政客，他們意識到這些話將對他們的優越地位構成威脅，遂公開稱穆罕默德為叛逆者，對社會是一種威脅。他們不僅反對他本人，猶且反對所有穆斯林。伊斯蘭教的這些仇敵當中許多人財力雄厚，對歸信穆罕默德的穆斯林進行殘酷迫害。於是，穆罕默德決心出走，撤出一部分信徒們逃出迫害者的掌握。與此同時，留在麥加的教徒們則得到一個得力的新教友，因為歐默爾·伊本·哈塔布這位富有的麥加人歸信伊斯蘭教，弱小的穆斯林團體力量倍增。即便如此，這時的穆斯林團體仍然很小。這是發生在西元615年至617年間的事。

這時候，麥加貴族統治階級召集一次會議，謀畫新計策欲消滅伊斯蘭教。古萊氏全體貴族出席了會議，利用他們的權勢做出一項決定，與哈希姆家族簽訂契約，對穆罕默德及其信徒們實行經濟封鎖：一不許讓他們待在家裡，二不許給他們任何東西吃，打算餓死他們。

面臨這種情況，穆斯林們在穆罕默德帶領下被迫出走，安身在麥加附近的山裡。他們並沒有被困死，從山上採集來一切可食的野生物充飢，有的親人還冒著危

險偷偷地給他們送來食物。如此，這群為伊斯蘭教事業獻身的「聖戰者」們在山裡堅持了整整三年不懈奮鬥，飽嘗生活的艱苦，因為每個人心中都有堅強信念，所以沒有一個人離隊。

麥加統治階級無可奈何，最後解除了封鎖。於是，穆罕默德率領這支穆斯林隊伍勝利步出山中。他們剛走到麥加城邊，便傳來不幸的噩耗，穆罕默德宗教事業的堅強支柱，也就是妻子赫蒂徹和叔父塔利布，因倍受折磨，突然間接連去世。兩位親人的離去，對穆罕默德不啻是莫大的打擊。時值西元 620 年，這一年，伊斯蘭教歷史上稱之為「悲痛之年」。

古萊氏多神教徒對待穆罕默德和他的信徒們日趨殘暴。然而，穆罕默德說，即使敵人「把太陽和月亮壓住我左右兩肩，也絕不能使我背棄我的使命！」穆罕默德走回家的路上，古萊氏族一群無賴朝他頭上和身上塗抹泥巴加以羞辱，但他不顧失去親人的痛苦及敵人對他的羞辱，繼續進行傳教活動。

▌從麥加到麥地那 ‧‧‧‧‧‧

後來，穆罕默德在麥加無法待下去，便遷移到城東南一百二十公里遠的塔伊夫，以期獲得支持。孰料，那裡的沙吉夫族人也百般刁難他。這地方是個葡萄種植中心，當地的種植主和釀酒商恨透了宣傳反對喝酒的穆罕默德。因此，他一到這裡，旋遭到一群無賴襲

擊，對他大罵不休。接著出來一群人擋住了去路，但他毫不畏懼，繼續往前走。當他從人群中穿過時，被摔倒在地上；當他掙脫逃走時，這些人一邊向他扔石頭，一邊惡毒地嘲笑，砸得他頭破血流，最後逃出塔伊夫城。不久在一位鄉親幫助下，他又返回麥加，繼續從事傳教活動。

穆罕默德在麥加改變了方式，經常趁夜間從事傳教活動。麥加統治階級加強了對他的盯梢，限制他的行動，同時在來麥加的商客當中進行反伊斯蘭教宣傳，加緊對穆斯林進行迫害。結果，有少數信徒放棄了伊斯蘭教信仰。穆罕默德考慮出走麥加，但究竟要走向何方，至此仍乏明確的目標。

值得慶幸的是，每年都有一批人從阿拉伯另一重鎮麥地那來麥加參加一年一度的聚會，他們聽了穆罕默德的講道。由於沒有偏見和部落競爭，他們能夠公正地聽他宣教。被感化了的他們一回麥地那，便將聽到的伊斯蘭教教義轉告鎮民們，於是麥地那的人們紛紛前來傾聽穆罕默德講道。他們相信穆罕默德所傳是真主的話，而聽說他在麥加的困境，就請他到麥地那去。他們表示願為他在城裡傳道提供一切方便，將與他一起工作，還將其他移居者視作親兄弟，和他們併肩戰鬥。他們真誠的保證，說服了穆罕默德。

穆罕默德徵求夥伴們的意見。許多人雖不願離開麥加，但卻深知：敵人如

此強大而殘暴，如果繼續生活在麥加，對先知和穆斯林都將是件艱難的事，而在麥地那的他們會倍受歡迎，且能和諧共處。阿拉伯人向來是流浪者，遷居的主意很容易被接受。穆罕默德陸續說服其他仍有顧慮的人，確定了出發日期。

消息傳出後，麥加城中的貴族統治者更加仇恨穆罕默德及其信徒，設計殺害他們。值這生死存亡的危機關頭，穆罕默德迅速巧妙地安排信徒們分批平安地遷往麥地那，留下自己與後來的岳父艾卜·伯克爾斷後。

9月22日夜晚，一幫古萊氏暴徒悄悄包圍了穆罕默德家的前門。穆罕默德靈機一動，讓堂弟阿里裝病躺在自己床上蒙頭睡覺，本尊則喬裝打扮，悄悄從後院跳牆逃走，與艾卜·伯克爾會合。然後，兩人趁夜出城，向郊外的公牛山疾行，麥加貴族的追兵跟了上來。危急之際，正巧發現山坡上有個山洞，兩人便鑽進去，在裡頭躲藏了三天三夜。脫險後，他們經過多日的艱難跋涉，最後平安抵達麥地那。這一年，後來被定為伊斯蘭教曆元年。從此以後，伊斯蘭的光輝一直普照著這個「先知的城市」，因此，這座古城被稱為「光明的麥地那」。這種具有宗教兼政治意義的遷徙行動，則被稱為「希吉拉」。

當時，麥地那人邀請穆罕默德前來，並非把他視作「阿拉的使者」，而是作為一位具有非凡政治魄力、能替他們排難解紛的仲裁者，一位能給他們帶

來安定秩序的賢明治國者。所以，穆罕默德來到這裡後，由一名宗教先知搖身變成了教主和社會集團的領袖。當時，他所面臨的首要任務，是必須盡快地將龐雜的居民聯合起來。他們之中有當地屬於不同部落的阿拉伯人，又有外來的猶太人及基督教商人。在穆斯林當中，有來自麥加的「遷士」和麥地那當地的「輔士」。

這時的穆罕默德，經過長期社會抗爭的磨練，除了是睿智的宗教思想家，更是一位賢明的政治家。穆罕默德用伊斯蘭教的「博愛」、「平等」與「寬

出走麥地那
受麥加貴族相逼，穆罕默德選擇轉移陣地，帶著追隨者至麥地那另起爐灶。

143

容」精神，化解了各民族與各部落的分歧隔閡，妥善地處理了與異教徒之間的關係。他以伊斯蘭教為旗幟，在麥地那建立了統一的神權國家，身兼這個新宗教的教主。他利用伊斯蘭教律，為這個最初的阿拉伯封建帝國制定法律，藉此成功地處理了內部各種複雜的問題，社會秩序因而趨向穩定，經濟上也開始呈現復甦。

伊斯蘭教聖戰

穆罕默德利用其掌握的國家權力，為伊斯蘭教的發展奉獻良多，於是伊斯蘭教的發展進入了一個嶄新的歷史時期。在這裡，他創立了穆斯林的主要宗教儀式，穆斯林開始嚴格地履行淨洗、念功、拜功、聚禮和齋戒等宗教禮儀。來到麥地那之後不久，他便建成了穆斯林的第一座清真寺，即庫巴清真寺。伊斯蘭教迅速地在麥地那的阿拉伯人當中廣為傳播。

穆罕默德還巧妙地處理和猶太人之間的關係。他一方面把亞伯拉罕一神教中的某些教義納入伊斯蘭教中，並沿用了猶太教部分宗教儀式以吸引猶太人的歸附。同時，他還循序漸進地採取適當措施，限制猶太教的影響。在這方面他所採取的一個重要步驟，就是改變了信徒們的朝拜方向。在遷徙麥地那以後最初一年多的時間內，穆罕默德仍然沿用猶太人的宗教習慣，穆斯林朝拜時面朝北方的耶路撒冷方向。後來，他將此改為面向南方麥加的「克爾白」廟方向，從此讓阿拉伯傳統壓倒了猶太教的影響。然而，這種朝拜方向的改變，主要是為迎合穆罕默德政治策略上的變化。

穆罕默德在麥地那確立自己的宗教與世俗統治地位之後，即實行對外擴張，奪取土地與商路，取得商業霸權，以滿足封建領主和新興商業貴族階級的要求，他行動的首要目標就是麥加。為此，他激勵並組織穆斯林為阿拉之道發動「聖戰」，去奪取這個宗教聖地與商業中心。

穆罕默德一生多次進行戰鬥，其中早期兩次戰鬥最為有名。第一次是發生在西元 624 年齋月的巴德爾戰役，穆斯林在他指揮下襲擊了麥加人的一支商隊，這次戰鬥獲得勝利，削弱了麥加人的勢力。

這次戰敗對麥加人的榮譽威望則是巨大打擊。他們瘋狂備戰，召來盟友。第二年，他們進犯麥地那，於伍侯德戰場遭遇穆斯林軍。穆斯林軍開始不聽從穆罕默德的命令，戰鬥無一定的計畫和方向，結果由原本占優勢的麥加軍取得勝利，穆罕默德也因此負傷。穆斯林羞愧萬分，卻未失去鬥志。後來，眾志成城的穆斯林軍在穆罕默德的英明指揮下，打敗了麥加人。

兩年後，麥加人會同猶太人盟友，派另一支大軍再次大舉進犯麥地那。穆罕默德派人在麥地那周圍挖了一道深深的戰壕，致使麥加人攻城不能奏效，幾

巴德爾之戰
麥加貴族無法容忍麥地那崛起的新勢力，兩方爆發一場宗教戰役。

經交鋒，潰敗而歸。由於猶太人在戰鬥中曾站在麥加方面，穆罕默德便向猶太人開戰。猶太人在各處頑強抵抗，但終被打敗，對猶太人的最後一戰是長伊巴爾戰鬥。猶太人接受了投降條件，被允許保留自己的土地和財產，唯須向麥地那的公共金庫繳納一定比率的實物稅。

西元 628 年，穆罕默德在一年一度朝覲時節，率領龐大的代表團來到麥加，但麥加人拒絕他們進城。穆斯林方面的堅持使他們達成了一項《侯達比亞協定》，據此協定，麥加的古萊氏承認穆罕默德有權講道和招納信徒，穆斯林有權到麥加舉行年度朝覲。這是穆罕默德外交上的一大勝利。從此以後，貝都因人大批加入穆斯林行列。兩年後麥加人違約，穆罕默德遂發動了對麥加的再次遠征，最後以征服者身分進入麥加，但對以往宿敵極為寬大。他打碎了克爾白神廟裡的偶像，永久清除這座聖地裡的崇拜象徵，接著以《古蘭經》的箴言

宣布：「真理來到了，虛妄不見了，虛妄是注定要消滅的！」他寬恕了所有仇敵，在其感召下，大多數麥加人接受了伊斯蘭教。

穆罕默德在世最後兩年裡，還和北部的猶太、基督教部落簽訂了和平條約。他甚至在阿拉伯北部加薩尼人居住區建立一座要塞，接待過阿拉伯北部部落的代表。穆罕默德被大多數阿拉伯人擁戴為阿拉伯的先知國王，跟著向所有的部落派出了傳教師。走到這個時候，對於穆罕默德來說，真主交給他的使命已經完成。然而，這時他的壽命也將至盡頭，六十三歲的穆罕默德經過長期複雜的抗爭折磨，心力交瘁。他預感到去見阿拉的日子臨近，決定在這一天到來之前，去麥加對神聖的「天房」做最後一次朝覲。

西元 632 年，即伊斯蘭運動崛起的第十個年頭。這一年的 3 月間，正值穆斯林的「小朝」節，穆罕默德率領十萬

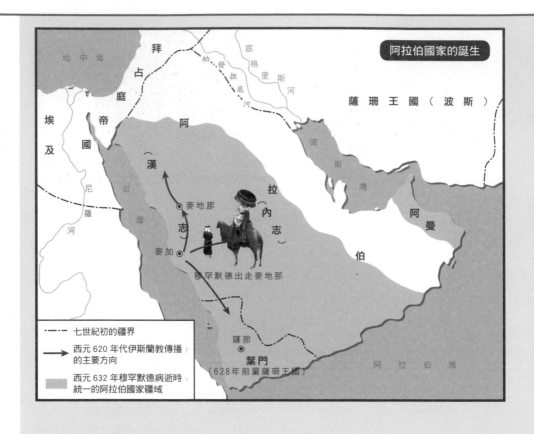

聖徒，浩浩蕩蕩地前去麥加朝覲。當穆罕默德經過阿拉法特山下時，面對著十萬穆斯林聖徒發表了一篇不朽的宗教演講。他深感欣慰地對聖徒們說：「今天，我為你們完成了你們的宗教，並施給你們我的恩德。對於你們皆信奉伊斯蘭為宗教，我已感到心滿意足……」

穆罕默德在麥加舉行的這一宗教活動，為以後穆斯林「站山大典」（進駐阿拉法特山）開創了範例。這次告別性朝覲的三個月過後，穆罕默德於聖城麥地那溘然而逝，穆斯林為他舉行隆重的伊斯蘭葬禮，將他安葬在麥地那清真寺的陵園內，即今天世界穆斯林朝拜的聖陵。穆罕默德生前沒能為阿拉伯穆斯林大眾創造雄厚的物質財富，但卻給他們留下了無價的精神遺產——《古蘭經》和《聖訓》中的哲理。

穆罕默德由一個目不識丁的牧羊人和駱駝隊的領路人，成為第一個阿拉伯民族國家的締造者，對人類影響深遠的世界宗教之創始人。一千三百多年後的今天，他所創立的宗教，對人類依然有著強大的影響。

伊斯蘭教帶起的穆斯林帝國

穆罕默德創立的伊斯蘭教以宗教為凝聚力量，團結了
阿拉伯半島。他們一手舉起《古蘭經》，一手拿著彎
刀，迅速地征服了周遭地區，開啟一個接一個輝煌的
哈里法王朝統治。

哈里法時代

哈里法時代是一段反抗、擴張與反叛的歷史。
穆罕默德的去世，似乎使他傾注畢生心血的事業——
阿拉伯半島在宗教和政治上的統一，陷入危機之中。
伊斯蘭教的共和時期結束後，
哈里法的職能變成從屬於君主權力的附屬物。

▌艾卜・伯克爾 ········

穆罕默德的去世使阿拉伯陷入危機。在麥地那城裡，這個突如其來的消息引發了大混亂。

祖輩居住此地的輔士派，渴望擺脫遷士的統治而重新獨自當家作主；穆罕默德的女婿阿里以穆罕默德近親的身分，要求繼位為國家元首。但二者皆乏足夠力量和影響力來實現他們的要求。因此，穆罕默德生前的親近夥伴很快取得共識，讓受敬重的艾卜・伯克爾任哈里法，唯派別間的尖銳對立依然存在。

不久在阿拉伯半島各地出現了反叛之風。一些游牧部落因不願繳納宗教課稅而屏棄了伊斯蘭教，發動部落騷亂。人們陷於徬徨迷惘之中，先知穆罕默德所創建這個新生的阿拉伯帝國正面臨分裂危機。

艾卜・伯克爾認為有責任執行穆罕默德臨終時的平叛計畫。伊斯蘭教最精銳的部隊就由哈里德率領出發北上。在阿巴卡戰鬥中，哈里德與兩支部落的聯軍作戰。穆斯林雖遭受慘重損失，終獲勝利，此後再沒有別的部落敢於叛亂。

葉門南部和巴林東部發生的小叛亂也都被一一平定了，阿拉伯人再次置於麥地那的哈里法統治之下。

西元 626 年，穆罕默德曾向波斯國王和拜占庭的皇帝致意，也曾向統治敘利亞的羅馬君王致意。他請求這些統治者考慮伊斯蘭教的教訓，波斯王以嘲笑口吻拒絕他，並輕蔑地對待使者；敘利亞的羅馬君王更傲慢無禮，認為是對自己的一種侮辱，還將使者處死。

這一行動激怒了阿拉伯人。穆罕默德於西元 630 年派遣一支三千人隊伍北上，被東羅馬訓練有素的隊伍擊敗。在他死後一年，艾卜・伯克爾向敘利亞派了三支部隊，分別由阿慕爾伊本・阿斯、耶齊德・伊本・蘇福揚和蘇拉比・伊本・哈斯納率領。這支部隊約有七千五百人，多為輕騎兵。耶齊德部隊首先戰勝巴勒斯坦總督賽爾珠斯，羅馬皇帝立即派遣其弟西奧多勒斯率大軍和阿拉伯人對戰。阿拉伯軍隊無力擊敗前來對戰的大批羅馬軍，哈里法遂決定調遣正在伊拉克南部征討貝都因部落的哈里德開赴前線，並由他統一指揮在敘利亞的全部軍隊。

連日裡，哈里德部隊以驚人速度，忍著飢渴穿越沙漠，十八天後便出現在駐紮於大馬士革附近的拜占庭軍隊背後。哈里德率領身邊六百多名騎兵向敵人發起攻擊，將其擊潰。後來在馬傑一拉希特戰鬥中，又打敗了人數眾多的加薩尼人軍隊。西元 634 年 7 月 30 日，哈里德與阿拉伯軍隊會師。翌年 3 月，他出現大馬士革城下，經過六個月奮戰，攻下這座古城。東羅馬皇帝開始驚恐不安了，調集約十五萬人的軍隊，由其弟西奧多勒斯率軍與阿拉伯對戰。拜占庭軍經過幾次小戰鬥，在約旦河支流亞姆科河畔紮營。

穆斯林軍士氣高昂，在哈里德的指揮下，先以小股部隊騷擾敵人，待時機成熟再舉行大決戰。那是個炎熱多風的日子，風吼沙揚，拜占庭人不習慣這種環境，騎士們用鐵索把自己連在一起，以堅固方陣對付阿拉伯人的攻擊，終無濟於事。阿拉伯人作戰英勇，拜占庭軍痛遭慘敗，西奧多勒斯戰死沙場。這是阿拉伯人一次重大勝利，結束了拜占庭人在敘利亞的統治。

然而，阿拉伯人在伊拉克的處境卻不妙。他們沒有合適的武器，且大都為步戰，而波斯人是經過訓練的士兵，配有重武器、戰馬和戰車。穆斯林雖然英勇無畏地戰鬥，初期在伊拉克仍頻受挫折。西元 637 年，穆斯林軍在布里奇戰役中失敗，但在卡迪西亞的戰役中擊敗了波斯軍隊，取得決定性勝利。波斯人再度集結部隊，與穆斯林軍在賈魯拉交戰，又被擊敗。從此以後，波斯不再施展有力抵抗。這時，步入老年的艾卜·伯克爾臥病不起，於西元 634 年亡故，由歐默爾繼任哈里法。歐默爾即位後，穆斯林軍繼續東進，進入伊朗本土。西元 642 年，在尼哈溫德與波斯帝國軍隊發生激戰，擊敗了波斯人，一舉滅掉波斯帝國。

歐默爾

伊斯蘭在中東征討的同時，亦發兵向北非擴張。當東路大軍耀武揚威地向中東廣大地區挺進之際，西路穆斯林大軍以精銳騎兵為主力，在大將軍阿穆爾的率領下，於西元 640 年向埃及進擊。長期以來對東羅馬帝國統治深懷不滿的埃及科普特人紛起回應，穆斯林大軍很快攻陷開羅，占領尼羅河流域。爾後，這支大軍神速地向西挺進，直至占領了柏柏爾人生活的馬格里布廣大地區。至此，第一階段的伊斯蘭遠征暫告結束。

歐默爾在位十年，國內局勢保持穩定。因為他是穆斯林眾望所歸的合法繼承者，善於利用局勢及穆斯林的宗教虔誠，使帝國免於分裂危機。不過，哈里法帝國統治下的波斯人，卻對他結下了不解的民族仇恨。某天，正當歐默爾在清真寺中做禮拜時，突然被混進來的一名信仰基督教的伊朗刺客所殺害。

歐默爾死後，由鄂斯曼即位。

鄂斯曼

鄂斯曼是先知穆罕默德的女婿，先後娶了先知的大女兒拉吉婭、次女烏姆克麗松。早年，他曾用自己家的金錢支援穆罕默德在麥地那傳教和建國的偉大事業。他有出色文采和外交本領，穆罕默德生前曾委派他出使各邦國修好，還讓他撰書立法。

鄂斯曼在位的最後幾年中，穆斯林向小亞細亞、伊朗一帶進行軍事擴張，對所征服地區施行嚴厲的伊斯蘭專制統治，因此，這些藩國地方貴族和廣大人民與鄂斯曼所委派的統治者之間衝突日深，起義與反叛活動不斷發生。其中較大一次是伊拉克庫法人所發動的武裝叛亂，迫使哈里法派駐這裡的總督賽義德下臺。

鄂斯曼統治時期施政的最大弱點，是建立家族統治。另為了統一《古蘭經》的抄本，他下令焚毀了大量經書。

西元 655 年，埃及爆發了反對鄂斯曼統治的大起義。一個歸信了伊斯蘭教的葉門猶太人阿卜杜拉·薩巴，在阿里—阿伊莎反對派的煽動下，於埃及揭竿而起，帶領一支起義軍向麥地那進軍。這支起義軍巧妙地打進了鄂斯曼的宅邸，將他殺死。

阿里

鄂斯曼死後，人們立即擁戴先知的另一女婿阿里為哈里法。阿里決定遷都庫法，這樣一來，就把反對他的一些政治對手，尤其是塔拉和珠伯爾這兩個權勢者留在麥加，為他們提供了祕密策畫的機會。

阿里待人公道，能果斷地對付政治陰謀。不幸的是，阿里解除一些新近總督的任命，使他樹敵過多。塔拉和珠伯爾已在麥地那開始第一步，他們以為鄂斯曼復仇為藉口，處處與阿里作對，儘管明知阿里未參與暗殺鄂斯曼，他們去面見穆罕默德的遺孀，被尊為穆斯林之母的阿伊莎時，卻告訴她阿里做錯了事，他拒不懲辦暗殺鄂斯曼的兇手，請求她務必要替鄂斯曼報仇。這一遊說背後的真正動機，是為了對阿里施加壓力。阿伊莎並不瞭解底細，因珠伯爾是她的近親，而塔拉則是與穆罕默德出生入死的親密夥伴，於是阿伊莎被拉攏過去了。

塔拉和珠伯爾聚集一支人馬，進攻阿里。西元 656 年 12 月，兩軍相遇於巴斯拉附近，著名的「駱駝之役」於焉展開。這場戰役的得名乃因阿伊莎在整起戰鬥中始終乘坐一頭駱駝，而大部分戰鬥圍繞著這匹駱駝。最後阿里獲勝，但他對整個事件極為不快。許多人流血，塔拉和珠伯爾死於戰鬥。阿伊莎遭俘，她禮遇地被送回麥地那，此後不再過問政治。

沒過多久，穆斯林又發生了一次內戰，這是巴勒斯坦和敘利亞總督穆阿維葉挑起的，同是以鄂斯曼復仇者的面

歐默爾行膜拜禮

歐默爾繼承了穆罕默德使命成為新領導者，在禮拜時遭基督教刺客所害。

目出現。他當眾拿出遇難哈里法的血衣，高呼要向阿里復仇。真正的起因，是穆阿維葉所屬的倭馬亞家族與哈希姆家族之間的舊有紛爭，以及敘利亞人和伊拉克人之間的政治競爭和權力要求。穆阿維葉之所以毫不猶豫地反對阿里，還在於這時他已擁有一支強大的敘利亞軍隊。兩軍在敘利亞東部的希勞交鋒，正當阿里即將獲勝時，穆阿維葉命令士兵把經書綑縛在長矛上，高高舉起。這是個聰明的計謀，儘管阿里早已識破並命令將士們繼續作戰，但士兵們固執地宣布，他們不能砍倒高舉《古蘭經》的人，戰鬥就不了了之。

雙方於是達成協議，這場爭端將由雙方各派一名法官仲裁解決。阿里選定的代表穆沙·阿夏里，對阿里不十分友好。穆阿維葉選派前埃及總督阿慕爾為己方代表，這是穆阿維葉的擁護者，為人聰明果決。阿慕爾和穆沙裁斷阿里和穆阿維葉都必須辭職，此仲裁引起眾人的極大不滿，加深了阿里與穆阿維葉的分歧。

伊斯蘭教大分裂 ● ● ● ● ● ●

到了這個時候，伊斯蘭教迎來歷史上的首次大分裂。代表下層利益反對向穆阿維葉妥協的一幫狂熱分子離開阿里，從庫法附近的兵營裡分了出來，在哈蘭村結集，自成一派，稱「哈瓦利吉派」，意即出走派。而留下來繼續效忠阿里並尊認他是先知唯一合法繼承人的那些人，形成「什葉派」。與此同時，那些承認從艾卜·伯克爾到阿里這四位哈里法為正統繼承人並擁戴穆阿維葉的信徒們，則形成「遜尼派」。

後來阿里放鬆了與穆阿維葉的爭鬥，轉而集中力量討伐哈瓦利吉派。西元 661 年，阿里在庫法的一座清真寺內，遭一名潛入的哈瓦利吉派刺客殺死。阿里一死，麾下隊伍紛紛潰散，不久便被穆阿維葉的大軍消滅。

在阿拉伯哈里法帝國這兩大政治勢力的統治權爭奪中，什葉派最後失敗了，由代表阿拉伯封建貴族利益的遜尼派掌握倭馬亞王朝以及後來阿巴斯王朝的統治大權。在相當長的歷史時期內，什葉派在阿拉伯社會一直處於受壓抑的無權地位，因而產生了「隱遁伊瑪目返世」的信仰。至此，伊斯蘭教的第一階段即共和時期宣告結束，哈里法不再以推舉產生。當政的穆阿維葉自行宣布為哈里法，建立了倭馬亞王朝。他在臨終前，任命兒子耶齊德一世為繼承人，於是哈里法的職能自此變成君主權力的附屬物。

5 四大王朝時代

阿拉伯對外軍事擴張的過程中，伊斯蘭教發揮了莫大作用，
它把從命出征視為「天職」。充滿宗教狂熱的穆斯林將士視死如歸，
為阿拉伯的對外擴張立下了汗馬功勞，
同時促進了伊斯蘭教在亞、非、歐三洲的傳播。

卡爾巴拉事件（Iran 提供）
侯賽因於卡爾巴拉村遇害，加上先前阿里之死謎團重重，成為伊斯蘭教派分裂的導火線。

倭馬亞王朝

　　倭馬亞王朝建立，廢除了哈里法選舉制度，代之以王朝世襲制度，強化國家的封建統治。開國君主穆阿維葉，依靠敘利亞的阿拉伯封建貴族和昔日東羅馬帝國政府的一批舊官吏，維持了十九年的軍事專制統治。在王朝統治的前半期，國內政局動盪不定，什葉派和哈瓦利吉派的起義此起彼伏，接連不斷。

　　阿里死後，什葉派信徒們擁立其長子哈桑為領袖，稱伊瑪目二世。但此人年輕無能，後來退居麥地那，不久便死在那裡。嗣後，他留居在麥地那的弟弟侯賽因被擁立為什葉派領袖，稱伊瑪目三世。侯賽因回應伊拉克什葉派的呼籲，離開麥地那前往庫法，與那裡的什葉派教徒會合。西元 682 年，當他行至伊拉克南部的卡爾巴拉村時，遭到倭馬亞王朝騎兵隊的圍殲。什葉派的小股「護送隊」與倭馬亞王朝的

四千名騎兵進行了十天激戰，終因寡不敵眾，侯賽因陣亡，大批什葉派教徒慘遭殺害。

這起事件在精神上對什葉派穆斯林留下深刻影響。後來，世界各地的什葉派穆斯林為了紀念侯賽因被害，於每年伊斯蘭教曆正月初十這一天舉行隆重的宗教哀悼儀式。他們上街遊行，捶胸頓足，大哭大鬧，這就是什葉派穆斯林特有的重大宗教節日——「阿舒拉節」。卡爾巴拉由於是侯賽因及第一批什葉派信徒的殉難地，成為什葉派朝拜的一大聖地。

侯賽因殉難之後，祖拜爾的兒子阿卜杜拉立即在麥地那自立為伊瑪目，得到各地什葉派教徒的擁護。哈里法耶齊德大怒，派兵前去麥地那討伐，圍城兩個多月都沒能攻下來。後來，倭馬亞王朝軍隊再次攻打麥加，阿卜杜拉力戰陣亡，什葉派力量損失甚巨。但這個教派對倭馬亞王朝的反叛活動仍然持續下去，直到哈里法阿卜杜勒·馬立克統治時期才漸漸平息。其間，馬立克派駐伊拉克總督哈賈吉對那裡的什葉派和哈瓦利吉派信徒大肆屠殺，被殺者多達十三萬人。與此同時，倭馬亞王朝繼續對外進行「伊斯蘭遠征」。

穆阿維葉是個野心勃勃的軍事獨裁者，他在就任駐敘利亞總督期間，就懷著羅馬帝國凱撒、奧古斯都大帝一樣的政治野心，準備將來建立一個橫跨歐、亞、非三洲的阿拉伯伊斯蘭大帝國。從那時起，他就著手創建了第一支阿拉伯海軍艦隊，同時從各游牧部落中挑選訓練出一支精銳的騎兵部隊。當上倭馬亞王朝開國君主之後，他便集中起六萬穆斯林大軍，展開了大規模的軍事擴張。

這一階段的軍事擴張從七世紀末至八世紀初，兵分兩路東西開戈。西元665年東線進擊開始，一支阿拉伯穆斯林騎兵縱隊身著紅色戰袍，舉著「先知」的旗幟，高喊「阿拉偉大」的聖戰口號，旋風般地穿過兩河流域，越過伊朗高原，跨過阿姆河，占領了中亞細亞，直抵帕米爾高原，接近中國唐朝西部邊陲。而後揮師南下，占領了印度河以西的廣大地區。

與此同時，兩萬名穆斯林大軍向北非馬格里布地區先後發動了三次遠征。最後一次由阿拉伯司令官奧克巴指揮，他在凱魯萬（今突尼西亞境內）建立了穆斯林遠征軍大本營。然後向西挺進，一直打到摩洛哥一帶的大西洋沿岸才止步。這次「遠征」攻占了北非的戰略要地迦太基，征服了柏柏爾人。

西元711年，阿拉伯穆斯林陸海大軍在阿拉伯司令官塔立克·本·扎亞德率領下，從北非海岸出發，跨過直布羅陀海峽攻進西班牙本土。

當時西班牙尚處在西歐封建領主和基督教會的統治下，當地平民積極策應阿拉伯遠征軍，在短短七個月時間內，整個西班牙南部就被阿拉伯人占領。

阿拉伯遠征軍乘勝前進，穿過庇里

牛斯山，占領了法國西南部，接著繼續向北挺進。西元 732 年，阿拉伯遠征軍在法國的圖爾城，與法蘭克王國軍隊進行大決戰。結果，阿拉伯軍隊嚴重受挫，許多將士戰死，故後來的阿拉伯人稱這座城市為「英烈公墓」。從此以後，阿拉伯人的伊斯蘭遠征開始收縮。不過阿拉伯人還是在西班牙南部站住了腳，在這裡建立了一個經濟、文化高度繁榮的安達魯西亞倭馬亞王朝，阿拉伯文明便從這裡傳入歐洲。

　　阿拉伯對外軍事擴張的過程中，伊斯蘭教發揮了莫大作用。這個宗教把從命出征作為「天職」，同時還以獲得戰利品和死後升「天堂」等作為物質引誘和精神鼓勵，使眾多穆斯林投入戰爭。隨著阿拉伯人的對外大舉擴張，伊斯蘭教在亞、非、歐三洲廣為傳播。

　　此時，穆罕默德逝去整整百年了，而阿拉伯帝國已經是一個東起印度河，西臨大西洋，北自黑海，南到尼羅河流域，橫跨歐、亞、非三洲，空前龐大的伊斯蘭大帝國。伊斯蘭教成為世界性宗教，東起亞洲的帕米爾高原，西至非洲的撒哈拉大沙漠，北到歐洲的西班牙，都成了伊斯蘭教區。

　　倭馬亞王朝後期，阿拉伯統治階級加緊對所征服地區廣大人民的奴役與掠奪，徵收繁重的土地稅、人頭稅，瘋狂鎮壓各教派的反抗。一直是反倭馬亞政權各個教派的活動中心，這一地區除了勢力強大的什葉派和哈瓦利吉派以外，還

凱魯萬古城
位在北非馬格里布的凱魯萬，建於西元 670 年，九世紀間是阿格拉布王朝首都，被列入伊斯蘭四大聖地。

存在主張民族平等、反對阿拉伯人壓迫的「舒歐比亞」（意即各國人民）運動。三派力量交會在一起，積極地進行反對倭馬亞政權的宣傳和組織活動，加速了這個政權的衰落。

此時期，什葉派內部發生分裂，出現了擁護侯賽因的伊瑪目派和堅決反對倭馬亞王朝統治的哈希姆派，即「格薩尼亞派」。

哈希姆死後，穆罕默德的叔父阿巴斯的孫子穆罕默德‧本‧阿里被擁立為哈希姆派的教首。本‧阿里死後，大兒子伊卜拉欣被立為教首，但遭到倭馬亞王朝最後一位哈里法馬爾萬二世的刺客所殺害。而後，伊卜拉欣的弟弟阿布‧阿巴斯來到了庫法，被那裡的什葉派擁立為教首，從事反對倭馬亞王朝的政治活動。

希沙姆當政時期，阿里派首次提出哈里法王位的權力要求，他們在庫法起義，很快地被鎮壓下去；哈札爾人在南高加索及呼羅珊起義，哈瓦利吉派也起義，皆被鎮壓。穆罕默德的叔父、阿巴斯的曾孫利用什葉派的情緒服務於自己的利益。他們向人民許諾，說先知的家族將要出現一位救世主。穆罕默德手下有個才智出眾的奴隸名叫艾卜‧穆斯林，他在歷史上以「呼羅珊人艾卜‧穆斯林」著稱。波斯人也開始站在新的權力要求者方面，這意味著阿拉伯政權的覆滅。

希沙姆的繼承人是無能的，他們把大好時光消磨在狩獵和歡宴上，蓄有大批妻妾。美酒、女人、歌舞為末期倭馬亞王朝帶來了悲慘的結局，希沙姆的繼任者瓦利德二世沉迷酒色，他的繼任者又為馬爾萬所推翻。馬爾萬二世是個能幹的鬥士，在他就任期間，南、北部阿拉伯人之間的部落衝突達到頂點。

穆罕默德‧阿巴斯之子伊卜拉欣‧阿巴斯，終在西元 740 年於呼羅珊扯起黑旗。他能幹的代理人艾卜‧穆斯林佯裝真心實意地為阿里而戰的姿態，什葉派人哈立也與他共操大業。呼羅珊總督納賽爾請求支援不成，棄職逃走。馬爾萬二世意識到局勢的嚴重性早為時已晚，派大軍去鎮壓。阿巴斯軍隊長驅直入，節節勝利，一直挺進到伊拉克，攻占庫法。阿巴斯後來戰死在伊拉克，他

穆斯林大軍征服開羅

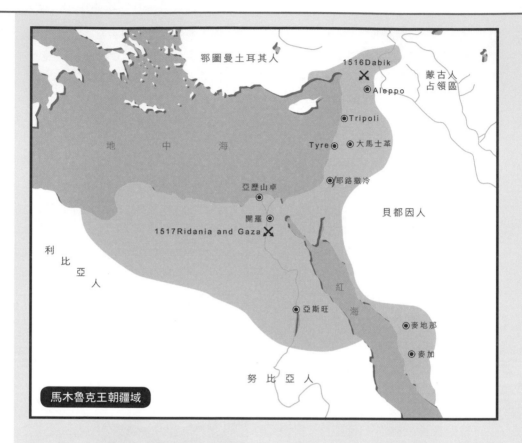

的弟弟公開站出來，宣稱自己就是眾民期盼的救世主。人們感到無比失望，都是因為他們指望阿里家族的後裔出來領導他們，但已無能為力。阿巴斯人幹得很出色，倭馬亞軍隊兵敗於扎布河。馬爾萬二世逃往埃及，後被抓獲並處死，穆阿維葉建立的王朝宣告結束，歷時九十餘年。

阿巴斯人決心要徹底剷除倭馬亞王室，他們的一位將領阿布杜拉邀請八十名倭馬亞王朝的王公貴族赴宴，把他們全殺了，只有阿卜杜勒·拉赫曼·伊本·穆阿維葉設法逃跑。他跑到西班牙，在那裡建立了自己的王朝。阿巴斯人甚至掘開倭馬亞王朝陵墓，羞辱屍體。乾坤已轉，哈申族人執掌了政權，他們要報復實際的怨仇，也要報復想像中的怨仇。這樣，他們便為在倭馬亞王朝統治下遭受過痛苦的侯賽因烈士和其他哈申族人報仇雪恨了。

▌阿巴斯王朝

阿巴斯王朝統治者仿照波斯領主的統治辦法，建立起一套中央集權的國家機器，實行嚴酷的神權統治，激起了人民的反抗，武裝起義此起彼伏。其中最

大一次是西元 869 年至 883 年巴斯拉爆發的「非洲黑奴大起義」。在這之後，伊拉克又出現了「卡爾瑪特派」的反抗運動。這個教派在伊拉克北部組織了一場農民大起義，於西元 929 年迅猛南下，攻占了麥加，搶走「克爾白」聖殿牆上的「黑石」。此後，阿巴斯人的哈里法帝國開始出現四分五裂的局面。

法蒂瑪王朝

十世紀上半葉，先知的小女兒法蒂瑪後裔，在埃及、突尼西亞一帶建立了新的阿拉伯穆斯林王朝——法蒂瑪王朝。後來，這個封建王朝向外進行軍事擴張，版圖向東擴大到敘利亞、巴勒斯坦及阿拉伯半島西部地區。法蒂瑪王朝偏安一方，維持了兩百六十多年的統治。

到了這時候，阿巴斯王朝的阿拉伯帝國已是支離破碎，日薄西山，只剩下伊拉克這塊地盤了。西元 1258 年蒙古人於西征途中攻入巴格達之時，便一舉摧毀了這個阿拉伯帝國。

馬木魯克王朝

蒙古西征期間，埃及的馬木魯克王朝於西元 1250 年建立。這個穆斯林王朝的開國君主貝爾斯本是阿尤比王朝近衛騎兵隊指揮官，他利用手握的兵權，廢黜了這個王朝的末代蘇丹，自立為蘇丹，建號馬木魯克王朝，即「白奴」王朝。

馬木魯克王朝是中世紀史上阿拉伯穆斯林最末一個封建王朝，統治範圍包括埃及本土及敘利亞、巴勒斯坦一帶。馬木魯克王朝保存並發展了伊斯蘭文明，特別在十四世紀期間，埃及地區局勢安定，伊斯蘭世界的文人學士避難於埃及，使之成為伊斯蘭文化中心，社會經濟文化繁榮一時。馬木魯克王朝持續了兩百多年，直到 1517 年為鄂圖曼土耳其人所滅。

蒙古人大規模西征非但沒有消滅伊斯蘭教，反而擴大了它的勢力範圍，促使這一宗教在東南亞一帶和中國地區廣泛傳播。

1258 年巴格達之圍
蒙古帝國大將旭烈兀強攻下巴格達和大馬士革，建立伊兒汗國，使伊斯蘭世界中心轉移到開羅的馬木魯克王朝。

近代的伊斯蘭教

經歷西方天主教「十字軍」的踐踏和東方蒙古西征，
伊斯蘭運動進入了一個相對穩定的發展時期。

鄂圖曼土耳其人原是突厥族的一支，十四世紀末到十六世紀初改奉遜尼派伊斯蘭教的土耳其封建領主，以小亞細亞為中心，大舉向外進行軍事擴張，先後占領了幾乎整個西亞和北非（除摩洛哥以外）地區。接著又向東南歐進軍，占領了幾乎整個巴爾幹半島，在此基礎上建立起一個橫跨歐、亞、非三洲，幅員遼闊的鄂圖曼土耳其帝國（見第163頁圖）。開國皇帝鄂斯曼立遜尼派伊斯蘭教為國教，被尊為世界穆斯林的「哈里法」，成為伊斯蘭教最高教首，實行政教合一的專制統治。

土耳其人在遠征巴爾幹半島的過程中，把伊斯蘭教帶進所征服的地區。特別是當蘇萊曼二世大帝在位時期，穆斯林騎兵大軍旋風般地攻占了羅馬尼亞、匈牙利、南斯拉夫和阿爾巴尼亞等國，使這些國家的居民改信伊斯蘭教。鄂圖曼土耳其皇帝對所征服地區實行殘酷的軍事封建統治，阿拉伯人身受土耳其蘇丹、帕夏（總督）和貝克（阿拉伯領主）的三重壓迫，處境極為困苦，各地反抗運動方興未艾。

從十六世紀末到十七世紀初，黎巴嫩、敘利亞和伊拉克先後爆發了席捲鄂圖曼帝國的阿拉伯農民戰爭。到了十八世紀末，鄂圖曼帝國的政治出現空前危機，阿拉伯人民的反抗運動廣泛發展。其間，埃及農民在坦塔、阿布臺吉和馬弗魯特地區先後發動了三次暴動，抗租抗稅。憤怒的農民手持刀棍，闖入當地領主的宅邸殺領主、搶財物，沉重打擊了土耳其蘇丹政府在埃及的統治。

1805年，駐埃及的土耳其近衛騎兵隊長官穆罕默德・阿里，利用農民起義的力量和俄土戰爭之機，宣布埃及獨立。與此同時，在敘利亞、巴勒斯坦和伊拉克先後爆發了農民大起義，反抗土耳其人統治的民族獨立運動空前高張。

沙烏地阿拉伯王國

十八世紀末，阿拉伯半島出現以反對土耳其人專制統治為政治目標的「瓦哈比運動」，形成一股強大的社會力量。內志地區的沙烏地家族利用這一力量，發動了反對土耳其人統治、爭取民族獨立的武裝運動，於一九二〇年代末奪取漢志和哈薩地區，建立了統一的穆斯林封建王朝——沙烏地阿拉伯王國。

穆罕默德二世皇帝攻陷君士坦丁堡
鄂圖曼土耳其大軍在西元 1453 年攻克東羅馬帝國首都,君士坦丁堡此後成為鄂圖曼帝國的新都城——伊斯坦堡。

　　沙烏地阿拉伯王國是保守的穆斯林王朝,恪守伊斯蘭基本教義,嚴格實行伊斯蘭法律和各項教規。至今,國內基本教義者組織了「整頓教俗、發揚善德」委員會,每逢禮拜或封齋期間,他們便四處在大街小巷和娛樂場所巡視,查封影劇院和夜總會,命令商店關門,趕人們去禮拜和把齋,一旦發現任何人在公共場合喝酒,就用鞭子抽打。從西方留學回來的青年人,一回到國內便馬上脫去西裝,換上傳統的大袍子,且禁止婦女參加社會工作和單獨旅行。

　　在當代,由於國內石油經濟的高度發展,國家財富驚人的巨增,使沙烏地阿拉伯變成了「沙漠超級大國」,成為伊斯蘭世界政治、經濟上的重要支柱,在中東地區是一支舉足輕重的政治力量。它與約旦哈希姆王國和摩洛哥王國是迄今世界上尚存的三個穆斯林王朝,維護伊斯蘭教的正統信仰。

一千零一夜的世界

《一千零一夜》是阿拉伯民間文學，成書於九世紀。法國畫家布朗熱（Gustave Boulanger）於1873年為這部作品所繪的插圖中，呈現出阿拉伯世界的風貌景象。

　　十九世紀末，在阿拉伯各國民族獨立運動之下，鄂圖曼土耳其帝國四分五裂，於1919年被凱末爾領導的民族革命所推翻，建立了土耳其伊斯蘭共和國。與此同時，中東、北非地區的各個阿拉伯國家紛紛宣布獨立。

　　二次世界大戰後，隨著第三世界民族解放運動的不斷高漲，亞、非兩大洲接連出現了許多新生的伊斯蘭共和國，形成了東起亞洲印度尼西亞、西到非洲塞內加爾共四十多個國家的「伊斯蘭世界」。它們成立了一個統一組織「伊斯蘭合作組織」（OIC），總部就設在沙烏地阿拉伯的吉達。

▍伊朗地區

　　十五世紀末，鄂圖曼土耳其帝國正處於鼎盛時期，東部的伊朗高原崛起了一個什葉派的穆斯林帝國——薩非王朝。伊朗西部的薩非人自認是什葉派第七世伊瑪目穆薩·卡齊姆的後裔。他們在伊朗建立了勢力強大的什葉派教團，利用伊斯蘭什葉派的旗幟進行建國活動。1490年，這個什葉派教團領袖伊斯梅爾利用當時周圍各部

族混戰之機，調集「聖戰軍」奪得勝利，1502 年在伊朗建立什葉派的薩非王朝，自立為王，稱「沙赫」。從此以後，伊朗成了什葉派大本營，薩非王朝的統治一直延續到十八世紀末。

1796 年，法塔赫·阿里汗推翻薩非王朝，建立了「卡札王朝」，定都德黑蘭。卡札王朝是封建專制國家，以什葉派為精神支柱，依據《古蘭經》立法。什葉派教首擁有很高的政治權力和經濟勢力，且有權根據《古蘭經》解釋國家法律，占有大量的土地和財產。在卡札王朝後期，王公貴族、什葉派高級僧侶及地方領主幾乎占有國家全部土地，農民和手工業者的生活非常困苦。

十八世紀末，俄、英、法諸列強加緊了對伊朗的掠奪，將不平等條約強加在伊朗人民之上，民族衝突急劇上升。至十九世紀中葉，伊朗爆發了著名的巴布教派大起義，沉重打擊了卡札王朝，使其統治搖搖欲墜，終於二十世紀初被巴列維王朝取而代之。

巴列維王朝的近衛隊——哥薩克騎兵旅指揮官禮薩汗，於 1921 年指揮麾下部隊發動政變，推翻內閣政府，當上陸軍大臣。禮薩汗大權在握，於 1923 年迫使國王艾哈邁德任命他為首相。而後，他又迫使國王「永久出國」，於 1925 年脅迫議會通過決議正式廢除卡札王朝，宣布禮薩汗本人為伊朗新國王，建號「巴列維王朝」。

禮薩王執政期間進行了許多重要改革，一是廢除伊斯蘭教曆，改用波斯帝曆；二是公布有關土地問題的法律，代替《古蘭經》和教典土地制度。同時，他在國民教育、文化及社會生活各方面也進行了一些改革，如頒布國家法令，允許婦女進大學讀書和在國家機關中任職，取消婦女戴白紗的教規，以西式衣帽取代伊斯蘭服裝等等，從而限制且削弱了什葉派勢力和宗教界特權，政教之間的衝突開始暴露。二次世界大戰初，禮薩王與德國納粹黨相勾結。因此，英國和蘇聯在 1941 年 8 月進兵伊朗，迫使禮薩汗退位，立他的長子穆罕默德·禮薩·巴列維為國王。禮薩·巴列維對外投靠英、美，出賣國家石油資源；對內實行法西斯統治，取締黨派活動，嚴密控制新聞，建立龐大的祕密警察機構，監視、拘捕或審訊異議者，引起國內人民的極端不滿。

1970 年代末期以降，伊朗石油經濟迅速發展，國家的年度石油收入超過兩百億美元，可人民並未從中得到多少好處。大多數農民生活困苦，大批流入城市，造成失業大軍。城市物價飛漲，消費品短缺，社會經濟危機日深。與此同時，巴列維王朝的皇親國戚和達官貴人貪污腐化，吞噬國家財富。他們窮奢極侈，如國王之姊阿什拉芙大公主所住的宮殿，猶如《一千零一夜》中哈倫·賴世德的皇宮，她用的是法國女祕書、泰國婢女、衣索比亞差使和義大利美容師，還有一名美國少婦天天為她朗誦小說。巴列維國王耗

資十四億美元為自己建造陵墓，這與人民的貧困形成了鮮明對比，自然引起民怨沸騰。

為緩和內部混亂，國王進行了西化的社會改革，推動「白色革命」。其主要措施是實行土地改革，規定徵收地主和清真寺的多餘土地交給農民。伊朗什葉派宗教勢力本身都是社會上的領主，所擁有土地等於全國總耕地面積的百分之三十。國王實行土地改革措施，自然侵犯了什葉派僧侶階級的經濟利益。國王推行西方「自由化」方針，實行男女平等，提倡婦女解放、廢除面紗，則侵犯了伊斯蘭教教規及他們的宗教權威。

什葉派在伊朗勢力很大，根據1906 年至1917 年國家憲法規定，什葉派教首擁有國家的最高立法權，但國王巴列維一直不予實施這項法律，剝奪了什葉派教首的政治特權，加深了王國政府與宗教勢力之間的衝突，這一宗教勢力成了反對國王統治的核心力量。

自1960 年代起，伊朗人民要求民主自由和改善生活的呼聲日益強烈。於是什葉派勢力利用群眾的革命情緒，發動起以推翻國王統治為目標的大規模運動，在這場爭鬥中湧現出一位宗教領袖——霍梅尼。

霍梅尼出身宗教世家，父親是什葉派伊斯蘭教神學教授。從青年時代，霍梅尼就拜著名的什葉派神學家阿卜杜勒·凱里姆為師，從事宗教研究，獲得教長職稱。霍梅尼在伊朗宗教活動中積極參與國家政治，竭力主張推翻王朝統治，實行共和制，因而獲得什葉派僧侶階級的擁戴，在伊朗宗教界享有很高的威望，被尊為「阿亞圖拉」。從1960 年代初，伊朗國王巴列維開始在國內推行「白色革命」計畫，提倡西方「自由化」，觸犯了宗教界利益，霍梅尼率先站出來反對。

在霍梅尼領導下，伊朗全國出現了空前的宗教狂熱，使巴列維王朝的統治難以維持。最後，巴列維被迫於1979年踏上「永久出國」之路，開始在國外的流亡生活。同時，霍梅尼結束了十六年的流亡生涯回國，當即宣布接管王國政府的全部權力，成立伊斯蘭臨時革命政府。伊朗伊斯蘭共和國宣告建立，統治伊朗五十三年的巴列維王朝就此下臺，也終結了伊朗兩千多年的君主專制政體。

霍梅尼

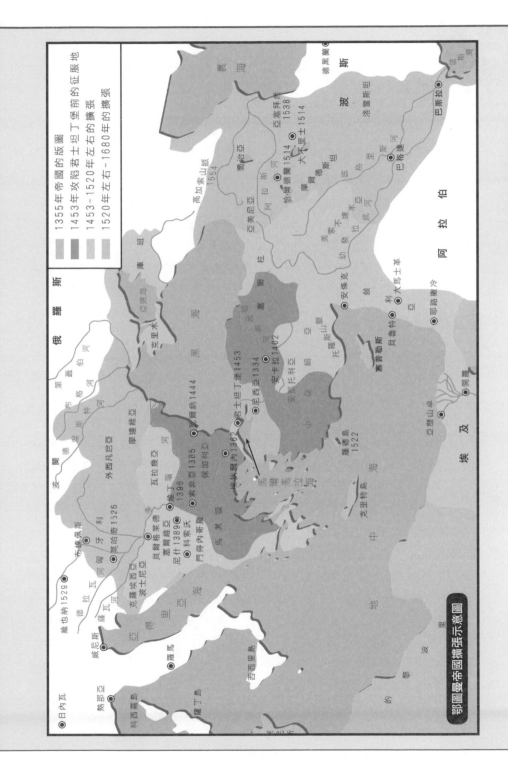

鄂圖曼帝國擴張示意圖

7 伊斯蘭教派運動

伊斯蘭教的教派眾多，據傳穆罕默德曾說他的信徒「分七十三派」，
宗派、教派和學派，派中有派。
派系之多，爭鬥之激烈，可謂是伊斯蘭教歷史的重要特徵。

西元七世紀後半期，阿拉伯哈里法帝國的社會階級衝突日趨尖銳，穆斯林統治集團內部爭權奪位的爭鬥越加激化，由此導致了伊斯蘭教第一次大分裂，產生出幾個重要的政治派別。

▌哈瓦利吉派

哈瓦利吉派是伊斯蘭教發展史上最早出現的教派。

七世紀時，當阿里被由穆阿維葉所導演的「宗教裁決」廢黜之後，又有一批信徒離開阿里湧向哈蘭村，與原先「出走」的那一幫人集結在一起，形成了獨立的宗教社團，稱「哈瓦利吉派」。後來，隨著哈里法帝國統治範圍內階級衝突和民族衝突的不斷發展，使許多非阿拉伯人（大多數是伊朗人）加入這一運動，結果使哈瓦利吉派變成了以反對阿拉伯貴族統治為政治目標的強大宗教社團。

西元 683 年，哈瓦利吉派發生分裂，從中產生出三個支派，他們是愛茲萊格派、蘇福利葉派和易巴德派。

愛茲萊格派屬狂熱派，主張對一切拒絕改宗的非穆斯林實行殺戮。這一派曾一度在伊朗西部建立了獨立小王國，後來哈里法政府派兵前去攻打，七世紀末覆滅。

蘇福利葉派是哈瓦利吉運動中具有廣泛代表性且偏溫和的支派，他們反對以殺戮對待非穆斯林，因其政治態度溫和，信徒分布甚廣。後來，他們與後起的易巴德派結合在一起。

易巴德派也是政治上較為溫和的支派，由阿卜杜勒·伊本·易巴德於七世紀末創立。後來，易巴德派一位領袖伊朗人伊本·羅斯圖姆以凱魯萬為中心，在北非建立了穆斯林王朝，史稱「羅斯圖姆王朝」，持續一百三十多年。

在這段時期內，伊斯蘭教在北非和西非的廣大地區得到廣泛傳播，哈瓦利吉派在整個北非地區形成了一支影響巨大的社會力量，對阿拉伯哈里法帝國的統治構成了威脅。

哈瓦利吉運動代表了「伊斯蘭民主主義」。這一派主張，任何一個信徒，即便是一個黑奴，只要大家擁護，皆可當哈里法，所以反對倭馬亞王朝的封建世襲制。他們當初提出的政治口號是「阿拉伯主義」和「民主」，後來當大

批非阿拉伯人加入後，便改為「伊斯蘭主義」和「公正」。

哈瓦利吉派對捍衛伊斯蘭基本教義發揮了莫大作用。他們以「清教徒」面目出現，嚴格遵守伊斯蘭教律教規，禁止喝酒、賭博和娛樂，認為一切奢侈浮華現象俱是對真主的「犯罪」。哈瓦利吉派在政治上曾提出重建一個「理想國」的目標，在這理想國中「公正」是至高無上的道德準則。可是，這種理想在封建統治者的武力鎮壓面前是根本無法實現的。當他們的理想破滅之後，便就開始接受「馬赫迪」（即救世主）的觀念。

當代世界，哈瓦利吉派信徒已經為數不多，他們僅存在於北非某些地區，以及阿曼和卡達等海灣國家中。

▎什葉派

什葉派是當代伊斯蘭世界的兩大派別之一。什葉派否認從艾卜·伯克爾至鄂斯曼三代哈里法的合法性。鑑於阿里是穆罕默德的堂弟和女婿這種直系關係，什葉派只承認阿里是先知的唯一合法繼承人，把他看作是繼先知之後為真主差遣的第二位「聖人」，賦予他特殊的宗教地位，因此什葉派也叫作「阿里派」。什葉派認為，只有阿里的後裔有權解釋真主的意旨和繼承先知的事業。

什葉派為了否認遜尼派把所擁戴歷代哈里法當作宗教領袖的合法性，而把自己一派的最高宗教領袖稱之為「伊瑪目」（意即先知）。他們把阿里尊為伊瑪目一世，把他的兩個兒子哈桑和侯賽因分別尊為伊瑪目二世和三世，直至伊瑪目十二世，即十二伊瑪目。什葉派宣稱，第十二世伊瑪目馬赫迪在西元887年「隱匿」，他將作為救世主返回人間，為人類創造一個公正平等的理想社會，這就是「隱遁伊瑪目返世」的信仰。在當時社會背景下，這一信仰頗易為穆斯林社會中下層的廣大平民所接受。

什葉派穆斯林對殉教徒特別崇拜，把死者的殉難地或墓地當作終生朝拜的「聖地」，其中較著名的宗教聖地有伊拉克的庫法（阿里的殉難地）、納主夫（阿里墓地）、卡爾巴拉（侯賽因殉難地）、伊朗東部的麥什哈德（阿里·禮薩的墓地）和庫姆（阿里·禮薩之姊法蒂瑪的墓地）。

倭馬亞王朝末期，由於對統治集團的立場不同，什葉派內部發生了分化，從中產生兩個支派，即哈希姆派和伊瑪目派。

回教國國旗上的清真言
許多回教國家的國旗上都有清真言「伊斯蘭國之境」，如索馬利蘭國旗最上方字樣。

哈希姆派又稱「凱薩尼亞派」，其教首是阿里的小兒子穆罕默德·伊本·哈奈菲亞（哈桑和侯賽因的同父異母兄弟）的長子阿布·哈希姆。這一派信徒主張伊本·哈奈菲亞應是阿里之後的合法繼承人。在政治上，哈希姆派和倭馬亞王朝統治者勢不兩立，所以到了後來，這一教派成為阿巴斯人推翻倭馬亞王朝統治的政治工具。

什葉派是僅次於遜尼派的伊斯蘭第二大派，當今世界什葉派信徒主要分布在伊朗、伊拉克、葉門、科威特、土耳其、黎巴嫩、阿曼、巴林和印度半島。

伊朗是什葉派活動的中心，今日什葉派信徒占其全國人口總數的九成，占全世界什葉派總數的近四成。全國上下有「毛拉」（即什葉派的教長）十八萬多人。他們與社會各階層群眾保持廣泛聯繫，掌握著各地區的司法大權，影響力極大。伊朗什葉派的最高宗教領袖被尊稱為「阿亞圖拉」，意即真主的象徵。當代的「阿亞圖拉」霍梅尼在伊朗成功地推翻巴列維王朝統治，充分顯示了什葉派宗教勢力的強大。

▌遜尼派 ・・・・・・・・・・

遜尼派與什葉派同時產生，相對立而存在，在伊斯蘭教發展史上，這一派長期占據著統治地位。遜尼之名源於「遜奈」，即聖行，因為遜尼派神學家把先知穆罕默德及其老友們的言行編纂成宗教典籍，稱作《遜奈》，被視為伊斯蘭教立法的重要基礎之一。所以，遜尼派所信仰的是《古蘭經》和《聖訓》。遜尼派擁戴從艾卜·伯克爾算起到阿里這四代哈里法為先知的合法繼承人，因此遜尼派又稱為「正統派」。遜尼派是當今世界最大的伊斯蘭教派，且在伊斯蘭世界的絕大多數國家中占統治地位。

▌伊斯瑪儀派 ・・・・・・・・

伊斯瑪儀派是什葉派中晚起的一個「神祕主義」的強大派別。它產生於八世紀末期，當時住在麥地那的什葉派第六位伊瑪目加法爾·薩迪克不承認其長子伊斯瑪儀的宗教繼承權，卻將其繼承權賜予小兒子。於是什葉派發生分裂，擁護伊斯瑪儀及其後裔的信徒自成一派，稱「伊斯瑪儀派」。這一派只承認穆罕默德和他的四位正統哈里法，以及伊斯瑪儀和其長子這七個人為伊瑪目，因而這一派又叫作「七伊瑪目派」。

伊斯瑪儀派透過分散於各地的傳教師宣傳本教派的信仰和政治主張，形成了組織嚴密的宗教社團，祕密地進行反對阿巴斯王朝專制統治的宣傳運動。在這場運動中，出現了一位著名的宗教領袖哈姆丹·卡爾瑪特。

從西元九世紀末，卡爾瑪特組織領導了伊拉克北部的起義。起義大軍在占領伊拉克北部之後，向敘利亞和巴勒斯坦方向進軍，大大動搖了巴格達統治者的統治。與此同時，卡爾瑪特運動在阿

拉伯灣的哈薩（今沙烏地阿拉伯東部地區）地區蓬勃發展，教徒們曾於十世紀初趕走了巴格達派來的官吏，建立起自己的民主國家，組成議會，集體管理這個國家。

到十一世紀初，伊斯瑪儀派反對阿巴斯王朝統治政策以及「隱遁伊瑪目返世」的宣傳，被埃及法蒂瑪王朝統治者哈吉姆利用。在法蒂瑪王朝統治時期，伊斯瑪儀派成為這個封建王朝統治階級用以鞏固地位的政治工具，被立為國教。

十一世紀末，伊朗出現了新支派「尼扎爾派」，建立了花喇子模王國，持續了二百餘年，直到十三世紀中期才被西征的蒙古大軍所滅。

在尼扎爾派出現的同時，還從伊斯瑪儀派中產生出另一個支派，名叫「穆斯臺爾里派」。這一派尊崇哈里法穆斯坦西爾的次子穆斯臺爾里為伊瑪目。這個支派曾於十一世紀後半期在葉門建立了蘇萊哈王朝。

當今世界，伊斯瑪儀派雖已為數不多，但其信徒分布甚廣。他們主要分布在亞洲的葉門、伊拉克、敘利亞、伊朗、阿富汗、印度、巴基斯坦、馬來西亞、中亞地區以及非洲的坦尚尼亞、烏干達等國。

「德魯茲派」是於十一世紀間從伊斯瑪儀派分化出來的一個支派，教首拉夫什基‧德魯茲在法蒂瑪王朝宮廷中做過御用傳教師，與哈里法哈吉姆有私

交。為維護哈吉姆的君主地位，德魯茲根據「隱遁伊瑪目返世」的信仰，進行一種新宣傳，稱哈吉姆是「真主的化身」，其一言一行「體現了真主的旨意」，所以德魯茲派曾經在埃及盛極一時。哈吉姆死後，德魯茲失寵受貶，被迫流亡到敘利亞豪蘭山區繼續宣傳其信仰，他的追隨者形成了德魯茲派。德魯茲的信仰受外來因素影響頗大，在其教義中，既包含有猶太教和基督教關於「人類救世主即將到來」的信條，又有佛教的「投胎轉世」之說，帶有一種神祕主義色彩。

十一世紀末，又從敘利亞德魯茲派當中分化出新教派，稱「阿拉維派」。他們把阿里認作真主的化身，具有「永恆的神質」。目前，這一派信徒人數很少，僅存在於敘利亞和土耳其。

▍巴布派

巴布教派創始人是密爾札‧阿里‧穆罕默德，1819 年生於設拉子市的小商人家。青年時代曾赴伊拉克什葉派聖地卡爾巴拉朝觀，其間與那裡的什葉派中的「賽希特」支派建立聯繫，接受了他們關於「即將出現救世主」的馬赫迪觀念。他一回到家鄉，便建立起一名叫「薩伊克」的宗教社團，進行關於馬赫迪觀念的宣傳活動。

十九世紀中期在伊朗興起了巴布派革命運動，他們高舉反封建、反殖民主義的大旗，在伊朗北部地區蓬勃發展，

勢不可擋。卡札王朝統治者嚇破了膽，視巴布派為險惡的異端，下令將巴布逮捕入獄。巴布在獄中與群眾繼續保持聯繫，號召建立神聖的「正義王國」。

1848年9月，巴布派教徒三萬之眾，首先在伊朗北部的馬贊德省舉行了武裝大起義，後來被鎮壓下去。

1850年5月，巴布教徒在黑海西南面的贊詹地區發動起義。起義者在城內構築街壘工事，設鑄造廠，製造土砲與火藥，與政府軍展開頑強的戰鬥，連婦女們也參加了保衛街壘的戰鬥。女教徒魯斯騰‧阿莉指揮一支隊伍，在最危險的地段防守，英勇拚殺。最後，政府軍用大砲將這個城市夷平，大起義遂被鎮壓下去。這場歷時半年多的圍城戰，使政府軍損失八千人，巴布教徒則高呼「真主偉大」的口號，血戰到底，直到最後一人。

伊朗封建統治者為了撲滅巴布教徒的起義烈火，遂於1850年7月19日在大不里斯城將阿里‧穆罕默德處刑，砍死於馬刀之下。

巴布殉難和贊詹起義失敗之後，在伊朗其他各地區起義的巴布教徒繼續堅持抗爭，直到1851年才被卡札王朝軍隊撲滅。從此，巴布教徒大規模武裝起義暫告結束，殘存下來的教徒轉入地下，進行祕密反抗活動。

▌白哈派

白哈派產生於十九世紀後半期，從巴布派中分化出來。巴布殉難兩年之後，一位名叫密爾札‧葉海亞的忠實信徒被擁立為巴布教派領袖。此人外號叫蘇布赫‧埃傑勒，隱居在巴格達。1863年，葉海亞的一位同父異母兄弟密爾札‧侯賽因廢黜掉兄長，宣布自己為「白哈」，意即真主的光輝，說他是即將出現的「馬赫迪」，是真主旨意最完美的體現。他的追隨者被稱為「白哈派」。

白哈派認為世上一切宗教都是好的，但必須放棄其中不必要的信條與儀式。他們仍然保留巴布派的一項信仰，即他們有一位先知，即白哈，把他看作是信徒們與真主之間的仲介人。白哈派漠視宗教禮儀，認為信仰不表現在禮儀上，而應體現在人的行為上。他們主張廢除伊斯蘭教一切禁規，讓理智代替伊斯蘭法律的裁決。白哈派所進行的這一宣傳，實質上是對伊斯蘭教的否定。他們夢想建立囊括一切宗教的一種「世界主義」新教。白哈派主張消滅「地區主義」和「國家主義」，他們認為土地屬於大家，全人類在土地面前一律均等。白哈派的這一主張受到崛起中世界猶太復國主義的賞識與利用。到了二十世紀，真正的白哈派信徒已為數不多，其中大部分仍居住在伊朗和以色列，少部分流散歐美地區。

十九世紀末期，鄂圖曼土耳其帝國面臨崩潰危機，伊斯蘭世界流傳著一則「世界末日即將來到」和「人類救世主

藍色清真寺（Jorge Láscar 提供）
伊斯坦堡的藍色清真寺，建於十七世紀初期，為伊斯蘭教的代表建築。

馬赫迪就要出現」的神話預言。

馬赫迪起義 ● ● ● ● ● ● ● ● ●

　　蘇丹境內，伊期蘭教的勢力很大。早在十三世紀初，伊斯蘭教開始由埃及傳入蘇丹。十六世紀，伊斯蘭教即已在這個國家廣為傳播，壓倒了基督教的影響。到十九世紀末，在災難深重的蘇丹人民中盛傳著救世主「馬赫迪」即將出現的宗教預言。此時期內，蘇丹處在英國、土耳其、埃及的三重統治之下。1877 年，被任命為英國駐蘇丹總督的戈登，對蘇丹人民實行野蠻的屠殺。

　　西元 1881 年秋天，艾哈邁德在家鄉藍尼羅河省棟古拉地區的阿巴島上，向教民們莊嚴宣布他就是「馬赫迪」。艾哈邁德當場發表了激昂的宗教演說，號召人民組織起來，向異族統治者發動聖戰，以「清洗被叛教的統治者所玷污了的伊斯蘭教」。他在演說中提出了廢除苛稅、實現人人平等的政治口號。沸騰的教民一呼百應，立即揭竿而起，以藍尼羅河中心的阿巴島作為大本營，在艾哈邁德領導下，展開了震撼阿拉伯世界的蘇丹民族大起義，即著名的「馬赫迪起義」。

　　起義軍所向披靡，1885 年 1 月攻克了首都喀土穆，總督戈登被起義軍用

矛戳死，後以恩圖曼為首都，宣布建立「馬赫迪國」，結束了長達六十年的土耳其—埃及封建專制統治。建國之後，艾哈邁德高舉復興伊斯蘭教的旗幟，發展伊斯蘭文化，焚毀一切不利於《古蘭經》的書刊，同時整頓「教俗」，實行清教。艾哈邁德在建國半年之後逝世，由其部將哈利法・阿卜杜拉接任領袖，繼續執行艾哈邁德的既定政策。

1896 年，英國派吉慶納將軍率領英埃聯軍向棟古拉地區發動猛烈進攻。馬赫迪義軍奮勇迎敵，但由於武器落後、組織渙散，無法抵禦裝備精良的外國侵略軍，1898 年 9 月，馬赫迪國首都恩圖曼淪陷，歷時十四年的政權覆滅，馬赫迪運動在蘇丹宣告結束。

▍瓦哈比派 ● ● ● ● ● ● ● ●

十八世紀中期，阿拉伯半島中部的內志地區興起了一場清教運動，稱「瓦哈比運動」。

這時的伊斯蘭教，某些原始的信仰已混入其他「雜質」，在教義和教規方面出現許多混亂。於是，在阿拉伯人當中湧現一群激進的穆斯林神學家，他們恪守傳統的伊斯蘭立場，對伊斯蘭教所出現的混亂現象深為不滿。因此，他們力圖淨化伊斯蘭教，恢復基本教義，並以此為目標發起宗教改革，即「清教運動」。

瓦哈布是瓦哈比派的創始人，他是伊拉克著名神學家伊本・泰米亞的崇拜者。泰米亞捍衛了遜尼派的正統信仰，熱誠地主張實行「清教」。瓦哈布從青年時代起就接受了泰米亞的學說，作為瓦哈比派教義的基礎。從十八世紀上半葉開始，他在內志地區進行傳教活動，形成了「瓦哈比派」。

瓦哈比派具有嚴格的宗教信仰，堅持以《古蘭經》和《聖訓》為立法依據，不允許對它們作任何解釋，這就是通常講的「基本教義」。瓦哈比派反對生活浮華，禁止菸酒賭博、歌舞娛樂。瓦哈比派清教徒在沙烏地的鼓動下，向外發動了一連串「聖戰」。瓦哈比派清教徒組成一支「聖戰軍」遠征伊拉克南部，洗劫了那裡的什葉派聖地。1803年至 1806 年，瓦哈比派「聖戰」大軍朝西部漢志地區進擊，接連攻克麥加和麥地那。1808 年，瓦哈比派的騎兵縱隊遠征敘利亞，逼近大馬士革。

在此基礎上，瓦哈比派於 1811 年在內志地區建立了瓦哈比王朝，其教權歸瓦哈布家族，政權歸沙烏地家族。

1812 年至 1820 年間，土耳其皇帝委派駐埃及總督穆罕默德・阿里前來討伐瓦哈比派，消滅了這個短命的瓦哈比派王朝。

▍阿布德的宗教改革 ● ● ● ● ●

1789 年法國大革命對東方世界的思想文化產生了顯著影響，促使埃及的知識分子開始接觸西方民主與科學進步思想。

阿布德是埃及首批赴歐留學生，回國後在開羅愛資哈爾大學任教，後來被任命為伊斯蘭教的「穆夫蒂」（即教法說明官），與當時在愛資哈爾大學任講師的著名宗教改革家哲馬倫丁（阿富汗學者）一道從事宗教改革運動。

阿布德的宗教改革主張，可概括為三點：

首先，他認為，伊斯蘭教最基本的精神是「解放」和「奮發」，反對一切僵化停滯的觀點，主張必須恢復對教法進行自由研究與討論的權利。

第二，必須努力使伊斯蘭教教義順應科學進步。他認為，伊斯蘭教的思想是開放的，應鼓勵科學進步。

愛資哈爾清真寺（Ali Mansuri 提供）
愛資哈爾清真寺位於埃及的首都開羅市內，現在為愛資哈爾大學校區。

第三，以《古蘭經》和《聖訓》為基礎，實現四大教法學派的統一。反對對《古蘭經》作種種虛幻的解釋，反對一切封建迷信。

阿布德的代表作是《伊斯蘭教──基督教與科學和文明》。他在這部巨著中，開闢了一條用理性與科學進步來解釋伊斯蘭教的新路線。其宗教改革學說代表了伊斯蘭教的現代主義，對近代和當代所出現各種伊斯蘭復興運動產生了莫大影響。

伊斯蘭教的經典和禮儀

《古蘭經》亦稱《可蘭經》，包含著伊斯蘭教深邃而完整的神學體系，
是伊斯蘭國家立法的主要基礎。
現在，幾乎所有的伊斯蘭國家都依據它制訂國法，
因此可說《古蘭經》是穆斯林的一部「永久憲法」。

▎《古蘭經》的編纂

據傳，穆罕默德本人不識字，當他聲稱阿拉曉諭天啟時，就託身邊會寫字的信徒將其寫在石片、骨片、獸皮和樹葉上，或背記下來。後人把能從頭到尾背記《古蘭經》者稱為「卡里烏」（意為背誦者），是伊斯蘭教徒的一種最大善功，流傳至今。

穆罕默德在世時，這些天啟尚只是零散字片，分散在教徒手中。能使這些零散的經文第一次搜集編纂成書，其首功應歸於先知的老戰友歐默爾。他在關鍵時刻，首先向當時的哈里法艾卜·伯克爾建議進行這項工作。

西元 634 年，在平定葉瑪邁「冒牌先知」穆賽里瑪的叛亂中，許多能夠背誦先知「啟示」的穆斯林老戰士在沙場上陣亡，真主的經文面臨失傳之危險。這時，先知的忠實老戰友歐默爾，勸說哈里法艾卜·伯克爾委派專人搜集整理先知所留下來的全部啟示，這些啟示成為後來《古蘭經》中的經文。

《古蘭經》之集大成者為宰德·本·薩比特。薩比特是當初穆罕默德在麥加傳教時穆斯林隊伍中年紀最小的，穆斯林遷徙麥地那的那一年，他才十三歲。進入麥地那後，薩比特經常與穆罕默德接觸，由於寫得一手阿拉伯好字，能熟背很多啟示，又略懂希伯來文和東羅馬文，穆罕默德便選他做祕書，代替撰寫公文和手令，並記錄啟示。穆罕默德死後，薩比特繼續受到重用，被接連選作伯克爾、歐默爾和鄂斯曼三位哈里法的祕書兼哈里法帝國的宮廷總管。

艾卜·伯克爾接受歐默爾提議，責成薩比特去做搜集整理先知啟示的重要工作。年輕有為的薩比特發揮個人才幹，收集到了他所能找到的所有零散經文，又將先知幾位老友記憶中的啟示一一記錄下來，然後將這一切認真地抄成活頁，集訂成卷冊，呈交給艾卜·伯克爾，形成了《古蘭經》第一部官方手抄本。

與此同時，先知的其他幾位老友也先後整理出幾本手抄本，同薩比特的官方手抄本之間存在些許差異，在穆斯林當中一度造成了思想混亂。哈里法帝國軍事長官胡傑法建議鄂斯曼下令確定《古蘭經》的新官方版本，以消除人們

的混亂。於是鄂斯曼把這項任務再度交給了他的祕書薩比特，還給他請來幾名助手。

　　薩比特以第一部官方抄本為藍本，參考了其他手抄本內容，確定了《古蘭經》新的正式版本，經鄂斯曼批定，由薩比特用阿拉伯文抄在羊皮卷上，訂成數冊，作為國家的標準本「鄂斯曼本」，保存在宮廷中。同時把其他一切民間抄本焚毀，給帝國派駐庫法、巴斯拉、大馬士革等七個地區的總督各抄送去一本。

　　後來，各地民間轉抄的版本越來越多，在傳抄過程中又出現了新的混亂。西元十世紀，阿巴斯王朝哈里法指定當時七位著名的伊斯蘭神學家撥亂反正，確定出《古蘭經》的最後正式版本。當時，中國造紙技術已傳入阿拉伯。阿拉伯人有了紙後，於十一世紀初編輯出版第一本阿拉伯文的《古蘭經》。

▋《古蘭經》內容

　　《古蘭經》在編排上獨具特點，它不是按內容或時間先後的順序，而是按章的長短來編排，長的章在前，短的章在後（除第一章外），在每一章的下面

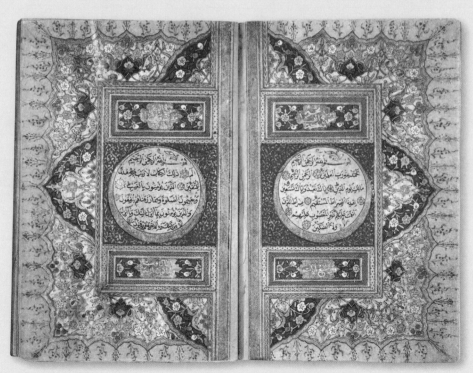

《古蘭經》開篇
《古蘭經》意為「宣讀」，是伊斯蘭教最重要經典，記載了真主言訓。

皆註明此章是麥加或麥地那的。一般說來，麥加章較為短小，多屬宗教宣傳內容，是穆罕默德在麥加口述的。麥地那章較長，主要為宣傳社會主張、政治經濟制度、宗教規定等，是穆罕默德在麥地那口述的。

伊斯蘭教把《古蘭經》說成是「阿拉的語言」，將之奉為神聖經典、萬古不變的教條、穆斯林生活的最高準則。

《古蘭經》被譯成多種文字，傳遍全世界，產生了極為深遠的影響。德國偉大詩人歌德說：「《古蘭經》是百讀不厭的，每讀一次，起初總覺得它更新鮮了，不久就引人入勝，使人驚心動魄，終至令人肅然起敬，其文體因內容與宗旨而不同，有嚴正的、有堂皇的、有威嚴的——總而言之，其莊嚴性不容否認⋯⋯這部經典，將永遠具有一種超凡厥偉的努力。」

《古蘭經》共三十卷，一百一十四章，各章長短不一，最長有兩百多節，最短的僅幾節。《古蘭經》可分兩類，麥加時期的稱為「麥加章」，共計八十六章；麥地那時期的稱為「麥地那章」，共計二十八章。每章都有固定名稱，大都用本章開頭的字母或名詞命名，也有少數章名是據章內提到的某一事物命名。

《古蘭經》內容十分龐雜，大致可包括四個方面：①穆罕默德及其傳教活動；②伊斯蘭教的教義說教；③伊斯蘭教的宗教制度和社會主張；④歷史故事、寓言和神話。

《古蘭經》吸納阿拉伯半島原始宗教和外來一神教的內容，特別是猶太教《舊約》對《古蘭經》影響甚大。《舊約》裡的人物，如亞當（阿丹）、諾亞（努哈）、亞伯拉罕（伊卜拉欣）、伊實馬利（易司馬儀）、羅得（魯兌）、約瑟（優素福）、摩西（穆薩）、掃羅（塔羅特）、大衛（達伍德）、所羅門（素來曼）等在《古蘭經》裡頭也是著名人物。亞當的故事、大洪水的故事、索多瑪的故事，在《古蘭經》裡曾多次出現。

▌《聖訓》的編纂與內容 ⋯⋯

《聖訓》是地位僅次於《古蘭經》的經典，含括穆罕默德的言論、行為以及別人所言所行而得到穆罕默德許可、默認的種種事實。最初由弟子口頭傳述，凡是《古蘭經》未作出具體規定的事情，就依照《聖訓》去解決，因而《聖訓》對《古蘭經》的註解有著補充作用。

穆罕默德死後的近百年間，他生前留下的一些言行只有人傳述，乏人收集，倭馬亞王朝哈里法阿卜杜勒·阿齊茲擔心「聖訓」失傳，便委派漢志的伊斯蘭教學者穆罕默德·穆士林搜集。到九世紀中期，著名的伊斯蘭教學者布哈里·穆罕默德·伊斯梅爾花了十六年工夫遍訪阿拉伯半島、伊拉克、敘利亞和埃及等地，收集到六十萬段「聖訓」，

從中選出九千段，編成一部六卷本的《布哈里聖訓實錄》。在他死後，他的一名學生穆斯林·哈查吉收集了「聖訓」三十萬段，從中選出四千段，編成一部《穆士林聖訓實錄》。這兩部聖訓錄，在伊斯蘭教中都被看作是僅次於《古蘭經》的權威經典，一直流傳到今天。

《聖訓》內容基本可分為三大類：①穆罕默德言論；②穆罕默德的事業與行為；③穆罕默德所認可他弟子的言論與行為。《聖訓》對《古蘭經》中的各條文作出進一步說明，並加以具體化。

伊斯蘭教的基本教義概括起來就是：「阿拉是唯一真神，穆罕默德是阿拉的使者」。而就具體來說，有以下幾個方面：

第一、信阿拉。即信奉阿拉為唯一的神，任何信徒都不能「以物配主」，即不能以任何其他神靈與阿拉並列。阿拉是沒有任何具體形象的，是「無以象、無如何、無比無樣，而又無所不在」，超越時空限制、創造宇宙萬物的唯一主宰。因此，伊斯蘭教是唯一反對偶像崇拜的世界宗教。

第二、信天使。伊斯蘭教認為天使是阿拉的差役，數目眾多，職責各不相同。一般為穆斯林所熟知的四大天使：「迦伯利」，專為阿拉向穆罕默德傳遞天啟；「米卡伊」，專司人間衣食供養；「爾茲拉伊」，專管人的生死；「伊斯拉菲」，司風雨、宣告世界末日來臨的司號者。

第三、信經典。即信奉《古蘭經》。

第四、信使者。即信奉穆罕默德。

第五、信末日審判和死後復活。和其他宗教一樣，伊斯蘭教也信奉生前和死後的「兩世說」，不過解釋上則有所不同。

伊斯蘭教宣揚，在「今世」與「後世」之間有個過渡時刻，即「世界末日」。《古蘭經》中用十分恐怖的情景描述了這可怕的時刻，說是當「世界末日」突然到來之時，日月無光，天崩地裂，大海翻滾，生靈亂飛，世界毀滅。而後，天使伊斯拉菲一聲號響，使地球上所有亡者「復活」，驅趕他們奔赴真主的「審判場」，接受阿拉嚴正的審判。這一天被稱為「清算日」。

末日審判時，對人世進行觀察記錄的天使將「功過簿陳列出來，眾先知和見證將被召來」，每個人都「將被秉公裁判而不受虧待」。按《古蘭經》辦事者，將一隊接一隊被送進樂園；違背者將一隊接一隊被投入火獄。

《古蘭經》用了許多篇幅來描繪天堂的幸福，說天堂是「籠罩著濃密的蔭影」、「河水穿流其下」、「既不見烈日也不見嚴寒」的地方，有「芳香的奶河」、「純淨的甘泉」，並有「伸手可摘的各種鮮果」。住在天堂的人「佩帶珍珠寶劍」、「身穿細軟綢緞」，吃著「精選的水果和禽肉」，陪伴的是「玉石珊瑚」般的「妙齡處女」，過著「無懼無憂」的日子。

而地獄則完全是另一幅陰森恐怖的情景，說什麼「燃料是人和石頭」，飲料「攙雜」著「火汁般的濃水」，進地獄的人用長鎖鏈鎖起來，用「滾水澆頭」，「燒他們的內臟和皮肉」。

▌五功

穆罕默德在傳教中，為了堅定教徒的宗教信仰，參照猶太教和基督教，在保留了阿拉伯一些傳統習俗的基礎上，規定出一套體現伊斯蘭教徒信仰的五種基本功課，又稱「五功」，包括唸、禮、齋、課、朝，內容如下表所示。

五功	唸	穆斯林的信仰，首先要承認「阿拉是唯一真神，穆罕默德是阿拉使者」，但僅僅承認這一點只能表示「內心誠服」，還必須「口舌招認」，見諸於實際行動，即唸出聲來。
	禮	即禮拜。主要分：①每日五次拜，即「榜答」——晨禮，時間在拂曉；「撇申」——晌禮，午後約一至三時；「底蓋爾」——晡禮，下午四時至日落前；「沙目」——昏禮，日落後至天黑前；「虎伏坦」——宵禮，自入夜至拂曉前。②每星期五的主麻拜——聚禮。③每年兩次的「會禮」，即開齋節和古爾邦節的節日禮拜。禮拜前須按規定用淨水沐浴，又分「大淨」和「小淨」，如無水亦可用土代替，稱「土淨」。禮拜動作包括站、唸、鞠躬、叩首、跪坐，每兩叩首為一拜，禮拜統一面對麥加克爾白的方向。
	齋	即齋戒。穆罕默德規定：每逢伊斯蘭教曆的9月（萊麥丹月），每一個成年穆斯林要齋戒一個月，每天自破曉到日落禁止生火、飲食和房事等。究其原因，穆罕默德在傳教前，每逢此月即去麥加近郊的希拉山洞沉思默禱；他在這個月受阿拉之命為使者；並紀念《古蘭經》首次在這個月降臨。齋戒期，孕婦、病人和旅行者除外。
	課	即繳納天課。最初，繳納天課純屬自願施捨，穆罕默德遷到麥地那第二天才規定須繳納天課。信徒的牧畜、金銀、商品、礦產品等財物達到一定數量時，就必須按比例納天課。
	朝	即朝覲。伊斯蘭教規定，凡身體健康、有路費和旅途方便的穆斯林，不分性別，一生中至少要去聖地麥加朝覲一次，凡是朝覲過的穆斯林授與「哈只」（朝覲者、巡禮人）的稱號，享有較高的威望。朝覲活動在每年伊斯蘭教曆12月上旬舉行，歷時十天。集體朝覲為「大朝」，個人單獨朝覲為「小朝」。朝覲活動的儀式十分複雜，主要內容是巡遊克爾白，親吻黑石，伊斯蘭教把朝覲活動視為加深宗教信念和團結各地穆斯林的一種方式。朝覲活動歷史悠久，規模宏大，尤其是近些年，麥加附近車水馬龍，擁擠不堪，每年有上百萬人由世界各地匯集麥加，聲勢越來越大。

麥加朝聖（Ali Mansuri 提供）
一生至少到麥加朝覲一次，是伊斯蘭教五功之一。

▋ 伊斯蘭教禁忌與節日 · · · · · · · · · · · · · · · · · · ·

伊斯蘭教有許多清規戒律和生活禁忌，這裡簡單介紹一些：

①伊斯蘭教的教規主要參照基督教，其內容大同小異。

②伊斯蘭教主張善待和為贖罪而釋放奴隸。

③伊斯蘭教對侵犯私有財產者採取酷刑，如第一次偷盜砍右手，第二砍左手；對搶劫者，或砍右手左腳、或砍左手右腳，直至斬首。這些對維護私有制具有重要意義。

④教徒叛教或反抗統治者，判流放或處死。

⑤有錢人犯罪可以釋放奴隸或以金錢、牧畜贖罪，而不必償命。

⑥對戰利品，最初屬穆罕默德，後來改為五分之一歸穆罕默德，其餘歸戰士，以此鼓勵聖戰。

⑦伊斯蘭教主張一夫多妻制。規定每個男子在能平等對待婦女的條件下，最

開齋節	又稱「肉孜節」。在伊斯蘭教曆的 10 月 1 日，教徒經過一個月的齋戒，贖掉了一年的「罪惡」，對阿拉更加虔誠，開齋節要大慶三天。
古爾邦節	又稱「宰牲節」或「忠孝節」，在伊斯蘭教曆的 12 月 10 日。
聖紀	紀念穆罕默德的誕辰日，在伊斯蘭教曆的 3 月 12 日，相傳此日也是他逝世的日子，故又稱「聖忌」。

多可娶四個老婆。丈夫如懷疑妻子有不忠的行為，只要有四個男人證明，就可將其「拘於家中，直至死亡」。按照教法，男人只要連說三聲「塔拉克」（休棄）就可隨意離婚。婦女除父、兄弟、叔叔和舅父外，不能「見於男」；婦女外出「要俯首下視，遮其羞體」，除眼睛之外，周身不得外露；已婚男女通姦者要亂石擊死，若是未婚男女通姦，則各鞭打一百下。

⑧飲食上主要原則為「潔淨的為適宜，污濁的受禁止」。對酒最初允許飲少量，後因飲酒影響聖戰和禮拜，才徹底禁止。《古蘭經》規定的禁食品包括自死的動物、血、豬肉和宰殺時未唸「奉阿拉尊名」的動物。禁食豬肉最初因為豬是污濁的，久而久之，對多數人來說不食豬肉已成生活習俗。自己宰殺的牲畜和家禽，只要合乎教規的均可食，但一般要請「阿訇」（宗教職業者）代行。

⑨穆斯林死後一般用水洗淨，並用白布包裹，實行土葬。

伊斯蘭教的主要節日如上表所示。

伊斯蘭教各節日，因教派不同也不完全相同，一般都要舉行慶祝活動和盛大宗教儀式。

伊斯蘭教集體舉行宗教活動的場所稱為「清真寺」。伊斯蘭教的組織機構較鬆散，在伊斯蘭教國家裡，教會主要依附於世俗政權，一般除了教派外，沒有專門教會機構。

荒野中禮拜的穆斯林
穆斯林一天鐘需禮拜五次，依序為晨禮、晌禮、晡禮、昏禮和宵禮。

chapter

5

第五章

佛　教——
痛苦中的生路

佛教的誕生——菩提樹下的大澈大悟

釋迦牟尼在鹿野苑的「初轉法輪」，使得佛教擁有了它的基本教義，
也使得佛教的佛、法、僧三法俱備，
釋迦牟尼終於創立起使後來千千萬萬人虔心禮奉和熱情投入的佛教。

印度的地理環境

印度位於南亞次大陸，是歷史文化悠久的國家。印度北倚喜馬拉雅山，東西兩邊也有山脈與外界相隔。南印度是個伸入印度洋的大半島，東濱孟加拉灣，西臨阿拉伯海，南面隔保克海峽與斯里蘭卡相望。

全國分為三大地形區：西北部高山區，屬喜馬拉雅山脈的南坡；中部為印度河與恆河平原區，東邊的恆河平原土地肥沃，是古印度文化的發祥地，而西邊印度河平原有不少地方為沙漠；南部印度半島區西高東低，德干高原占據最大面積，東西高止山脈分列兩側，沿海有狹窄的平原，半島北邊的溫德亞山脈和西北邊的馬爾瓦高原，成為與中部印度河和恆河平原的分界。

恆河流域屬季風型亞熱帶森林氣候，印度河平原屬亞熱帶草原、沙漠氣候，半島大部分屬季風型亞熱帶草原氣候。每年 3 至 6 月為熱季，7 至 9 月為雨季，10 月至次年 2 月為涼季。自然條件的巨大差異，對古印度各地區歷史發展的不平衡產生了一定程度的影響。

雅利安人與種姓制度

早在舊石器時代，印度已有人類居住。西元前 3000 年至前 1500 年，在印度河流域形成了燦爛的哈拉帕文化，這一文化的創造者是達羅毗荼人。他們用石器及銅器、青銅器生產，主要從事農業，也馴養牛羊等牲畜。手工業和商業相當發達，城

哈拉帕印章
哈拉帕城遺址中出土的印章，可見到西元前兩千年的古印度文字，多刻在石頭或陶土製印章上，形成浮雕圖像。

市建設的水準很高。然而這種文化到了西元前二十世紀上半葉開始衰落，至前十五世紀中葉就被入侵的雅利安人滅亡了。

雅利安人原本居住於現在波蘭到中亞之間的廣大平原，西元前二十世紀至前十世紀年間，一支南下印度河上游地帶，一支向西南進入波斯，還有一支遷入小亞細亞。自雅利安人入侵印度以後，印度的歷史文化發生了重大變化。

「雅利安」，意為出身高貴者。他們說當地人是黑色的、沒有鼻子，稱之為「蔑戾車」，意為野蠻人，或稱為「達薩」，意為敵人。早期吠陀時代的雅利安人沒有城市，依畜牧為生，向神祈禱的主要內容是希望神賜給牛，戰爭的主要目的是爭奪牛。進入印度河流域以後逐漸從事農業，手工業亦有發展。當時社會處在原始公社制解體階段，父系家長制已占主導地位，一些被征服的「達薩」被當成奴隸，按血緣組成的氏族部落組織雖然還存在，但原始民主制度正在瓦解之中。進入後期吠陀時代，形成了嚴格的種姓制度。

在這種階級制度中，社會上分為四個種姓，「種姓」有顏色品質等意。進入奴隸制社會以前，祭司和武士還不是特殊的階級，但在階級分化和奴隸制度形成過程中，他們逐漸發展成兩個享有特權的階級，祭司為「婆羅門」種姓，武士（軍事貴族）為「剎帝利」種姓。這兩個種姓互相爭奪權利，最後由婆羅門取得優勢，成為最高種姓。婆羅門掌握神權和教育權，主持宗教祭祀，教授吠陀經典；剎帝利掌握軍事和行政權。普通的村社農民、牧民和手工業者、從事商業的平民，成為「吠舍」種姓，而後來從吠舍種姓中也形成具有眾多土地財富的領主、商人和高利貸者，但吠舍絕大多數為小生產者，有的淪為奴隸。吠舍種姓以納稅和布施等形式來供養前兩個種姓。「首陀羅」是第四種姓，包括被征服的土著居民、失去村社成員身分者，他們沒有生產資源，不能獨立從事生產，有的是雇工，有的是奴隸，地位低下，為以上高級種姓服役。不同的種姓之間一般不能通婚和共食，種姓制度維護著古印度的統治秩序，對歷史文化和宗教也有莫大影響。

西元前六世紀初，相傳印度有十六個大國。這些國家多數屬於君主專制統治，有的還保留部落聯盟形式，它們之間不斷進行兼併戰爭，到西元前五世紀至前四世紀，摩揭陀國逐漸統一了恆河流域乃至整個北印度。

▎婆羅門教

根據吠陀文獻，早期雅利安人崇拜自然精靈，認為天地萬物、一切自然現象受到神靈支配，還認為

達羅毗荼人雕像

祖先之靈不滅，英雄人物死後成神。他們崇拜多神，有天神（生主，後稱梵天）、雷電神（因陀羅，也是戰神）、司法神（伐樓那）、日神（有蘇里耶、薩毗陀羅、普善等）、火神（阿耆尼）、風神（伐由）、雨神（帕闍尼耶）、酒神（蘇摩）、祖先神（閻摩）等。

隨著雅利安人的遷徙和定居恆河流域，社會經濟進步，雅利安人的原始宗教信仰有了發展。婆羅門因壟斷講授、解釋吠陀經典的權利，主持宗教祭祀，並掌握天文、地理、曆法的知識，在社會上占有很高地位，祭司職業也成為世襲。在奴隸制形成和發展過程中，誕生了以「吠陀天啟、祭祀萬能和婆羅門至上」為三大綱領的婆羅門教。

西元前六世紀至前五世紀，印度思想界爭鬥十分激烈，出現了與婆羅門思潮相對立的「沙門」思潮。這是當時自由思想家及其派別的統稱，其中包括佛教創始人釋迦牟尼、耆那教的大雄符馱摩那，生活派的領袖末伽梨‧俱舍羅、順世派的阿耆多‧翅舍欽婆羅等。他們的主張雖然不一，但在否定吠陀權威和婆羅門的政策、思想統治上是一致的。此外，在下層人民中亦掀起了抵制婆羅門教的新宗教運動，他們不崇拜吠陀中的神祇、不接受婆羅門的管理，反對用大量動物作為祭祀的犧牲，建立自己的廟宇，崇拜當地的神靈和動植物——夜叉（鬼）、樹木、龍神（蛇神）、林伽（性器官）等。沙門思潮和新宗教運動的出現，標誌著婆羅門教在某些地區和群眾中已開始動搖。正是在這樣的社會環境中，釋迦牟尼出家修行，創立了佛教。

濕婆
印度教三大主神有濕婆、毗濕奴、大梵天，其中濕婆為破壞之神，是信眾最敬畏者。

悉達多降生人間／印度繪畫

摩耶夫人在無憂樹下產下了悉達多。據傳太子誕生即一手指天、一手指地，道：「天上天下，唯我獨尊。」

釋迦牟尼誕生傳說 ●●●●●●●●●●●●

　　西元前 600 年至前 500 年，在橫跨亞洲大陸、終年積雪的喜瑪拉雅山脈南麓、今尼泊爾南部提羅拉科特附近，有個迦毗羅衛國。國王稱為淨飯王，屬剎帝利種姓，夫人稱摩耶夫人，是鄰國拘利族天臂國王的女兒。大約在西元前 565 年，中國夏曆 4 月 8 日，釋迦牟尼就誕生於他們中間。

　　傳說摩耶夫人在分娩前夕，淨飯王按照古印度習俗派宮女和衛隊送她返回娘家。當她路過藍毗尼花園時，見花園中有一叫無憂樹的大樹，其上繁花似錦，香氣四溢，便不禁舉右手去攀摘那花兒。在這舉手之間，釋迦牟尼就從她的右肋下生出。現在尼泊爾的藍毗尼園中還有摩耶夫人寺和釋迦牟尼的降生圖刻。

　　無憂樹又叫「娑羅樹」，據傳說，釋迦牟尼出世後，向四方各走了七步說：「天上地下，唯我獨尊，今茲而往，生分已盡。」所踏之處生出朵朵大蓮花，有兩條龍在空中盤旋，口吐冷水和熱水為他洗浴。

　　消息傳到迦毗羅衛城的王宮中，淨飯王高興極了，什麼也不顧，立刻趕到藍毗

尼園中，看到太子身現黃金色，三十二相，八十種好，瑞應殊異，自然歡喜萬分。
回宮後馬上召請有名的婆羅門為太子議立名字，眾婆羅門共議後，對淨飯王說：
「由太子降生時的各種祥瑞看來，太子應名為悉達多才好！」

「悉達多」，漢語是吉祥的意思。

太子降生後不久，一位當時負有盛名的預言家阿私陀仙人前來謁見淨飯王，
說要為太子占相。淨飯王命人抱出太子請阿私陀仙人觀看，最後阿私陀仙人嘆息著

悉達多出遊感苦／泰國繪畫
悉達多出外見到世間四種景象：老、病、死、僧，陷入命運與苦惱的思考。

說：「大王啊！照太子這種相貌看來，在人間找不出第二個來。將來長大成人，他若在家，定成轉輪聖王；他若出家，可成就一切智慧，利益人天。但據我的觀察，太子將來必定出家學道，轉大法輪。可惜我老了，恐怕無緣看到這等情形。」說完嘆息著告辭而去。太子生後第七天，生母摩耶夫人命終，淨飯王命夫人之妹，即太子的姨母——摩訶波闍波提撫養太子，她待太子有如自己的親生兒子。

太子年齡漸長，淨飯王請來名師教太子習文學和武藝。先請博學的毗奢密多羅教太子聲明（文典）、工巧明（技藝）、因明（倫理學）、內明（宗教學）及醫方明（醫藥學）等學問，又請武術最精的羼提提婆教太子兵戎法式及各種武器。太子天資聰穎，對文學武技皆觸類旁通，加之擊技精湛而神力過人，可以說文武兼全，智勇悉備。

太子十九歲時跟美麗的堂妹耶輸陀羅結了婚，若干年後仍無子女。他狩獵、玩耍，往來於陽光充足的花園、小小的叢林和水灌溉的稻田裡。然而就是這樣的生活，令他感到一種莫名的苦惱，這是一個健全頭腦卻無所事事所引起的煩悶。他生活在富足和美色之中，一切都該滿足了，可是他的心靈卻沒有滿足。他大澈大悟以後，這樣回顧宮廷生活：「我雖然生活富裕，但感受力強。世人自老、自病、自死，儘管這種老、病、死難以擺脫，但人們總是一看

到這種老、病、死的到來就又惱、又厭、又害怕。這不是一種正確的態度。每當我這樣思考的時候，就全然喪失了青春的喜悅、健康的自豪和勇氣。」

太子正處在這般心情中時，碰到了四件事，對他刺激很深。有一次他乘車出遊，遇見一名極其衰弱的老人，似乎從那個貧困、駝背、衰老的人身上看到了自己的將來。他的馭者車匿說：「這就是生命的道路，我們一定都會那樣的。」這件事還縈迴腦海中時，他又碰見了一個身患惡疾、痛苦萬分的人。車匿又說：「這就是生命的道路。」他所見的第三幅景象是一具未掩埋的屍體，已經腫脹，沒有眼睛，被經過的飛鳥和走獸啄壞、啃爛了，樣子十分可怖。「這就是生命的道路」，車匿再一次說。於是，疾病、必死的命運、一切幸福的沒有保障和不能得到滿足……這些人世的苦惱一下子全湧上悉達多的心頭。後來他和車匿還看見一名遊蕩的苦行僧，當時印度已有很多這樣的苦行僧，這些人按照嚴格的規律生活，費盡時間去獨自思考和進行宗教討論。這就是傳說中「四門遊觀」的故事。

釋迦牟尼修行之旅

後來，悉達多拋棄妻子、王位和原本信仰的宗教，在忠實馭手車匿陪同下周遊印度。那時的印度人總是傾向於相信權力和知識是可以透過極端的禁慾、絕食、不眠、自我摧殘等手段來獲得，

而悉達多這時則把這些想法付諸檢驗。

　　悉達多進入河畔的苦行林，拜訪在林中修習苦行的跋伽仙人。跋伽仙人接見了他。他看到和跋伽仙人在一起修苦行的外道，有的披著草衣，有的披著樹皮，或躺在泥土裡、或臥在荊棘上，就問道：「你們修習這些苦行，究竟能獲得什麼果報呢？」跋伽仙人回答：「欲求升天。」太子說：「升天雖然快樂，但福報總有受完的一天，福報享盡，仍要墮落的呀！」他和眾人反覆答問了很久，發覺他們所修的苦行不是根本解脫之法，於是他停了一宿後便離去。

　　這時淨飯王知道太子出家的事情後非常傷心，便派王師、大臣二人帶著侍從去勸太子回國。他們追到了太子，但太子立志修行而不為所動，王師、大臣無奈，留下了憍陳如等五個人隨侍太子，他二人偕眾回報淨飯王。太子帶著五名侍從渡過恆河，途經王舍城。城主頻婆娑羅王聞知，把太子迎進宮中。他見太子絕世英才而遁世出家，大感惋惜，力勸太子還俗，並願以王位相讓。太子婉轉謝絕了他的好意，頻婆娑羅王深為感動，向太子說：「你如得道，願先來渡我。」太子遂告辭而去。他們一行六人往尼連禪河附近，沿途訪問了事火外道的優樓頻羅迦葉等許多人，見他們修習的仍不過是生滅法，便即告別而去，再繼續前進。赴彌樓山麓，訪問當時的大學者阿羅邏伽藍、郁陀羅摩子等，修習禪定，但後來覺悟到修禪定即使修到想入非非境界，亦仍在三界之內，終不能超越生滅無常的法則，因此又告別他往。

悟道立佛

　　太子就這樣到處遊訪了數年，毫無成就，於是認為要想真正悟道，猶在自己精進。接著就到尼連禪河西岸，優樓頻羅村外的苦行林中靜坐默思。他每天或僅食一粒米、或僅食一粒麻籽，苦修了六年之久，最後身形消瘦得不成人樣，但對解脫之道仍無所得，他自想：

苦行者／印度四世紀浮雕
來自喀什米爾佛寺的瓦片浮雕中，蜷縮清瘦的苦行者，正冥思佛教義理。他們甘願放棄身家財產，尋求得悟成佛。

「這樣飢餓苦修與外道有何分別？還是應該接受飲食，另求修持的方法吧！」遂到尼連禪河洗淨了身軀，並接受林中牧女供養的乳糜。這時隨太子苦修的五名侍從看到這種情形，以為太子已改變修道的初心，便心生不滿，一起離開了太子，自行到波羅奈國鹿野苑中修苦行去了。

太子見五名侍從離去，即獨自到尼連禪河外十里之遙的一棵畢波羅樹，即菩提樹，在下面一塊大石鋪上了吉祥草，結跏趺坐，並發誓說：「不成正覺，誓不起座。」如此經過四十八天，於 12 月 7 日夜裡，諸惡魔——也就是內心妄念的化身橫來侵援，太子降伏惡魔，然後入定。於初夜時，觀見三世實相，洞見三世因果，獲得無上正智。於 12 月 8 日即第四十九日的早晨，明星出時，豁然大悟，證得一切種智，成就無上正等正覺。這時太子已三十五歲。

據經上記載，太子悟道之時，大地震動，祥雲繚繞，天華飄墜，仙樂齊鳴，讚頌釋迦牟尼成就佛道。

後來，悉達多在鹿野苑找到他的五名侍從，他們仍過著禁慾生活。侍從們看見悉達多走近時還躊躇不前，不願迎接他，但悉達多卻使他們認真地傾聽自己的新信念，討論進行了五天。當他終於使侍從們相信自己這時已得到正覺以後，侍從們就稱他是「佛陀」（簡稱「佛」），主動皈依他，成為首批弟子。悉達多和弟子們在鹿野苑裡建立起一個類似學院的組織，他們自造茅舍，開始聚集信徒，初時即達六十多人，成立了最早的佛教寺院。那時的寺院既無佛像也無經卷，僅類似於今天的一處集體宿舍外加講堂。悉達多全靠口述來講道說法。

悉達多最初向五個弟子的講道說法即「初轉法輪」，要旨涵括了其根本思想，也就是四聖諦、八正道及十二因緣。四聖諦、八正道、十二因緣構成的基本教義內容，概括地講就是：人世現象逃脫不了因果報應，人之所以遭遇種種病苦煩惱，歸根結底是由於有情慾貪愛，而之所以受情慾驅使產生貪愛的動機從事種種活動，乃因為不明道理，故才循環往復地流轉於生死輪迴之中，不得解脫。欲達解脫，必須遵循正確的方法。如果採取苦行法，則會使人精神「惱亂」，無益於達到解脫；不修苦行而過世俗生活，則使人貪戀福樂，永遠受苦。正確的作法該是捨棄這兩種偏向，採取介於二者之間的作法（「中道」）。

釋迦牟尼在鹿野苑「初轉法輪」，使佛教奠定了基本教義，也使得佛教的佛（指釋迦牟尼佛，以後也泛指一切佛）、法（即上述基本教義）、僧（指釋迦牟尼「初轉法輪」時的首批弟子，以後泛指繼承、宣傳佛教教義的僧眾）三寶俱備。釋迦牟尼·悉達多終於創立起使後來千千萬萬人虔心禮奉，熱烈投入的佛教。

2 原始佛教

原始佛教主要是一種行為的宗教，非遵守儀式和獻祭的宗教。
它沒有廟宇，沒有獻祭，也就沒有祭司的聖職。
它也沒有任何神學。
對當時在印度受到崇拜的無數怪誕之神的真實性，
它既不維護，也不否定。

釋迦牟尼二十九歲出家，三十五歲成道，直到八十歲去世。四十五年時光裡，他到處傳教說法，於婆羅門教和各種沙門學派之外創造了獨立的原始佛教團體（僧伽），使佛教傳播範圍不斷擴大，在社會上的影響亦逐日壯大。

釋迦牟尼渡化五比丘後，就暫時安居在鹿野苑中。不久，波羅奈國長者耶舍及其親友五十人皆來皈依。釋迦牟尼派弟子赴四方弘法，他自己親身到摩迦陀苦行林中渡化事火外道優樓頻羅迦葉、那提迦葉和伽耶迦葉，他們三位尚有弟子千人，同時皈依佛教。於是釋迦牟尼的聲教四被，聲名遠揚。

▌皈依者日眾

釋迦牟尼想到未成道時，頻婆娑羅王有「若成道時，願先來渡我」的約言，遂帶領千餘弟子走向王舍城。頻婆娑羅王聽說世尊來到，欣喜萬分，親迎釋迦牟尼到迦蘭陀竹園中，聽受經法，受持五戒，並在竹園中建造寺宇供釋迦牟尼居住。這就是僧伽最初的寺宇——竹林精舍。

這時婆羅門中有舍利弗及大目犍連二人，皆聰明智慧，名望素著，各有一百弟子修習道行。一天，舍利弗途中遇到世尊弟子馬勝比丘，見他威儀殊勝、舉止安詳，心中十分敬羨，便問道：「請問令師是誰？平常說些什麼教法呢？」馬勝比丘回道：「我師釋迦世尊，他的智慧神通無人可比。我年紀幼稚，受學日淺，尚領會不了我師的妙法。」舍利弗一再要求說：「請慈悲方便，略說一點概要。」馬勝口出一偈：「諸法因緣生，緣謝法還滅，吾師大沙門，常作如是說。」舍利弗聽了大有感悟，回去告知目犍連，帶著弟子一同皈依佛教。這二人皈依後，世尊因其學識優越，對他們二人特別重視，這就引起舊日弟子的不平。世尊因說四句偈道：「諸惡莫作，眾善奉行，自淨其意，是諸佛教。」自此，僧團中漸漸有了戒律的規定。「戒」，梵文叫波羅提木叉。

拘薩羅國的須達多長者（亦稱「給孤獨長者」）受釋迦牟尼教化，與太子祇陀共建祇園精舍，這就是有名的「祇樹給孤獨園」。此後世尊常往來於竹林精舍與祇園精舍之間，以這兩個地方作為說法的重要地點。

小沙彌／印度繪畫
佛陀之子羅睺羅，跟隨父親腳步剃度出家，是佛教史上第一位小沙彌。

　　淨飯王聽說太子成道，並在鄰國王舍城說法，即遣使者請釋迦牟尼回國一趟，釋迦牟尼便回到迦毗羅衛城為眾親族說法。阿難陀、阿那律諸王子都隨釋迦牟尼出了家。後來釋迦牟尼之子羅睺羅也剃度出家，因他年歲尚小，釋迦牟尼就為他制定了「沙彌十戒」，此即僧團中有沙彌的開始。

▌比丘尼僧團

　　釋迦牟尼在世時也成立了比丘尼僧團。最早的比丘尼是釋迦牟尼的姨母摩訶波闍波提。她是釋迦牟尼的養母，摩耶夫人去世後由她把釋迦牟尼撫養成人。據傳，釋迦牟尼之父淨飯王死後，摩訶波闍波提三度向釋迦牟尼提出出家要求，三次都不被允許，最後請阿難說情。釋迦牟尼特別制定「八尊師法」，才允許姨母出家。釋迦牟尼在俗之妻耶輸陀羅也出家為尼。所謂「八尊師法」亦稱「八敬法」、「八重法」，是比丘尼應當做到尊敬比丘的八條規則，大意是說應當從比丘受教、受戒，不可脫離比丘僧團自己單獨活動，不許批評比丘，年老比丘尼也應該禮敬年輕比丘。這反映了原始佛教教團對婦女仍是十分輕視的。

出家僧侶過集體生活。僧侶組織叫「僧伽」，意為「合」、「眾」、「利合眾」、「和合僧」、「法眾」。各地僧伽的最少人數不可少於四人。一般稱比丘、比丘尼、沙彌、沙彌尼為「出家四眾」（四僧伽），加上學法女（式叉摩那，指年滿二十歲在受具足戒前二年修學六法戒的沙彌尼）為「出家五眾」；廣義上的僧伽也包括從比丘、比丘尼受戒、受佛法的在家男女居士，稱「七眾」。一個人要正式成為佛教信徒，要按規定在比丘面前表示皈依佛、法、僧「三寶」，有的要從他們受「五戒」，按規定修行。如果要出家為僧，受的戒條更多，受「具足戒」才可以正式成為僧人。

　　釋迦牟尼在到各地傳教說法的過程中，既有人剃度跟隨出家，也有的只是從他受五戒為在家居士。出家為僧者，要在釋迦牟尼或其大弟子帶領下學習教法、禮儀和戒律，要坐禪觀法。在到各地雲遊傳教過程中，早晨要結夥到居民住處、村落乞食；在安居期間內，則接受信徒的衣食供養，共同享用。僧伽所有的土地、房屋、園林和寺院內的常用附屬設備，按戒律規定是屬於總體意義或一般意義上的「四方僧（伽）物」，各地的具體僧伽是無權自由支配的。一般常用的衣

六年苦行悟道／泰國繪畫
森林圍繞下，佛陀忍飢冥思，終在菩提樹下頓悟。

物、食物等，屬「現前僧（伽）物」，可由各地僧伽支配，分給個人。

釋迦牟尼為了協調僧團內部的關係，使僧團保持和睦統一，也為了制約比丘和比丘尼的行為，有利於修行和擴大佛教影響，在不同場合和時間內，制定了各式各樣的戒規。這些戒規，有的是吸收社會上原有的道德規範稍加修改而成，有的則依據佛教教義和修行的特殊要求而制定，對眾多在家佛教信徒要求做到五戒：不殺生、不偷盜、不邪淫、不妄語、不飲酒。對出家比丘、比丘尼要求得更嚴，把上面五戒中的「不邪淫」改為「不淫」，此外還應做到不用香油塗身、不觀聽歌舞、不睡高廣大床、過中午不再進食、不蓄金銀財寶，此稱「十戒」。此外，還有種種繁瑣戒規，比丘的戒規達二百五十條，比丘尼的戒規達三百四十八條。

▌僧團的分裂

原始佛教教團雖然以「厭世」、「出世」為標榜，以追求脫離生死的涅槃解脫為修行目的，但在教團內部難免因利害關係、見解不同而發生爭論。佛陀帶弟子在拘睒彌居住時，有一個比丘犯戒，弟子中有的認為是犯戒，有的認為不是犯戒，爭論得十分激烈，導致雙方各自舉行說戒懺悔儀式，對僧團組織來說可謂是內部分裂。佛陀得知此事之後，到犯戒的比丘那裡說：「莫將犯罪說成不犯罪，不進行懺悔。」又找到檢

舉比丘犯罪的一方說：「切勿總是批評他人的過失。」佛陀勸兩方比丘：「莫鬥諍，共相罵詈誹謗，伺求長短。汝等一切當共和齊集，同一師學，如水乳合，利益佛法安樂住。」他擔心僧伽發生分裂，因此要求爭論的雙方彼此忍讓，和睦相處。

佛陀晚年期間也發生過教團暫時分裂的現象。佛陀的堂弟提婆達多是斛飯王之子，跟隨佛陀出家後在教法、修禪等方面都與佛陀的其他大弟子不相上下。他後來對佛陀及其幾位大弟子取得很高的聲望產生嫉妒心理，打算分裂僧團，建立以自己為首的新僧團。在一次眾僧集會上，他趁佛陀不在場提出「五法」叫眾僧表決，宣布這五法「是法、是律、是佛所教」，結果除阿難等六十位長老比丘表示反對外，有五百名比丘都同意接受這五法，並跟隨他到王舍城外伽耶山另立僧團。

佛陀在鹿野苑首次說法時表示，他既反對苦行也不同意過世俗安樂生活，提出「中道」的修行方法，即「八正道」：正見、正思惟、正語、正業、正命、正精進、正念、正定。這雖是達到解脫的修行方法，唯前提是承認「四聖諦」：苦、集、滅、道。「四聖諦」與「八正道」密不可分，實際上，「八正道」就是「四聖諦」中的「道諦」。這個理論並沒有規定必須修苦行，當然也沒有規定必須拒絕一切苦行。「八正道」中的八個「正」字，純只表示修行

者應有正確的思想、言論和正確的修行方法，至於何為正確，應與佛教的基本教義相應。「四聖諦」和「八正道」注重的是在思想上認識人生價值問題和明確提出擺脫生死苦惱，達到覺悟的修行目標，而非提倡實行折磨肉體和精神的苦行。

佛陀創教後，受到以國王為首的剎帝利種姓、吠舍種姓上層工商業主的支援，在不少地方有他們施捨的寺院，生活物資也充裕起來。在這種情況下，佛陀和他的弟子雖也有時出去乞食，但在夏安居或更多時候，完全可以靠信徒的施捨維持生活。佛教內部雖也有修「頭陀」苦行，可只是把它當作克制貪欲煩惱的方法之一。這樣，佛教與當時奉行苦行的各種沙門派別有了鮮明的區別。然而，苦行是婆羅門教和其他外道的修行方法，人們往往把修行與苦行視為等同。當初釋迦牟尼在伽耶放棄苦行之際，甚至連跟隨他的憍陳如等五人都鄙夷地離他而去，可見苦行作法影響之大。提婆達多用「五法」可以在僧團內部製造分裂，除了個人原因外，也許還與當時僧侶對釋迦牟尼所主張「不用苦行即能達到解脫」的教義產生懷疑有關。

提婆達多自立僧團的時間很短，由於佛陀弟子目犍連和舍利弗的勸說，離開佛陀的五百比丘後來又回到佛陀身邊。在佛經中，提婆達多被說成是很壞的人，說他勸摩揭陀國太子阿闍世殺父

頻婆娑羅王以自立，又企圖殺死佛陀，曾用石頭砸傷佛陀的腳。

▌佛陀涅槃

佛陀八十歲那年離開摩揭陀國王舍城，經巴連弗城，北渡恆河，進入跋者國，到吠舍離*城。佛陀一路上為民眾說法，甚至接受吠舍離城中著名妓女橡女的供養，為她說法授戒，使她成為信徒。此時佛陀已生重病，自知不久於人世，讓弟子做好他將離世的心理準備，勸慰說：「天地人物，無生不終，欲使有為不變易者，無有是處。我亦先說恩愛無常，合會有離，身非己有，命不久存。」勉勵弟子們要努力修行，不可懈怠（不放逸），以達到覺悟解脫。

途經竹林村時，決定在此度過雨期，因此地正陷飢饉中，於是打發一部分弟子們到別處度過安居期。之後，佛陀來到拘尸那羅城外的娑羅樹園，在兩棵娑羅樹之間，命阿難敷設床座，示以即將涅槃。此時諸大弟子都感到十分悲傷，就推阿難向世尊請增示四事：「一、佛滅後依誰為師？二、依何安居？三、如何調伏惡性比丘？四、如何結集經典令人證信？」世尊指示說：「第一依戒為師；第二依四念處為安居；第三惡性比丘默擯（不與之言語）；第四在經典前冠以『如是我聞』四字令人證信。」

這時有外道婆羅門須跋陀羅趕來求渡，他見到釋迦牟尼時問是否知道

＊又稱「毗舍離」，跋者國首都，位於今印度比哈爾邦。

佛陀入滅／印度繪畫
傳說中釋迦牟尼於娑羅樹下涅槃圓寂，面容祥和，一如佛像常見姿態。

「六師」的教法，對他們的教法應如何看？釋迦牟尼回答如果教法中沒有「八正道」者，也就達不到解脫（成阿羅漢等），並向他講了自己從出家到此時五十年來修戒、定、慧的歷程，又廣說「四聖諦」的道理。釋迦牟尼對阿難等弟子說：「汝等當知我以此法自身作證成最正覺，謂四念處、四意斷、四神足、四禪、五根、五力、七覺意、賢聖八道。汝等宜當於此法中，和同敬順，勿生諍訟，同一師受，同一水乳。於我法中，宜勤受學，共相熾然，共相娛樂。」這裡所說的即為「三十七道品」，也稱「三十七菩提分法」，主要是修行方法，有的是指堅持修行的信心和意念，其中重複交疊的項目不少，總的理論前提仍是「四聖諦」，以「觀苦滅苦」為中心環節。釋迦牟尼臨死前強調他以此法達到覺悟，也希望弟子們在他死後共同遵循此法修行，和睦共處。

3月15日夜月圓時分，世尊右脅而臥，溘然入寂。後來諸弟子將世尊聖體於拘尸那羅城的天冠寺中荼毗（火化之意），所遺舍利由摩揭陀等八國分別供養，這時是西元前544年。佛陀死後，由他的弟子摩訶迦葉和阿難等人主持教團，繼續傳教。經過數代的努力，佛教傳遍古印度，並向國外傳播。

3 佛教的早期發展——部派佛教

部派佛教是在印度奴隸制統一國家逐漸形成、
原始佛教取得迅速發展的歷史條件下產生的。
部派佛教在佛教教義方面提出了一些新的理論，
對以後大乘佛教的發展有直接影響。

佛陀死後的一、二百年，印度社會發生了很大變化。奴隸制在印度廣大地區，包括一些邊遠地區發展。從吠舍平民階層中分化出來的商人、手工業和高利貸者，在社會上越來越占有重要地位；以國王為首的剎帝利種姓，控制著各地的經濟、政治大權；而廣大平民、首陀羅和奴隸處在社會最下層，過著極為悲慘的生活。在政治上，印度北部的城市國家不斷進行兼併戰爭，逐漸出現社會統一的趨勢。西元前362年，摩訶坡德摩‧難陀奪取摩揭陀國王位，統一了印度北部，建立了印度北部第一個統一王國——難陀王朝。

▎孔雀王朝盛世

西元前326年，馬其頓國王亞歷山大率領希臘軍隊入侵印度，遭到西北印度國家的堅決抵抗。西元前321年，名為旃陀羅笈多‧孔雀的人，也就是後來的「月護王」，統率印度西北部人民趕走了入侵的馬其頓人，推翻難陀王朝而建立孔雀王朝。孔雀王朝的版圖從印度半島西海岸直抵東海岸，橫跨整個北印度平原。後來孔雀王朝跟權力逐漸增長的婆羅門僧侶發生了衝突，月護王從正在傳播的佛教教義裡看出佛教是他反對僧權和種姓制度的同盟軍，於是強力援助佛教，鼓勵宣傳它的教義。到了他的孫子阿育王時代，印度半島除南端以外，北起喜瑪拉雅山、南到邁索爾、東抵阿薩姆西界、西達興都庫什山的廣大地區都併入孔雀王朝的地域，形成了印度歷史上幅員空前廣大的統一帝國。

阿育王征服羯陵伽國後即信奉佛教，宣布佛教為國教，在全國建造八萬多座寺塔。他還在境內許多地方或開鑿岩壁、或樹立石柱，上面刊廢詔令，宣稱

「月護王」旃陀羅笈多雕像

征服不應假手於戰爭，而應當依靠佛法。約莫西元前253年，阿育王召集佛教僧侶，在華氏城舉行佛教史上第三次「結集」，編纂整理經、律、論三藏經典，解決各派之間的爭論。這時印度和許多鄰國如緬甸、錫蘭等以至敘利亞、埃及都有聯繫，阿育王不斷派僧侶赴鄰近國家宣揚佛教，將佛教傳播到四面八方。

▍部派佛教第一次分裂

由於佛教社會地位的變化，且受到各地經濟、政治和風俗習慣影響，內部在關於教義、戒律的理解上發生許多分歧，而隨著分歧加劇，至西元前四世紀時形成了主張改革的「大眾部」和主張維持現狀的「上座部」。西元前三世紀前後，又從這兩個部派分裂出許多新的部派，形成十八部派或二十部派。

有的佛經記載：佛教第一次分裂，乃由於戒律上的分歧而引起。約當佛陀死後百年的時候，印度吠舍離地方跋耆族比丘在戒律上提出十條新的見解，即佛教史書上所說的「十事」：**①角鹽淨：**可用角器蓄鹽以備隨時食用；**②二指淨：**中午太陽偏西二指的時候仍可就食，或飯後再食可用二指抄食；**③他聚落淨：**飯後仍可到村內再食；**④住處淨：**在同一個地方住宿，但可分開舉行布薩（誦戒懺悔儀式）；**⑤贊同淨：**可由一部分比丘通過決議，然後徵求其他比丘的同意；**⑥所習淨：**按照慣例行事不算違犯戒律；**⑦不攢搖淨：**可喝不攪動的牛乳；**⑧飲闍樓淨：**可飲未發酵的棕櫚酒；**⑨無緣坐具淨：**可坐隨意大小（「無緣」）的坐具；**⑩金銀淨：**可接受金銀的施捨。這都是以往戒律所不允許的，其中受取金銀更為戒律所禁。佛陀曾明確規定：「沙門釋子不應受取金銀，除捨珠寶，不著飾好。」佛陀要求弟子們「衣取覆形，食取充軀，隨所遊至，與衣鉢俱，行無顧戀」、「不受財貨」。從跋耆族比丘提出的十條新見解來看，佛教僧團由於信徒增加，所得的施捨也多了起來，生活比較優裕，開始蓄有剩餘物資，從信徒受取金銀的事也發生了。他們對以往戒律所規定的清苦生活方式和有關戒律表示不滿，要求迎合新的情況做某些改革。

然而佛教內部一部分長老比丘卻主張堅持原始佛教的戒律原則，繼續過嚴格的修行生活，對上述違背戒律的「十事」表示反對。以耶舍、三浮陀等高僧為首的七百名比丘為此在吠舍離舉行集會，裁決上述「十事」非法，驅逐主張「十事」的比丘出教。此即佛教史上的第二次結集。因為他們多為長老比丘，故稱「上座部」。贊成「十事」的比丘一萬人也舉行集會，不服從七百名比丘的裁決，製作了自己的經律。這些比丘年輕且人多，被稱「大眾部」。

阿育王柱
阿育王大力推展佛教信仰，蓋了八萬多座佛塔，並立柱為紀。

而有的佛經則記載，佛教的第一次分裂是因為對教義的不同理解。

據說，末土羅地方某商人的兒子大天犯下殺父、殺僧、殺母三大「逆罪」，後逃隱華氏城雞園寺為僧，因精通三藏、巧於言辭而出名。原始佛教向把通過嚴格修行，達到所謂斷絕一切生死煩惱境界的人稱作「阿羅漢」，主張這是佛教修行的最高果位。但大天對此提出了異議，認為阿羅漢並非完美無缺：阿羅漢仍有正常人的生理機能和情慾，如大小便、涕唾、夢見魔女引誘也會遺精等等；阿羅漢雖然已達超脫貪瞋癡的清淨境界，但仍有「無知」之處，例如對自己達到的修行果位並不知道；阿羅漢對於「四聖諦」等教理的認識也有不足之處，在判斷真理是非的時候仍有猶豫疑惑；阿羅漢自己的修行果位必須由別人指點，而不可能自己「證知」；阿羅漢仍不免有痛苦的感覺，甚至發出「苦哉」的聲音，但這種感嘆卻有助於認識佛教的真理。

大天把這種見解作成一偈：「余所誘無知，猶豫他令入，道因聲故起，是名真佛教。」從中可以看出，大天對原始佛教中較樸素的教義是不滿意的，認為不應把阿羅漢定為修行的最高果位，只有佛的修行果位才可以說是完美無缺的最高境界，因此，應把原始佛教的教義再向前發展一步。

然而這種主張遭到佛教內部年老保守比丘的反對。據記載，在比丘舉行布薩的儀式上，大天「升座說戒」，朗讀了他作的上述偈頌，立即引起大嘩。以德高望重的年老比丘為首的一批人聽完大天講的話後，無不感到意外，說：「咄哉！愚人寧作是說，此於三藏聞所未聞。」與大天及其追隨者發生了激烈辯論，最後由國王出面，透過表決才平息了這場爭論。結果贊成大天主張的多數比丘組成大眾部，而反對大天主張的少數比丘組成上座部，被迫離開華氏城逃到印度西北的迦濕彌羅（今喀什米爾）。

▌部派佛教第二次分裂

佛教分裂為大眾部和上座部兩個部派，僅是佛教分裂的開始，到佛陀死後二百年以後，這兩個部派內部又發生分裂。據南傳佛教資料，從大眾部分出雞胤部（牛家部）、一說部；從雞胤部又分出說假部和多聞部；從大眾部又分出制多山部。這樣，大眾部系統共分成六部。從上座部分出化地部、犢子部；從犢子部又分出法上部、賢冑部、六城部（密林山部）、正量部；從化地部分出說一切有部、法藏部；從說一切有部產生飲光部（迦葉遺部）、說轉部、經量部。這樣，上座部系統共分成十二部。大眾部、上座部兩個系統加總共有十八部。

有的佛經記載，從大眾部分出一說部、說出世部、雞胤部、多聞部、說假部、制多山部、西山住部、北山住部，本末共九部。上座部直到佛陀死後二百

年才發生公開分裂，最初分出說一切有部（說因部），而根本上座部後改稱雪山部。後來從說一切有部又分出犢子部；從犢子部分出法上部、賢冑部、正量部、密林山部；從說一切有部又分出化地部；從化地部又分出法藏部。在佛死後三百年末期，從說一切有部又分出飲光部（善歲部）；佛死後四百年（前一世紀），又分出經量部（說轉部）。這樣，上座部系統本末共有十一部，加上大眾部系統九部共有二十個部派。此即佛教史上講的「小乘二十部」。

這些五花八門的部派名稱主要有以下幾種情況：或是以創立者的姓氏或名字為名，如雞胤部、犢子部、法藏部、飲光部等；或是以部派的宗旨為名，如一說部、說出世部、說假部、說一切有部等；或以部派居住中心為名，如制多山部、西山住部、北山住部、密林山部、雪山部等。

在這些部派的形成過程中，大眾部和上座部的分裂是佛教的根本分裂，其他一些大都是由於對教義的某些方面，甚至幾句偈頌的不同理解而生的。直到西元六世紀，這些部派逐漸歸為四大系統：上座部、正量部、大眾部和說一切有部。

部派佛教是在印度奴隸制統一國家逐漸形成、原始佛教取得迅速發展的歷史條件下產生的，是佛教發展史上一個重要時期。部派佛教在佛教教義方面提出了一些新的理論，對以後大乘佛教的興起和發展有直接影響。大眾部系統關於世界的虛無主義理論對大乘空宗有很大影響，而它具神祕主義的佛陀觀和「心性本淨」說則為大部分大乘派別所繼承。上座部系統中的說一切有部，對於世界萬物特別是對於心理現象的分析，以及經量部的「一味蘊」和「轉世」說，則為以後大乘有宗——瑜伽行派（又稱唯識宗、法相宗）直接繼承。自然，由於時代不同，大乘佛教無論在哲學上還是在佛義方面，都有許多新的發展。

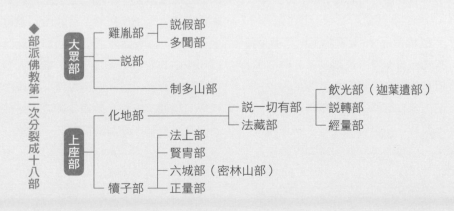

◆部派佛教第二次分裂成十八部

大眾部
- 雞胤部
  - 說假部
  - 多聞部
- 一說部
- 制多山部

上座部
- 化地部
  - 說一切有部
  - 法藏部
    - 飲光部（迦葉遺部）
    - 說轉部
    - 經量部
- 犢子部
  - 法上部
  - 賢冑部
  - 六城部（密林山部）
  - 正量部

4 大小乘佛教

猶太人不能容忍異教的心理，使其根本信仰得以保持純淨。
但偉大的東方導師在神學方面不置可否的態度，
使宗教信仰幾乎染上了它們所要取代的衰敗宗教之一切弊端，
承受了偶像和寺廟、祭壇和香爐。

大致在西元一世紀，中亞地區興起了一個由大月氏人建立的強大國家，即貴霜帝國。它先是據有整個阿姆河、錫爾河流域，之後在迦膩色迦王統治時期，將領土擴大到恆河和印度河流域，形成一個西起鹹海，東至蔥嶺，含括今天新疆喀什、葉爾羌及和闐在內的龐大帝國，首都在今巴基斯坦的白沙瓦，當時稱「富樓沙」。大月氏人先前從印度人那裡接受了佛教，到了迦膩色迦王時期，貴霜帝國將印度作為統治中心及佛教的中心。傳說迦膩色迦王曾於西元二世紀初期在迦濕彌羅（今喀什米爾地區）召開了佛教第四次「結集」，集中了當時許多高僧，可謂佛教史上的一大盛事。

早期佛教著重倫理教誨，不拜偶像，認為宇宙中沒有最高主宰，釋迦牟尼也只是教主而非神；主張產生自救，佛只指出途徑；修行能入涅槃，但無法人人都成佛。在哲學上大體主張「我空法有」，認為所有物質與精神現象都是若干種微粒在一定條件下以不同形式合成的，它們在剎那（一彈指所需時的十六分之一）間生滅，故任何追求都是虛幻的，人生在世不必有什麼留戀。

西元一世紀前後，也就是大月氏在中亞開始建立貴霜帝國之際，從中分化出一個派別，這個派別因受婆羅門教影響而宣揚神異，崇拜偶像，開始神化釋迦牟尼，稱為「如來佛」，把他看成是大慈大悲、法力無邊的眾神之主；同時又宣揚佛有許多化身，說三世十方有無數佛，造出各種菩薩來，更積極宣傳：只要虔誠信仰，則眾生皆能成佛。

大乘佛教的分出

佛教在哲學思想上也有發展，出現「法我皆空」的學說，唯心論哲學體系亦更趨完整嚴密，認為不但山水鳥獸等事物實際上是不存在的，就連所謂微粒也從不存在。現實世界的一切物質與精神現象俱為假象，都是空的，唯有涅槃境界才是真實。這個派別之後又分成中觀派和瑜伽行派兩大學派。佛教的這種新起教派自稱「摩訶衍那」，「摩訶」意為大，「衍那」意為乘載或道路，所以漢語呼之為「大乘」。大乘佛教貶抑原教派為「小乘」，但後者並不接受這個稱號，乃自稱上座部佛教。

應該說，大乘佛教的理想更有誘惑力。小乘佛教只追求個人的自我解脫，進入不再輪迴的涅槃，小乘信徒理想的最高果位是阿羅漢；而大乘佛教主張救渡一切眾生，宣揚大慈大悲，建立西方極樂世界，將建立佛國淨土作為最高目標。很顯然，大乘佛教的普渡眾生比小乘佛教的追求個人自我解脫更具有利他主義色彩，其西方極樂世界也比不再輪迴更具有誘惑性。

當時貴霜帝國的迦膩色迦王信奉的是大乘佛教，據說早期著名的大乘理論家馬鳴曾受到他的支援、庇護。從此印度佛教便以大乘為主。

大乘佛教在發展過程中經歷了三個階段：

西元一世紀至四世紀為初期階段。基本經典有《般若經》、《法華經》、《華嚴經》、《無量壽經》、《維摩經》、《般舟三昧經》等，而以《般若經》影響最大。《般若經》主張「諸法性空」，中道實相，構成大乘佛教的理論基礎。《法華經》會通小乘和大乘，主張人人都可以成佛。《無量壽經》宣傳西方阿彌陀佛極樂世界的信仰。《華嚴經》講大乘修行者應遵循的宗旨、方法和可達到的階位。這些經典雖標榜為佛所說，實則為信徒所編著。

初期階段的大乘論師有龍樹及其弟子提婆等。他們以論釋《般若經》思想來建立自己的理

犍陀羅佛像
一世紀到六世紀間分布於犍陀羅地區，即今巴基斯坦之白沙瓦至阿富汗東部一帶，佛像呈現吸取了希臘雕刻手法，奠立了古代佛教藝術重要流派。

論基礎，創立了「中觀學派」。重要著作有《中論》、《百論》、《十二門論》、《大智度論》等，宣傳世界萬有在本質上是不生不滅、不常不斷、不一不異、不來不出的中道觀點。他們主張的真（出世、彼岸、佛教智慧和真理）、俗（世俗世界和認識）不二理論，對佛教的世俗化有很大影響。

西元四世紀至六世紀為中期階段，基本經典有《涅槃經》、《勝鬘經》、《楞伽經》等。《解深密經》提出一切外界皆唯識所變的思想和八識學說，以阿賴耶識（相當於靈魂）作為精神體。這一期的主要論師有無著、世親兄弟，他們奉彌勒為先師，創立了「唯識學派」，也稱「瑜伽行派」，主要著作有《瑜伽師地論》、《大乘莊嚴經論》、《辨中邊論》、《攝大乘論》及《攝大乘論釋》、《唯識三十頌》、《唯識二十論》、《十地經論》等。這些著作以論證阿賴耶識緣起、一切唯識所變的思想為主要內容。無著、世親之後有陳那、護法等人，對唯識學派有較大發展。陳那的《觀所緣緣論》、護法的

清辨法師

《成唯識論》影響較大。

在這一時期，中觀學派的著名論師有佛護和清辨。佛護著《中論頌注》，仍用龍樹的「隨應破」，即揭露論敵結論不能成立而不正面提出主張的論戰方式，發揮龍樹諸法「自性空」的觀點。他的一派稱「中觀隨應破派」（或「應成派」），後繼者有月稱、寂天等。清辨著《般若燈論》、《中觀心論》、《大乘掌珍論》等，在論釋中觀思想時採取因明比量（推論）的方式提出自己的主張。他這一派稱「中觀自立量（或自續）派」，其後有寂護、蓮華戒等。

西元七世紀至十三世紀初為後期階段，經典有《大日經》、《金剛頂經》等，是此時期特別盛行的密教經典，與以往佛經稱是釋迦牟尼佛所說不同，稱是法身佛大日如來所說。密教吸收了中觀和唯識學派的觀點，又吸收印度民間的宗教信仰，以重視系統編制的咒術儀禮和神祕主義的教義為特色。密教後期，吸收了印度民間的宗教性力派（崇拜生殖器等）的作法，形成左道密教。

▌佛教發展與外傳

佛教經典《報恩經》卷五中講了這麼一則頗具悲壯色彩的故事。悉達多得道說法之後，摩訶波闍波提王后帶了五百名本族的女子去謁見悉達多，其中包括悉達多的結髮妻子耶輸陀羅王妃在內，要求悉達多准許她們加入僧團學道。悉達多當即一口拒絕。但是，摩訶波闍波提王后和本族諸女繼續苦苦哀求，悉達多的弟子阿難也幫她們說情。悉達多嘆了口氣說：「我的佛法本來可以在印度流傳一千年，但如果允許婦女出家，就只能流傳五百年。」阿難再三求情，佛陀只得同意姨母率領族女出家，並為她們制定戒律。從此，佛教中有了比丘尼，但佛祖的預言卻也不幸言中。佛教果然中斷了發展的勢頭；只是中斷的時間和佛祖所設想的有一段距離。從第九世紀起，由於外族不斷入侵，佛教在印度走向式微，至十三世紀終而滅絕。直到十九世紀佛教才又開始復興，然迄今信仰人數也僅占全印度人口的零點七至零點八個百分比，和信徒眾多的印度教形成鮮明對比。

佛教最初從印度傳播到世界各地，北傳路線以大乘佛教為主，經大月氏（貴霜帝國）傳入中國，再由中國傳入蒙古、朝鮮、日本、越南等國。南傳路線以小乘佛教為主，經錫蘭（今斯里蘭卡）傳入緬甸、泰國、柬埔寨、老撾等國。中國雲南省傣族、布朗族等也大都信仰小乘佛教。

佛教於印度日漸滅絕的時候，在印度之外的四面八方像是東南亞、中國、日本、朝鮮，佛教卻如日中天，一派昌盛興旺景象。直至今日，佛教於斯里蘭卡、緬甸、泰國、柬埔寨、老撾以及中國蒙、藏、傣地區，在民族信仰上占有絕對的優勢。而中國正是將佛教信仰發揚光大的最大功臣之一。

5 佛教在中國的早期傳播

印度佛教為了融入華夏文化環境，發展出原非其布道主旨的神學體系，以博得中土宗教文化及其崇信者的好感與接近。

▍佛教傳入中國的開始

　　漢武帝時霍去病大破匈奴，獲得的戰利品中有「祭天金人」。後來武帝把「金人」置於宮中，頂禮膜拜。所謂「金人」是銅鑄的神像，後人推測那可能就是佛像。因為當時匈奴人統治大漠南北，勢力遠及西域而與大月氏毗鄰。其時大月氏與匈奴的統治地區已接受了印度佛教，所以，可推知中國人最早接觸佛教應在西元前二世紀。

　　漢哀帝元壽元年，月氏王使臣伊存曾向漢博士弟子景盧口授《浮屠經》，這應是佛法東傳至中國的最早記載。因此，佛教傳入的可靠年代，應當在西漢末至東漢初之際。

　　東漢明帝永平年間，皇帝在某夜裡作了個夢，夢見一位軀體高大、頭上放射出日光的金色天神。第二天上朝時，漢明帝詢問眾臣夢中所見天神應是何人？有個叫

▍安世高

　　安世高為東漢末安息僧人，原為安息國太子，主要傳布小乘佛教說一切有部的毗曇學和禪定理論。《高僧傳》稱他對七曜五行、醫方異術以至鳥獸之聲無不通達，聲譽卓著。安世高曾自誇前世就已出家；當時與他一起修行的同學好發脾氣，犯了瞋戒，安世高的前身經常加以規勸，可是這位同學始終不改。這樣過了二十餘年，他向同學告別，說道：「我要到廣州去，今世可能不回來了。你讀經很用功，與我不相上下，但你經常發怒，死後恐怕會變惡形。我如果得道，一定來渡你。」於是他前往廣州，路上遇見一位少年，睡手拔刀道：「今天我算是找到你了。」安世高的前身笑著說：「我前世欠你一條命。今世遠道而來，就是為了償命。你的發怒，是前世命中注定的呀！」他伸出脖子，從容挨刀，毫無懼色，就這樣被殺死了。而他靈智不滅，轉世成為安息國王的太子，也就是安世高的今生。

　　安世高於漢恆帝建和二年來洛陽，在此譯經二十餘年，直到漢靈帝建寧四年方告結束。隨後他往江南遊歷，說要到廬山去超渡舊同學。一天，他到達廬山腳下的亭湖廟，

傅毅的「通人」答道：「西方有位號稱佛的天神，身高一丈六尺，遍體金色並放射日光，且輕舉能飛，陛下看到的應為此尊！」漢明帝於是派遣蔡愔等人前去西域求取佛法，此行隊伍於永平十年在大月支遇見中天竺僧人迦葉摩騰和竺法蘭，和他們一起回到洛陽，還帶回了一些佛像和佛教經卷。由於這批東西是用白馬馱回來的，明帝特地為此建造了寺院，取名為「白馬寺」。白馬寺便成為中國第一座佛寺。

佛教最初傳入中國是以一種怪力神的面貌出現，在當時人眼裡，佛教和中土流行的天地鬼神、祖先信仰、神仙方術、陰陽五行、讖緯神學等屬於同一型態，而正是這一點構成了佛教得以跨入華夏地區的思想基礎。佛教暫時掩去背後高深精微的宗教主旨，而取另一種神奇怪誕的面目迎合在地的民族信仰，以利於長遠的傳播發展。

佛教東傳初期，在中國講法譯經的天竺、西域等地和尚似乎個個都是神通廣大的奇僧高人。南朝梁代僧人慧皎所著的《高僧傳》就專闢有「神異」卷，其所記的諸多高僧除了氣功的外氣發放外，有的屬於足智多謀，富於預見性，有的屬於吞刀噴火的魔術，有的類似於技術高超的催眠術……《高僧傳》中所記的神僧高人，以安世高、佛圖澄最奇。

▍佛道衝突

佛教在東漢初東漸中國時，猶僅在皇族及上層士大夫階層的少數人中有些影響。當時的信奉者都認為佛教和黃老之術差不多，以「浮屠黃老」並稱。漢代雖然

這間廟供奉的湖神十分靈驗，來往商旅到廟中祈禱後，湖中行駛順風順水，十分平穩。有人擅自砍取廟後山中的神竹，結果船沉湖中，竹還原處，於是人們向湖神捐貢財物建造東寺。安世高離開湖廟後，亭湖神就死掉了。這天傍晚有一少年上到安世高的船上，跪在安世高面前，虔心接受他唸的咒願，過後即突然消失。安世高對船上的人說：「這位少年就是亭湖神呀！他現在已經得離惡形了。」從此湖神再也不顯驗。後來人們在廬山西邊的大澤中發現一條死蟒，頭尾有幾里路長。

安世高後來又到達廣州，尋找前世殺害自己的少年。那位廣州客仍還健在人間。安世高找到他，敘述前世宿緣，說：「我還欠了筆債，將到會稽去償還。」廣州客追悔前世造下的罪孽，決心出家，追隨安世高到會稽。剛踏進會稽郡的市集，遇到有人打架，誤中安世高的頭部，安世高當即死去。廣州客從此精勤佛法，並逢人敘說此事，遠近聞之，莫不嗟嘆。

首座佛寺（Fanghong 提供）
洛陽白馬寺建於西元 68 年，是中國的第一座佛寺，號稱中土佛教起源地。

也有少量佛寺，卻主要是為了滿足西域來華胡商的宗教信仰，在法律上則不允許出家當和尚。東漢末年儒生牟子兼研佛、老之學所作之《理惑論》，也說佛教是道術，稱佛能飛騰變化，「能隱能彰」，「履刃不傷」，「欲行則飛」，不死不傷，變化無方，無所不入，簡直和《莊子》中所說的「神人」、「至人」入水不溺、入火不熱，長生久視的本領差不多。事實上漢末曹魏的出家人所謂的宗教生活，只能向道術之士看齊，而那時中國人理解的佛教也確是傳統祠祀方術的一種。

道教成立後，儒、佛、道並立的局面已略見雛形；由於官方統治思想歷來就以儒學為主，因此，被讖緯神學化的儒學順理成章地成為三家之首。然而，令道士們忿忿不平的是初來乍到的僧侶們頌揚釋迦牟尼的話語，在道士們看來，簡直沒有將中國宗教，特別是道教的教主放在眼裡。

僧侶們於中國境內布道，說釋迦牟尼苦行六年無所得，但在菩提樹下僅冥思了幾天幾夜，便突然成佛了。那麼，佛有多大呢？中土傳統宗教觀念裡數天帝最大，沒有任何力量能超過天帝。而

| 佛圖澄 |

《高僧傳》所記的佛圖澄為西晉、後趙時僧人，西域龜茲人。《高僧傳》將他列為〈神異〉卷第一人，說他以鬼神方術深得後趙統治者石勒、石虎叔姪的信任。石勒曾問他：「佛法有何靈驗？」佛圖澄回答：「佛理雖然玄遠，但可拿眼前之事來作為證據。」他拿了個器皿盛水，燒香唸咒。過了不久，器皿中現出一朵光彩奪目的青蓮花，石勒從此信服佛法。

不久，石勒從葛陂還軍河北，途中經過枋頭。枋頭人準備夜襲軍營。佛圖澄對石勒的大將郭黑略說：「敵人不久將要攻營，應當告訴石公。」郭黑略向上彙報後，石勒做了布置，軍隊在枋頭人夜襲時才沒遭太大損失。有一次，石勒想試一下佛圖澄究竟是否具有預知神通，在晚上戎衣冠甲，執刀而坐，派遣使者告知佛圖澄說：「今天夜裡不知大將軍在哪裡，到處尋找不到。」使者到達佛圖澄處，還沒有開口，佛圖澄就問：「當前並無敵人侵犯，為什麼夜裡要戒備得如此森嚴？」石勒因此對他非常欽佩。鮮卑族的段波率軍攻石勒，軍儀齊整，陣容龐大，石勒為此憂心忡忡，向佛圖澄求救。佛圖澄說：「昨天寺裡鈴聲告訴我：『明天中午，當擒段波。』」石勒登城觀察段軍，所見之處皆為敵軍，不禁大驚失色道：「段軍行進時地動山搖，段波怎麼會被我俘獲呢？和尚說的話徒使我安心罷了。」

他趕忙再遣使者去問佛圖澄。佛圖澄說：「段波已經抓到了。」一查情況，果然如此。原來當時城北伏兵出擊，恰巧遇見段波便將之擒獲。西元330年，石勒正式稱帝，年號建平，從此對佛圖澄更加尊崇，有事必向他諮詢。一天，石勒所喜愛的姪孫石斌暴病而亡，石勒趕緊派人搬請佛圖澄來治療。佛圖澄一到，只取楊柳枝條來唸咒，未久石斌就病癒起身……

佛圖澄的上述鬼神方術與今日魔術及氣功治病近似，只不過他要故作玄虛，以神異面目來打開佛教傳播的局面。安世高先知先覺的大預言家形象，則意在宣揚佛教經修持禪定而可獲得「五神通」或「六神通」中的「天眼通」與「宿命論」。

印度佛教為了融入華夏文化環境，發展出原非其布道主旨的神學體系，以博得中國宗教文化及其崇信者的好感與接近。這便是早期東來的天竺——西域和尚為什麼皆以神通廣大的奇僧高人面目出現的原因之一，也是佛教在當時中國人心目中與神仙方士道術相混淆的因素。

佛教卻說天有三十三重天，中央最尊的天名忉利天，忉利天的天主叫帝釋；不過這位帝釋只能算作釋迦牟尼的一個小徒弟。釋迦牟尼出行時，他在前面開路。作為天帝的天，在佛教中居然只是個不起眼的小角色，道教信徒十分不服氣。

道教徒們將老子神化，大致溯自創教時的東漢。當時五斗米教的張陵在《老子想爾注》裡便奉老子為太上老君。他的謀士們則借用佛經關於釋迦牟尼出生的神話，也說什麼老子生下來就有九龍吐水盥洗其身，化為九井；說老子也是生下來即能行走，同樣是一步生一朵蓮花，共有九朵；又說老子左手指天，右手指地，宣

告：「天上天下，唯我獨尊」……這些神妙傳說，顯明是以佛教傳說為底本。

令佛教徒最為傷心的，是《老子化胡經》中借用老子的話說：「我令尹喜，乘彼月精，降中天竺國，入乎白淨夫人口中託蔭而生，號為悉達，捨太子位，入山修道，成無上道，號為佛陀……」這樣一來，釋迦牟尼就成了尹喜的化身，又是老子的徒弟。

道教徒「老子化胡」的故事一則比一則玄乎，《歷代神仙通鑑》中有這樣一個故事：老子出關往西域，行至竺乾舍衛國，摩耶夫人白天睡覺，老子從兜率天降神，乘日精投入摩耶口中，然後從右肋出來，落地之後便周行七步，目顧四方，用兩手指著天地，像獅子一樣大聲吼著說：「天地之間，唯我獨尊。」並取名悉達多。悉達多聽說東方有個金蟬子，號曰燃燈，得安定之道，於是不辭勞苦，三年來到東土。悉達多訪至嵩山，有人告訴他金蟬子在泰山的東梁山。他在那裡找到了金蟬子，聽了十三天道，得到真傳，於是返回西天興教，號曰佛。

在這則故事裡，老子又化作了釋迦牟尼，親手創立佛教；同時佛又是道教弟子。類似這些奇怪且自相矛盾的描述，在魏晉之際還很多，可謂花樣百出、光怪陸離。它們順著漢末魏晉襄楷、魚豢以及《西升經》、《化胡經》的路子，向著抱法東來的佛教發起一波又一波攻擊。

夷夏之辨

佛道之爭除爭祖師先後而外，又有夷夏之辨。

漢明帝於洛陽建白馬寺後第四年，即永平十四年，南岳道士褚善信、華岳道士劉正念等五岳十八觀、太上三洞共六百多名道士，聯名上表朝廷指控尊佛是捨本逐末，是求於西域；並稱佛是胡神，所論教義與華夏無涉，要求與佛教進行方術比賽，以火燒方法來測驗各自經典的真偽。漢明帝當即認可，特命在白馬寺南邊築三座高壇，將道經放在西壇上，將道家書置中壇，祭祀供物等則置東壇。佛徒們亦將佛經、佛像及佛舍利擱於道路上。道士首先舉火。他們用紫荻與檀沉香為火炬，祈求玉清元始天尊（道教最尊天神）保佑，為使朝廷承認道教靈異而以大火顯道經之「真金」。道士們平時自誇神通廣大，可吞霞飲氣、呼風喚雨、入火不燒、履水不沉，以致能隱身遁形、白日升天等等。不意經書著火，頃刻間化作一片灰燼，令他們個個目瞪口呆，南岳道士費叔才當場羞愧而死。此時佛徒也取火焚經，僅見烈火熊熊，佛經卻穩如磐石，絲毫不損，並看到佛舍利生輝五色大放異彩，且直衝雲霄旋轉如蓋。其上有西域高僧迦葉摩騰跏趺端坐，天雨寶花，廣現神變。在場觀者無不雀躍歡呼，佛法大獲全勝。道士們個個垂頭喪氣，當場就有六百二十名棄道為僧，又有貴婦宮

三教合一／金代雕塑

圖中由左至右，各以孔子、佛陀、老子為代表人物的儒、釋、道，在中國產生了競爭又融合的關係。

女二千餘人踴躍皈依為尼。

　　當然在《漢法本內傳》中所記載的這個故事純屬子虛烏有，因為漢明帝時代道教尚未誕生，根本不會有那六百多名道士。然而，這卻使我們看出一個事實，即佛教初入中土之際尚被視作「以夷變夏」的危險物而警惕之，並受到社會習俗與傳統文化的抵制。

　　進入東晉以後，佛教已在中土初步站穩腳跟，便覺得不能一再忍讓，於是開始反擊道教的挑戰。他們編出的不少經典多稱佛（釋迦牟尼）為老子，是孔子的師輩。如東晉名僧支遁在《釋迦牟尼文佛像贊序》中，不但把佛說成是老子的師父，尤為其「太爺」輩；而老子和莊子則成了佛的「曾孫」和「玄孫」，連當弟子的資格都不夠了。《清淨法行經》說：「佛遣三弟子（到）震旦教化，儒童菩薩，彼稱孔丘。淨光菩薩，彼稱顏淵。摩訶迦葉，彼稱老子。」震旦即中國，儒道之師都成了佛弟子的化身，興許是最早的「中國文化西來說」。

　　佛道的祖師問題一直鬧到隋唐宋元

之際。武則天時期，佛教得勢，有位僧人站出來請求銷毀《老子化胡經》。崇佛的武則天於是指定了八名儒生學士討論此問題，得到的結論是：「漢隋諸書所載，不當除削。」直至元世祖忽必烈至元年間，朝廷還三次組織佛道來辯論《化胡經》的真偽，辯論的結果為道士略遜，故《化胡經》便連同刻版一起被焚燬。

▌滅佛與滅道 ‧‧‧‧‧‧‧‧

　　東晉至宋元時期，佛、道信徒間的辯論最初仍具理智，後來竟發展為相互的誹謗與漫罵，如佛教徒作《笑道論》，道士則有《道笑論》，言語粗俗不堪。而佛、道之間的矛盾衝突，則往往和封建社會的政治、民族衝突交織在一起，形成歷史上多次的滅佛或滅道之舉。如太平真君七年，北魏太武帝滅佛，固然有著崔浩、寇謙之慫恿的因素，但太武帝亦想透過此舉證明親漢不親胡，證明自己是黃帝子孫（拓跋氏自稱是黃帝子昌意的後裔），有權繼承伏羲、神農的嗣統。又如北周武帝滅佛抑道，也完全是從當時的政治、經濟利益出發，最初未必想焚經毀像，只是想排出「儒先、道次、釋最後」的次序，以證明自己並非五胡，有統治漢族的資格。周武帝為此多次召集百官、儒生、道士上殿，讓三教充分發表意見。唯佛教徒頻頻進擊，還用阿鼻地獄恐嚇周武帝，周武帝索性答道：「只要百姓得樂，寡人情願去受那地獄諸般苦。」話既已說到這一步，滅佛之舉便不可避免了。周武帝一下子毀掉了四萬多座寺廟，命三百萬僧侶還俗。

　　不過，南北朝之際，道教儘管排斥佛教，並不主張殺害佛教徒。從北魏道士寇謙之開始就一直保持著這種態度。西元439年，北魏滅北涼，崇道的魏太武帝捕獲替北涼守城的僧軍三千名，下令剿殺，幸得寇謙之出來說情，三千名僧人才能倖免於難。446年，魏太武帝又大殺境內僧人，寇謙之向太武帝的寵臣司徒崔浩力勸勿殺，崔浩不聽。但這件事給佛教徒們印象極深，所以當崇佛的齊文帝宣布滅道教時，便僅殺了四名不肯屈從的道士。後來周武帝滅佛，亦不肯殺僧人，而這是對佛教自始至終所堅持和平與平等主義（特別是大乘佛教大慈大悲、普渡眾生的思想）的最好報答了。

　　中國歷史上曠日持久的佛、道之爭，始終局限於「君子動口不動手」的範圍內（即使有殺害也僅懲辦「首惡」者），因道家講究清靜無為，而佛教以和平與平等為宗旨；另外一方面，也因為佛、道始終未能真正演成國教，未能凌駕皇權之上，所以西方常見的宗教戰爭沒發生於中國。歷朝只有世俗戰爭：皇帝之間的戰爭，軍閥之間的戰爭，皇帝、軍閥與百姓的戰爭……而從不曾發生過宗教之間的戰爭或流血衝突。

儒佛衝突

佛教作為當時印度思想的最大代表，一跨入中土，不可避免會與此地思想代表的儒學發生衝突。儒家學說的核心是有助於君權統治的以農為本和重宗法的倫理綱常等思想，「忠」與「孝」是維持社會秩序並推動封建統治的兩大輪子。而從南亞文明、邦國林立環境中發育出來的佛教文化，其主旨是出世主義，以超道德、超現世的涅槃境界作為最高理想，其深層的理論根據是「無我」論。它們與傳統儒家文化衝突之處乃在於佛教的出世、出家，與中國固有的忠孝之道相背而行。這個衝突在佛教進入中土不久，便被儒生們看出而斥之為「無父無君」。在倫理問題上，儒生們最為痛心佛教的「棄家」、「無父」和「非孝」。

佛教傳入中土，首先從翻譯佛經開始。佛經原本在「孝親」、家庭觀念上，顯然與中國固有的倫理道德大相抵觸。印度佛經原本將父子、夫妻、男女、主僕等關係皆視為互相尊重、平等對待的關係，是原始佛教針對婆羅門教階級森嚴的種姓制度而提出的主張，但這卻和儒家由來已久的三綱五常相去甚遠，因此早期的佛經翻譯家必須花費許多心思，採取選、刪、節、增等手法，調整變更印度佛教原有的倫理思想，使譯成漢文的佛經能夠與儒家倫理觀念相合。

對父子關係，早期漢譯佛經將原經中的「母和父」語序統統改成「父和母」，有的地方還增添上「孝諸父母」的一類話。而對原經中關於父母不盡義務就不能得到孩子贍養的觀念，有的佛經便不予以翻譯。

對夫妻關係，《六方禮經》對印度佛典《對辛加拉的教導》裡規定的為人妻之五美德作了修改和說明：「一者夫從外來，當起迎之；二者夫出不在，當炊蒸掃除待之；三者不得有淫心於外夫，罵言不得還罵作色；四者當用夫教誡，所有什物不得藏匿；五者夫休息蓋藏乃得臥。」這樣做的結果，淡化了丈夫對妻子的義務，而強化妻子服從丈夫的依附性。

對男女關係，早期漢譯佛經曾有意刪削印度佛經中關於男女性交的論述。在敦煌寫本《諸經雜緣喻因由記》中就刪去了蓮花色尼出家的關鍵一節。按巴利文佛典原來的交代，蓮花色尼屢次出嫁，與所生子女彼此不復相識，以致後來竟與自己所生的女兒共嫁給自己所生的兒子。蓮花色尼發覺後，因極度羞惡而出家。這種論述，因和中國傳統的倫理觀念不相容而被刪略。

對主僕關係，早期漢譯佛經也將印度原經中關於「主人要伺候奴僕，奴僕要愛主人」的話語，均改作主人「視」、「教授」奴僕，奴僕「事」、「供養」、「伺候」主人。

阿難出家

阿難是佛陀的異母弟,後受點化,隨其修行。左側刻像為阿難跪請佛陀讓他歸家探視,右側為其親族。

▍打通關節──孝道

　　佛教徒們為了從「孝親」這個關鍵處入手打通佛、儒之間的障壁,在其對印度原始佛經進行改譯過程的同時期,亦透過中土著述(包括編造偽經)、註疏等手段開展了以佛說孝的工作。

　　「盂蘭盆」為梵文音譯,意為救倒懸,即救度亡靈倒懸之苦。《盂蘭盆經》說,當年釋迦牟尼十大弟子之一目連用天眼看見他的母親因在生前詆毀佛,死後墮入地獄餓鬼道中,受著苦難,如處倒懸,慘不忍睹。目連十分悲傷,請求釋迦牟尼教他解脫母親厄難的方法。釋迦牟尼說:「七月十五日是僧尼安居結束之時,你可在盆裡盛上百味食品,供養十方僧眾。這樣不僅你母親可解脫倒懸,也可讓你的七世雙親免去地獄之苦,享受快樂。」目連按釋迦牟尼指點去做,果使母親解了倒懸之苦,地獄中的七世雙親也不再受難。

　　中國佛教依照這種說法,為拔救雙親乃至七世父母而舉行盂蘭盆會,這是長期以來每年舉行的最大節日之一,也是深受古代民間歡迎的一種法會,自唐宋以降廣泛流行。與此同時,在佛教徒尤其是禪僧中還出現了許多以孝道聞世的孝僧,如以織賣蒲鞋養母、人稱「陳蒲鞋」的道縱;自言不敢忘孝而被柳宗元推重的元暠。佛教徒們的引經說孝工作,透過「孝親」這一最基本的倫理樞紐,不僅廓清了教義上「棄世出家」帶來的「無父無君」等誤會,增進儒者士大夫在內的中國社會各階層

對佛教的親近感，且還配合儒家和官府推行「孝道」，在維繫儒家綱常名教方面發揮了重大作用。

打通關節——成家觀念

「不孝有三，無後為大」乃中國幾千年間最具影響力的傳統思想。但印度佛教卻將家庭及世俗生活看作煩惱之源，其中家庭是把個人與世俗聯繫起來的最重要樞紐，所謂「出家」其實就是去掉累贅，斷絕產生煩惱的根源，做到心靈清靜，以便把整個身心奉獻給佛教。

據《佛本行集經》、《大智度論》等記載，有一天阿難在途中口渴，向一名叫缽吉蒂的美貌少女討水喝。沒想到被這少女看上，非他不嫁，如不能遂願便要自殺。其母見事已至此，只好幫助女兒達成心願。她對少女說：「有一種摩登伽咒，能使日月下墜，天神降地。妳若能修煉此法成功，或許可以遂願。」少女聽了十分高興，就在屋內以牛屎塗地，屋角四處豎立四把大刀，插四支箭，點燃八盞明燈，再放置塗有種種香料的四個死人骷髏，然後燃香再繞室三周，面向東方跪下，唸誦摩登伽咒。阿難雖然號稱「多聞第一」，但他的定力不夠，終為摩登伽咒的魔力所攝，恍惚間自動向少女家走去。少女抱著他坐到床上，脫去他的衣服，阿難如癡如醉，神魂顛倒，任憑少女擺布。就在這時，釋迦牟尼察知阿難被迷，行將破戒，遂施展法力在阿難頭頂上現出百寶無畏光明環，光環中生出千葉蓮花座，蓮花座上端坐著化身佛，口中唸誦專門用以降魔的楞嚴神咒。霎時間，少女家中的咒具毀壞，刀箭斷折，明燈熄滅，骷髏迸裂，摩登伽咒失效。阿難猛然驚醒，馬上從少女懷中掙脫出來，他趕到祇園精舍，參謁釋迦牟尼，懺悔險些破戒的罪過。少女則緊隨其後不捨，口中嚷道：「阿難是我夫！阿難是我夫！」後來受釋迦牟尼點化，少女也投在釋迦牟尼座下，成了比丘尼，之後修成阿羅漢。

這則故事是為了說明佛教戒、定、慧三學而編的，強調定力的重要。我們從中也可看出佛教將出家僧人的「淫戒」看得很重。這「淫戒」對於一般在家者是難以想像的。特別是不能娶妻生子，等於斷了子嗣，自然為中國傳統社會所不容。

進入中土的天竺、西域傳教僧們深諳中國傳統社會的這種大忌，卻也無法因此破除原有戒規，於是佛教徒就從兩個方面去做一些調和、通融工作。首先，他們申明出家僧人的無妻無後乃是與儒家道德一致的高尚行為，彼此間異曲同工。他們舉中國古代傳說中的仁人許由為例，堯要讓天下給許由，許由逃入深山；伯夷、叔齊因為「義不食周粟」，逃入首陽山餓死。孔子不僅沒有譏諷他們無後，反還稱讚其為「求仁得仁者」。其次，他們宣傳出家只是佛教生活方式的一種，家庭才是

佛教立基所在，如果反對建立家庭，佛門僧尼將無以產生。而佛教對在家男女教徒所規定的「五戒」、「八戒」中的第三戒「不淫慾」實指「不私通」，對合法的婚姻，佛教是認可的。他們還宣傳說佛陀曾積極勉勵家庭生活的合理建立，他們翻譯過來的《善生經》就是一部指導在家生活的經典。

佛教初傳中土時的某些僧眾為能長久立足中土，以忍辱負重、犧牲自我的精神，溝通與中國傳統倫理道德的感情。鳩摩羅什是其中最出色的一位。

▌沙門不敬王者論

佛教是出世的宗教，不受世俗禮法道德的約束。印度佛教的基本教義主張無君無父，一不敬王者，二不拜父母，見在家的任何人都不跪拜，只合掌致敬，包括對王者。這是因為印度佛教認為出世僧人高於世俗人，所以在家父母見了出家的兒子都必須頂禮膜拜，說這不是拜兒子而是拜佛弟子。

時至今日，在泰國等佛教傳統國家，在家佛徒的兒子若出家為僧，父母見到他時仍要合十禮拜。此外，在家佛徒進入佛寺僧房時還要先脫鞋，見了僧人要禮敬，不能坐僧人的床位。這樣，印度佛教便與中國皇權發生了衝突，而一些儒生、道士們也正是抓住這個衝突作為反對、廢止佛教強有力的理由。

東晉成帝時，庾冰輔政，代成帝詔令「沙門應禮敬王者」，斥責僧人蔑棄忠孝。此後，安帝時的太尉桓玄也提出既然沙門受王者的德惠，那麼只敬宗師而不敬

▌鳩摩羅什

鳩摩羅什是後秦時代僧人，祖籍天竺，生於西域龜茲國。七歲隨母出家，初學小乘；後到罽賓、沙勒，遇莎車國參大乘名僧，改學大乘。鳩摩羅什博讀大小乘經論，名聞西域諸國，龜茲王還特地為他打造了一把講經說法的金獅子座：「每至講說，諸王長跪高座之側，令什踐其膝以登焉。」

鳩摩羅什的母親在隻身前往天竺修行前，曾鼓勵他赴中土弘傳大乘佛教，他慨然應允，表示為此即便受盡苦難也絕無怨言。到了前秦建元十八年，苻堅遣呂光等出兵西域，叮囑呂光在攻下龜茲後要火速送鳩摩羅什入關，因此時鳩摩羅什的名聲已遠播中土。當呂光攻陷龜茲，竟強迫鳩摩羅什娶龜茲國王的女兒為妻。鳩摩羅什不從，呂光便將他用酒灌醉，把龜茲公主和他一道關在密室裡，使鳩摩羅什被迫破戒成親。

後秦弘始三年，姚興派人將鳩摩羅什從涼州迎到長安，請入西明閣及逍遙園譯經講經，待以國師之禮。姚興為留住鳩摩羅什並使之後繼有人，贈給鳩摩羅什十名年輕貌美的歌女，強迫鳩摩羅什娶她們為妻。鳩摩羅什為了使佛教特別是大乘佛教扎根中土，被迫屈從於姚興的旨意。不過他卻不住僧坊，另尋住處，自覺得玷污了佛教和出家僧人的

王者是違背情理的……顯然，佛教倘要完成扎根中土的歷史使命，便不能不正視禮敬王者與本土文化所發生的衝突並主動加以化解。

東晉高僧慧遠作《沙門不敬王者論》五篇，說明了信佛的信眾有兩種，一是在家、一是出家，應區別對待之。在家信徒應當忠君孝親，遵守禮法名教。出家修道的沙門情況則不同，「出家是方外之賓，不應改敬王者」。這道理是因為在出家沙門看來，人身是人生痛苦之本，絕不把保存人身作為止息痛苦的條件。人之有「身」，是由於有「生」；而有「生」又是由於稟受陰陽二氣的變化，因此，沙門既不重視生命，也就不必順應自然的變化，進而也就不需服從政治禮法的教化，無須對天地君親的德惠報以禮敬。慧遠的話，雖是對出家僧人不禮敬王者的一種堅持，卻細膩地說明了箇中緣由，言語委婉懇切。同時又說，沙門「雖不處王侯之位」，但符合王侯的統治。慧遠極力想調和佛教禮俗與中國皇權的衝突，唯不讓步向皇帝行屈膝之禮。

相比之下，北方僧人就不迂腐拘泥於印度佛教禮俗，表現得靈活開明許多。元魏時代的沙門統法果向皇帝說：「太祖明叡好道，即是當今如來，沙門宜應盡禮。」又說：「能弘道者人主也，我非拜天子，乃是禮佛耳。」就是說，沙門跪拜皇帝，是拜佛，不是拜皇帝，因為皇帝是佛的化身。以後，北周武帝也接受法果的話，向佛教徒直言「帝王即是如來」。法果是中國佛教史上首倡給皇帝磕頭的僧人，也是第一個被封予公侯爵位的僧人。永興年間，他被魏太宗先後加輔國宣城

清譽。他在向信眾講經說法時，總以「臭泥中生出蓮花」來作譬喻，要大家「但採蓮花，勿取臭泥」，即切切勿效法自己娶妻破戒的行為。鳩摩羅什被迫娶妻後，不少僧人也相繼娶起妻來，鳩摩羅什聞之痛心不已。他在缽盂中放了滿滿一缽針，召集諸僧說：「如能夠學我的樣，將這些針都吃掉，就可以娶妻。」他舉起食匙舀針放進嘴中，好像吃麵條一樣。諸僧愧服，這才停止了娶妻的仿效。

鳩摩羅什是名奇僧，更是中國佛教四大譯經家（即鳩摩羅什、真諦、玄奘、不空）之一。據說鳩摩羅什弟子三、五千，聞名者即達數十人。這樣一位傑出的傳法高僧，在其個人生活及修持上卻頗多不幸，屢遭坎坷而為後世嘆。對於兩次娶妻破戒，受人非議，是鳩摩羅什可預料得到的。但是權衡佛教傳播的大利與犧牲個人修行的小利，他毅然選擇了後者。他勇於獻身、大公無私的精神，如斯「我不入地獄，誰入地獄」的護法精神，也是佛教根本教義所允許而提倡的。事實證明，鳩摩羅什破戒娶妻，有利於博得中國君主的信任、親近，促進佛教的傳播與弘揚。

子、叫信侯、安城侯等號，「俗官加僧，以此為始」。

▌向皇權靠攏

法果之後，在南方，宋孝武帝索性下令沙門須對皇帝跪拜，否則就「鞭顏皺面而斬之」，高壓之下，僧侶難再昂起那原本高傲的頭，只得快快服從。從這以後，隋朝僧人曇遷當面吹捧隋文帝楊堅說：「佛為世尊，道為天尊，帝為至尊」；「世有三尊，各有光明，其用異也。」這種從「沙門不敬王者」到「人王即是法王」的變化，反映出佛教在禮俗防線上對皇權的妥協，說明了佛教為了在中土進一步發展，迫切需要取得王權的支援，積極向王權靠攏的願望。

歷史還記載了這麼一個有趣的故事：初唐長安濟法寺名僧法琳，曾在唐高祖李淵執政後期召集佛教徒擁護太子李建成，不料玄武門之變驟起，秦王李世民爭奪嗣位成功。李世民的宗教支持者卻是以王遠知為首的道士。李世民即位後，便於貞觀十一年頒布〈道士女冠在僧尼之上詔〉，並欣然認可晉州人吉善行所傳道教教祖李老君為唐室李氏族祖的說法。這引起佛教徒的大為不滿。他們在法琳帶領下，紛紛進宮上表，特別反對〈道士女冠在僧尼之上詔〉。唐太宗使人宣旨，說法令久已施行，不服者當受杖責。老僧徒怕受杖，相顧退避。一個壯年僧徒則聲言不服此理，結果挨了頓棒，之後就病死了。

唐朝皇室要尊祖，先道後佛，是能夠理解的；可是法琳卻面見唐太宗說，陛下之李出鮮卑拓跋達者，與隴西之李無關，勸唐太宗自認是陰山貴族的子孫，莫去認老聃的李姓，因老聃是牧母所生。唐太宗大怒，乃下敕「沙汰僧尼」，並召法琳辯對。

鳩摩羅什譯版《佛說阿彌陀經》（tamakisono 提供）

唐太宗對法琳道：「你寫的〈辯正論‧信毀交報篇〉裡說，有唸觀音者，刀不能傷。現在給你七天去唸觀音，到期試刀，看是否不傷？」這下難倒了法琳，他在獄中迫切哀求佛祖顯靈保佑，當然哀求不出什麼來。七日期滿，法琳苦思救命之計，忽然眼前一亮。當敕使來問：「刑期已到，你唸觀音有靈否？」法琳答：「七日以來，我不唸觀音，只唸陛下。」唐太宗好生奇怪，又使人問：「詔書令你唸觀音，為甚不唸，卻說只唸陛下？」法琳答：「陛下功德巍巍，照經典說，陛下就是觀音，所以只唸陛下。」法琳說了一大堆阿諛奉迎的話，先前的趾高氣揚已全然消失。唐太宗忍俊不禁，這才免法琳死罪，改判流徙益州。只是法琳壽數已盡——他自覺氣悶，加之已年近八十，終病死於流徙途中。

從佛圖澄開始，一些佛教徒便較積極地參與政事、國事，主動地向皇權靠攏，以獲得理解和信任，達到最終傳播與弘揚佛法之目的。於是，佛教依國主而求發展，國主用佛教而鞏固根基，二者各有所圖、各取所需，彼此心領神會而相得益彰。

佛圖澄從西域龜茲來到中土時已近八十高齡，他以神異的五彩道術和先知先覺的神通贏得了後趙君主石勒、石虎的信任。石虎對他尤加推重，尊為「大和尚」，讓他參與軍政大事。石虎曾有詔令說：「和尚是國之大寶。」每逢朝會之日，和尚升殿，常侍之下當幫助抬轎，太子公侯應攙扶於兩側。大和尚一到，坐著的人都應立時起立示敬。

佛圖澄運用他的熱情與智慧輔佐石氏政權，替他們做了不少事。而在這個過程中，佛圖澄也藉機大力弘揚佛法，多次以佛教教義勸石氏施行「德化」，「不殺」、「不為暴虐，不害無辜」，使軍閥出身的石氏叔姪屠戮行為受到約束。西晉時期，中土是禁止漢人出家的，建寺出家者僅限於西域入華者。經佛圖澄勸導，石勒才正式允許漢人出家為僧和建佛寺。據記載，在佛圖澄指導下，後趙全國各州郡共建寺院近九百所，拜佛圖澄為師的信眾達萬人，而經常追侍左右者即有數百人。後趙建武十四年，佛圖澄卒於鄴宮寺，終年一百一十七歲。他死後不過三年，石趙政權便垮臺了。

石趙滅亡後，佛圖澄的傳人道安率領僧團從鄴都渡河南下，在襄陽傳法十五年，宣講《放光般若經》，制訂《僧尼軌範》和《法門清戒二十四條》以及《四時禮文》，提出僧侶廢除世俗姓氏而以「釋」為姓，一時名滿天下。東晉太元四年，苻堅派遣苻丕攻占襄陽，將道安和習鑿齒（著名學者）帶往長安。當時苻堅得意洋洋地對僕射權翼說：「朕以十萬之師，取襄陽，只得了一個半人。」權翼問道：「這一個半人是誰啊？」苻堅說：「安公一人，習鑿齒半人也。」

道安到長安以後，也成了苻堅的國師，為苻堅的治國治民提出許多好建議。苻堅則讓他在五重寺傳法，受學僧眾達數千。此外，還讓他主持譯經工作，共譯經十部一百八十卷，計百餘萬字，對佛教在中國的進一步發展發揮了很大影響。

▌智顗與玄奘 ‧‧‧‧‧‧‧‧

到了南朝的陳代，南方又崛起一位大法師叫智顗，陳光大元年於光州大蘇山從高僧慧思修行法華三昧成功，往金陵講《法華經》等，並傳布禪法，博得朝野信徒一片讚嘆。陳太建七年（西元 575 年），他入天臺山建草庵、遍植松柏，數年之內規模擴展，竟成街衢。陳宣帝對他十分尊重，將其所在始豐縣的賦稅都劃歸天臺山，用以供養寺院。後來，陳後主詔請他返回金陵講《大智度論》、《仁王般若論》、《法華經》等，再一次懾服金陵僧俗。陳後主對他相當禮敬，竟在一年左右的時間裡發出十七道表示問候的敕文給他，還賜送大量錢糧、果菜和衣物。陳後主的皇后請智顗賜菩薩名，智顗慷慨地回贈了一個「海慧菩薩」的法名。

隋朝建立以後，晉王楊廣（即後來的隋煬帝）也與智顗過從甚密。楊廣贈給智顗「智者」的稱號，智顗遂有「智者大師」之稱。反過來，楊廣從智顗受菩薩戒，智顗亦送他一個「總持菩薩」的法號。按照佛教之說，總持菩薩乃指已經功德圓滿的菩薩，品位極高。楊廣與智顗的這種關係，一直維持到智顗逝世。天臺山國清寺還是楊廣秉承智顗遺意建成的，「國清寺」的寺名也是由楊廣命名。

智顗是中國佛教史上第一個宗派「天臺宗」的實際開創者，稱「天臺大師」，佛教徒尊為「不遷之宗」。他首先完成了佛教中國化過程，是建立中國化佛教的第一人。

智顗以後，最懂得利用國主來弘法的是唐玄奘。唐太宗支援玄奘大設譯場、翻譯佛經和撰寫《大唐西域記》，主要目的是為瞭解西域的政治、經濟、地理、人文情況，以消除西域突厥騷擾中華之苦。玄奘歷經十七年西天取經，於貞觀十九年回到長安，僅用一年時間便趕寫完《大唐西域記》獻給唐太宗，此後潛心譯經，「專精夙夜，不墮寸陰」。每譯完一部梵經總要請太宗賜序，一次碰壁則再次懇請，不達目的絕不罷休。他同時也找機會（比如聞赤雀飛上御帳等）向皇帝上表祝賀，說什麼「四海黎庶，依陛下而生」一類話語「頌聖」。這樣，太宗也就樂得讓他在弘福寺大擺譯場，繼續譯完從西天帶回的梵篋、六百五十七部天竺佛經；也應他之邀，為新譯出的佛經親筆作序。太宗駕崩後，玄奘將他對待太宗的辦法用來對待新皇帝，連皇妃懷孕、生兒之俗事，玄奘也不忘上表道賀，故新皇帝亦如太宗一般禮遇玄奘。

唐太宗和唐高宗這兩位對佛教本身興趣不甚高的皇帝，竟讓玄奘在二十年間譯出大小乘經論共七十五部，凡一千三百餘卷一千四百萬字，使他的名字進入中國佛教四大譯經家之列，並讓他創立出中國佛教的另一個宗派「法相宗」，弟子達數千人之眾。這之中，一是得力於皇權需宗教支援，二是得力於玄奘在皇權及儒、道等中國本土文化之夾縫中巧妙應對——雖有時亦不得不低聲下氣，委曲求全，但畢竟使佛教在初唐道教高張的氛圍裡繼續生存，進而發達起來。

貞觀二十二年，玄奘曾對已風燭殘年，自感不久於人世而「欲樹功德」的唐太宗說：

玄奘行腳僧圖／唐朝畫
玄奘從天竺帶回大量佛經，費盡畢生精力翻譯成漢字。

「眾生寢惑，非慧莫啟，慧芽抽殖，法為其資，弘法由人，即度僧為最。」在這次勸告下，唐太宗特向全國佛寺下詔，允許剃度僧尼計一萬八千多人。而在此之前，僧眾幾乎絕跡。經過這次剃度，人數才又漸多起來。

值得一提的是，玄奘於貞觀十九年返回長安後，唐太宗屢次要求其還俗輔佐朝政，玄奘一再拒絕世俗高官厚祿的誘惑，甚至冒著觸犯聖顏的危險，埋首於譯經工作和佛法傳播。這種敬業奮發的精神感動了唐太宗、高宗父子，取得了他們對佛教弘法事業的允許與支援。

玄奘因日夜埋首譯經工作，疲憊交瘁而卒，死時僅六十四歲。據說唐高宗聽聞噩耗時，「哀慟傷感，為之罷朝，述曰：『朕失國寶矣！』」當他的靈骨下葬於滻河東岸時，京城五百里內各州前來送葬者達百餘萬之眾，守靈僧俗亦有三萬多人。

6

中國佛教的興盛時代

佛教進入中土以後直至東晉以前，並無形成一種社會力量。
到了南北朝時期，隨著印度大乘佛教進入成熟期，
譯經的繁榮和佛教的日益盛行，使之迅速成長為一股強大的社會力量，
受到統治階級的重視。

佛教進入中土以後直至東晉以前，並無形成一種社會力量。到了南北朝時期，隨著印度大乘佛教進入成熟期，更多的梵（胡）僧紛紛來華，大批中土信眾也西行求法，促成了譯經的繁榮和佛教的日益盛行，使之迅速成長為一股強大的社會力量，受到統治階級的重視。在此過程中，南方統治者更看重佛教對政治、道德教化的輔助功用，他們由此出發而紛紛奉佛，如晉元帝、明帝、哀帝及劉宋諸帝、蕭齊諸帝。

▌梁武帝的崇佛

蕭梁的梁武帝蕭衍則差一點就把佛教抬升到國教地位。他曾三次捨身建康同泰寺為寺奴，每次都要朝中文武百官出一億萬錢贖他回宮，三次共出三億萬錢，使同泰寺發了大財。他還要群臣奏表上書，尊他為「皇帝菩薩」。他曾親自撰制《捨道事佛文》，號召公卿、王侯、貴戚以及平民百姓捨邪入正，隨他一道捨棄道教（他原信奉天師道），信奉佛教。他大量營造寺院佛像，僅京城建康一地，佛寺就達五百餘所；而在梁朝統治的江南，寺院則共有近三千所，僧尼達約八萬三千人。寺院和僧尼數均居南朝各朝之首。他向寺院輸納大量錢財，縱容僧尼奢靡成風，甚至收領養女。那些養女們都穿著羅紈，蠹俗傷法，嚴重敗壞佛門聲譽。

梁武帝的崇佛可謂到了走火入魔地步，但當時一些佛教大德高僧們卻對他冷眼相看，懷疑他的動機。據《壇經》記載，當達摩祖師前去點化梁武帝時，梁武帝得意洋洋地問達摩：「朕一生以來，造寺、布施、供養，有功德否？」達摩的回答竟是：「並無功德。」這使得梁武帝大失所望，遂將達摩遣送出境。對此，慧能的評價是：「造寺、布施、供養，只不過是修福，不可錯誤地將修福視為修功德。自修身是功，自修心是德。梁武帝不修身心，有何功德可言！」

《續高僧傳》中有這麼一則故事：梁武帝為了證明自己無愧於「皇帝菩薩」的稱號，多次在同泰寺升座為僧俗講經說法，又準備自任白衣僧正，由他依戒律立法，整治僧紀。他下敕書要眾高僧表態，凡同意者便在敕書上簽名。眾高僧懾於天子威力，不敢反對。可

梁武帝

的〈道士女冠在僧尼之上詔〉。但法琳等冒犯了皇權尊嚴，終究遭到唐太宗的懲罰；而智藏卻沒有因此獲罪，仍受到梁武帝的信任。

隋代扶持佛教

隋文帝楊堅及隋煬帝楊廣父子，是繼梁武帝後著名的崇佛皇帝。楊堅從北周靜帝宇文衍手中剛奪過政權，即宣布廢除周武帝、宣帝父子的毀佛法令，「聽民立寺出家，搜求經像遺賢，廣置塔寺，立譯館，設僧官……。」

開皇二年，楊堅在京師大興（今西安）建立國家寺院——大興善寺，集中居住僧官和當時知名高僧。開皇十二年時，又設置五眾及二十五眾的傳教系統。

所謂「五眾」，是指把長安城內各學派著名的高僧分為大論、禪門、講律、涅槃、地論五眾，各任命眾主一人。眾主負責教授本眾的經、律、論。這種作法為中國化的佛教，即隋唐佛教各宗派的出現提供了組織上的準備。「二十五眾」由二十五名高僧組成，他們都是大興善寺的住僧，一切開支由官府提供，專門籌畫佛教的傳教工作。在楊堅親自主持下，仁壽年間，全國各地建佛寺達三千七百多所，剃度僧尼二十三萬人，建佛舍利塔百餘座，建造金、銅、檀香、石等大小佛像一萬六千尊，修治舊佛像一百五十萬餘尊，寫經四十六藏百餘萬卷，修復舊經典近四千部。楊堅本人亦從法經律師受菩薩戒，

是當敕書傳到後來被譽為「梁代三大法師」之一的智藏之手時，他卻揮筆在上面寫了「佛法如海，非俗人所知」九個大字。梁武帝雖碰了壁，仍不死心。他召集眾高僧在佛光殿集會，再次商議此事。智藏當眾抗議，堅決反對梁武帝插手佛教內部事務，終於迫使梁武帝讓步，收回以前所發敕書，打消了自任白衣僧正的念頭。末了，梁武帝還說：「藏法師是大丈夫心，謂是則道是，言非則道非。」還批評其他眾高僧說：「諸法師非大丈夫。意實不同，言則不異。」

這個故事，反映了在弘揚佛法過程中，佛教高僧們並非一味遷就、屈從皇帝威勢，包括前舉以法琳為首的初唐僧人們也敢於直接頂撞，反對唐太宗頒布

「每日禮拜誦唄，竭盡虔誠」，被一些佛教史籍記之為可與梁武帝媲美的「護法國主」。

楊廣則早在為晉王時就禮敬智者大師，並從他「受菩薩戒」。他任揚州總管時，改僧寺為道場，在揚州設四道場，其中尤以慧日道場的規模最為宏大。如三論宗的創始人吉藏就被他請進慧日道場，在當時可以說是集中了佛教界的人俊英傑，「皆四海宗師也」。開皇二十年，楊廣被立為皇太子，又把慧日道場的高僧帶到京師長安日嚴寺，還組織過一次有四十名大德高僧「對揚玄理」的大法會，轟動一時。楊廣即位後，於大業年間將吉藏請入日嚴寺，使他完成「三論註疏」並創立三論學派。楊廣還在東都洛陽宮內恢復慧日道場，內安佛像經藏，立剎鳴鐘，稱為「內道場」。

楊堅、楊廣父子大力扶持佛教，遂使寺產日增，僧侶成了大地主，擁有莊園、當舖、奴婢，放高利貸，更有免役免稅特權。由於寺院經濟發達，佛教僧侶採取世俗地主宗法制度的傳法方式，師父在傳授佛法的同時，把寺產傳給嫡親弟子。在這種社會文化背景下，隋唐時期形成了在佛教理論、經濟方面都相對獨立而具有中國特色的佛教。

▎唐代佛教鼎盛 ．．．．．．．

入唐以後最著名的崇佛皇帝有武則天及中宗、肅宗、代宗、憲宗、宣宗、懿宗、僖宗。武則天崇佛乃因佛教徒曾為其稱帝掌權多有助益。垂拱四年6月，有人得瑞石於汜水，上面刻有〈廣武銘〉，稱「三六年少唱唐唐，次第還唱武媚娘……化佛從空來，摩頂為授記。光宅四天下，八表一時至」云云，實際是在暗示武媚娘貴當天子；而「摩頂授記」則暗指以後即將出現的《大雲經疏》讖之事。果然，載初元年7月，東魏國寺僧法明、薛懷義等十名和尚作《大雲經疏》，解釋《大雲經》內所言「女主之文」，說這是指則天皇后，稱武則天是彌勒下生，「作閻浮提主」。武則天欣然聽從佛旨而廢睿宗，自稱「聖神皇帝」，改國號周，改元天授，史稱「武周」。

武則天封懷義為新平道行軍總管，封法明等九人為縣公，均賜紫袈裟銀龜袋以為回報。天授二年，武則天下詔令佛教在道法之上，僧尼在道士女冠之前，命兩京諸州各立大雲寺一所，「藏《大雲經》，使僧升高座講解」，為她在各處大力張揚發動「武周革命」的理由。武則天稱帝後又師事高僧神秀、法藏、義淨等，還寫經、度僧、建寺、造像，「歷年為之，從不厭倦」。《新唐書》說，時「傾四海之財，殫萬人之力，窮山之木以為塔，極冶之金以為像」。證聖元年造功德堂，「其中大像高九百尺，鼻如千斛船，中容數十人並坐」。今洛陽龍門石窟奉先寺盧舍那佛，是武則天用自己的兩萬貫脂粉錢建造的，豐腴雍容，據說是按照她的相

貌雕鑿。武則天將自己的帝王之相化作佛祖之相，化中國君主和佛教教主於一體，算是她的一大創舉。

唐代是佛教在中國傳播的鼎盛時期，也是走向衰落的轉折期。武則天稱帝後，為了與李唐勢力相抗衡而大力扶植佛教，特許禪宗北宗領袖神秀肩輿上殿，親加跪禮，供奉於長安內道場；又尊華嚴宗創始人法藏為「賢首戒師」，親聆其講授《華嚴經》新譯本；同時還敕令「鑄浮屠，立廟塔，役無虛歲」，以致「里陌動有經坊，闤闠（市場）亦有精舍」，造成舉國上下崇佛的景象。

武后以後的中宗仍崇飾寺觀，肅宗、代宗則在宮內設道場，供養著數百個和尚早晚誦經不止，耗資巨大。憲宗尤遣中使杜英奇至鳳翔法門寺迎佛骨，「王公士民瞻奉舍施，惟恐弗及，有竭產充施者，有燃香臂頂供養者」，演出了中國歷史上最盛大靡費的一次佛門法事。貴族與官僚也如群蜂嗡擁：肅宗、代宗時的權相重臣元載、杜鴻漸、王維等亦以崇佛稱著。至於一般官宦仕女們，更是如癡如醉般地崇信佛教。

▌中國化佛教之宗派 · · · · ·

在佛教鼎盛的隋唐時期，中國佛教終於擁有了自己獨立的宗派建構，即擁有了相對獨立的佛教理論和寺院經濟，形成了天臺宗、三論宗、三階教、法相宗、華嚴宗、律宗、禪宗、淨土宗、密宗等宗派。其中對當時與往後千載的中國政治、思想、文化影響較大的，是創立於陳、隋間的天臺宗，和創立於唐代的華嚴宗、禪宗、淨土宗、密宗。天臺宗、華嚴宗和禪宗的理論基礎皆屬「一切眾生悉有佛性」（即眾生皆有覺悟成佛的可能）。當然，它們各顯特色，天臺講「生佛互具」，華嚴主「如來性起」，禪宗則尚「即心即佛」。

（天臺宗）

天臺宗因創始人智顗常住浙江天臺山而得名，其教義主要依據《妙法蓮華經》，故又稱「法華宗」。智顗俗姓陳，宣揚教法三十餘年，提倡止觀雙運和解行並進，一變當時南重義解、北重禪觀的學風，博得朝野與佛教四眾的敬仰。他所建立天臺一宗的學說系統和解行規範，有一中心指導思想，就是「一念三千」與「三諦圓融」的兩層實相說，主張諸法平等。天臺宗是第一個最富中土特色的佛教宗派，使外來佛教與中國文化相通。

（華嚴宗）

繼天臺宗後，華嚴宗也對印度佛教大加卸改。它雖依《華嚴經》立教，因《華嚴經》而得名，但也透過注疏對《般若經》、《涅槃經》、《梵網經》、《圓覺經》、《大乘起信論》等佛教經典進行著中國化的闡釋，以使佛教更加貼近此地信徒。華嚴宗以發揮「法界緣起」的思想為宗旨，故又可稱

「法界宗」。

華嚴五祖宗密認為「一切有情（即眾生）皆有本覺真心」，只須破除世間「成見」，改變一下觀點，就能進入天國世界。此為以心為宗本的禪宗，其最終形成提供了堅實基礎。更重要的是，華嚴宗抱著「六經注我」的態度，對佛教各派和儒道各家思想採行兼收並蓄，這對佛教內部的教禪合流與外部的儒、釋、道三教會通有著引導和奠基之功。

天臺、華嚴兩宗教義雖導源於《法華》、《華嚴》二經，實際上卻是中國佛教徒的獨創。特別是天臺的「無情有性」和「一念三千」、「三諦圓融」說，華嚴的「法界緣起」、「事理無礙」說，將印度傳來的大乘思想大大推進一步，充分展示了中國大乘佛教最初風貌。

淨土宗

淨土宗（白蓮宗）主張「西方淨土說」，其特點在於承認現實世界之外還存在一個彼岸世界。這與作為整個佛教基礎理論的般若「諸法性空」思想有所抵觸，也與中土其他宗派不同。淨土宗由道綽與善導師徒倆創始於初唐武德、貞觀時期，主要依據是《無量壽經》、《觀無量壽經》、《阿彌陀經》及世親《往生論》，言信者死後可往生阿彌陀西方淨土（極樂世界）。

道綽、善導師徒倡導「稱名唸佛」的修持法，即無需高師、明利的根器，也不必經過諸如其他宗派的皓首窮經、歷劫苦修、累世功德，只需「口誦佛名（即唸阿彌陀佛），日以七萬為限」（在家也可誦唸，不以寺院為限），且一心向西（即阿彌陀西方淨土，以阿彌陀佛為教主），就可頓數之珠，「量如七寶大山」。其所在之處，亦「人各掐珠，口同佛號，每時散席，響彌林谷」，以致於竟一度造成「家家阿彌陀，戶戶觀世音」的奇妙現象。

這是因為淨土宗的修持法，與中國民間源遠流長的天地鬼神祖先信仰及祭祀活動最為切近，迎合多數民眾安身立命的根本。而安史之亂後，百姓們飽受政治動亂與天災人禍之苦，只好祈求上蒼予以解救。所以，淨土宗在中晚唐社會裡成為一支深入民間的大眾化佛教，武宗滅佛的鐵帚也無奈其何。

時至今日，淨土宗的影響依然深厚。譬如對「南無阿彌陀佛」這句話，人們是相當熟諳。許多僧尼見了人，雙手合十，開口就是「阿彌陀佛」。有的寺廟圍牆上也大書「南無阿彌陀佛」六個大字。還有那些相信菩薩的善男信女們，也喜歡口唸「南無阿彌陀佛」。更有甚者，它已成了我們語言中特定詞彙，用來表示驚訝、詫異或者鬆了一口氣之類的心情，如「阿彌陀佛，謝天謝地！」等等。

密宗

密宗在唐代僅經歷了兩代即衰微，

而後卻流播日本，傳法深遠；在西藏則以藏傳佛教（即喇嘛教）的形式扎下根來，至今不衰。「密宗」的得名，是因為自稱受法身佛大日如來深奧祕密教旨傳授，為「薩埵真實」言教，所以又稱「金剛乘」、「祕密教」、「真言乘」等。傳說大日如來授法金剛薩埵（即普賢菩薩）。在釋迦牟尼死後八百年，時龍樹開南天鐵塔，親從金剛薩埵受法，以後又傳龍智，龍智傳金剛智和善無畏。唐開元四年，善無畏從中印度帶來《大日經》，與中國弟子一行譯出；開元八年，金剛智和不空又從南印度傳入《金剛經》，由不空譯出，從而輸入密教。善無畏、金剛智和不空合稱「開元三大士」，他們三人再加上一行漢僧的共同努力，密教遂發展成為中國佛教的一個宗派。

密教稱其他佛教派別的教義為「顯教」，即是應身佛釋迦牟尼公開宣說之教。換句話說，顯教就是顯身派，主張透過學習明顯的教義來達到修正成佛的目的；密教則主張用口傳身授的方法，修習一種祕密的不能對外人道說的密法來達到成佛目的。印度密教是在與印度教精神合流、彼此滲透中興盛起來，因而實質上更趨向於縱慾的印度教；而印度教則正是婆羅門教的變種。密教之所以不同於大乘佛學，是密教在義理上較大乘佛學更簡單通俗，戒律上較大乘佛學更寬鬆易行，故也稱為「易行乘」，為一般信眾所歡迎。事實上，密教的成佛辦法比較容易，主張立地成佛，即身成佛。他們所謂「成佛」是指常人「快樂」的境地，而這種「快樂」，與一般佛教所謂「涅槃常樂我淨」的「樂」不同。密教的瑜伽方法是所謂的男女相合，稱之為「手印」。

密宗在唐代盛極一時，唐代宗特賜給不空開府儀同三司名號，封肅國公，食邑三千戶，死後又贈司空，賜諡為「大辯廣正智三藏」，但密宗很快便走向式微。北宋初，印度晚期密教再傳入漢地，一度受到朝廷禮遇，不久又衰落了。這一次的原因很清楚，原來這回傳入的印度晚期密教其天竺特色相當濃烈，其由所謂無上瑜伽密法占主導地位，利用女性作為修法道場，搞男女雙身雙修，喜歡參禪，將性交當作修行的要訣，甚至發展到對鬼神、生殖器等形象的崇拜……這樣的修行儀軌，顯然與漢民族的文化傳統、習俗格格不入。

正當密宗發展在中國內地式微之時，在青藏高原卻呈上升態勢，最終形成具有藏區特色的「藏傳佛教」。藏傳佛教密宗有著自己的傳承，在主要經典、修習次第、儀軌制度等方面也具有鮮明的特點。因此，習慣上又把它稱為「藏密」或「西密」，以別於漢地的佛教密宗和日本的「東密」。

佛教傳入西藏約莫在七世紀吐蕃贊普松贊干布時代。松贊干布與泥婆羅（尼泊爾）的尺尊公主和唐朝的文成公主聯姻，這兩位公主各從自己的家鄉帶

松贊干布
松贊干布（中）迎娶唐朝的文成公主（右）和泥婆羅的尺尊公主（左），建立了吐蕃帝國，並築造布達拉宮。

來佛像、法物、經典和替她們供佛的僧人。於是，佛教分別從泥婆羅和漢地正式傳入吐蕃。由於兩位公主的影響，當然，主要還是出於對吐蕃政治利害的考慮，使得松贊干布能夠大力提倡且支援佛教，在拉薩修建了大昭寺、小昭寺，還從印度請來論師譯出多種密宗經典。這是所謂「前弘期佛教」的開端。此時藏傳佛教已初具規模，大體上形成顯密兩宗共修、先修顯宗後修密宗的雛形。

佛教的傳入，與西藏當地的苯教發生了激烈衝突。九世紀中葉，贊普朗達瑪興苯滅佛，禁止佛教流傳，「前弘期佛教」終止，開始了長達百餘年佛教史籍所述的「黑暗時代」。十世紀後期，佛教在藏區復興，「後弘期佛教」開始，此後陸續出現了許多教派。

「苯教」是西藏古代盛行的原始宗教，崇奉天地、山林、水澤的神鬼精靈和自然物，重祭祀、跳神、占卜、禳解等，最突出的一項特點是唸誦密咒以祈福禳災。由於苯教在西藏擁有很大的影響，佛教與之爭鬥中，在堅持佛教教義的基礎上吸收了苯教的某些觀念及神祇、祭儀，以使長期受苯教影響的民眾能夠從感情上親近並接受佛教。因此藏傳佛教的形成過程，實等同於佛教西藏化的過程。藏傳佛教的教義是大小乘相

容，而以大乘為主；大乘中顯密俱備，尤重密宗，並以「無上瑜伽密」為最高修行。

密教之所以最後能在藏、蒙等地區扎下根，長期流傳，乃因為一項顯著特點，就是依佛的真實言（《大日經》及《金剛經》）而修和，可以即身成佛，快速成佛。這與簡單易行的淨土宗能夠久久深植於漢族廣大民間，道理其實是一樣的。

凡今到過蒙藏地區的人，都會看到一種奇特景象，即許多牧民、農民們一天到晚都在喃喃唸著什麼「麻柳邊邊紅」。尤其是上了年紀的人，幾乎除了睡著時和吞咽東西外，嘴裡全在唸著它，且還邊唸邊撥動手中數珠，計算著唸的次數，專心致志勝過其他事。他們其實在做功德，口中唸的是藏傳佛教六字真言「唵嘛呢叭咪吽」。「唵、嘛、呢、叭、咪、吽」據說是佛教祕密蓮花部的根本真言，即密宗六字真言。

這六字真言中的「唵」是讚嘆聲，如同古漢語中的「嗚呼」詞一樣，「嘛呢」是寶珠之意，「叭咪」是紅蓮花之意，「吽」是禱告的尾聲，如同天主教禱詞中的「阿門」一樣。六字的梵文原

口唸真言
「唵」據稱是印度宗教最原始而神聖的聲音。

意就是：「神聖啊！紅蓮花上的寶珠，吉祥！」這類似密宗以外的其他大乘佛教僧人常唸的「南無阿彌陀佛」，是表示對菩薩崇敬的一句話。

可見信奉藏傳佛教的廣大民眾口誦「唵嘛呢叭咪吽」六字真言，如同漢族一般淨土宗信眾相信口誦佛號（即唸「阿彌陀佛」）萬遍億遍，即可往生淨土。

藏傳佛教的善男信女們不僅成天唸誦默禱，還將它刻於石塊、崖壁上，印成經幡懸掛於山頭、屋前。因為口總有不空之時，又發明了以轉代誦的方法，即將六字真言刻於經幢上或將印有它的布或紙裝進經筒內，作成「轉經幢」，以手搖、手推令其轉動，代替口誦；進一步又裝於風車、水輪上，靠風力、水力轉動，形成一種「耳聞目睹皆是，身、口、意合一」誦六字真言的環境。應該說，以唸誦六字真言而達到成佛的理想境界，是藏傳佛教區別於天竺佛教及中土佛教其他宗派最為顯著的特徵，也是佛教西藏化、世俗化最成功的內涵。

禪宗

禪宗以「禪」命宗，主張以「禪」、「定」概括佛教的全部修習。

傳說創始人為菩提達摩，下傳慧可、僧璨、道信，至五祖弘忍後而分成「北宗」神秀、「南宗」慧能。北宗強調「拂塵看淨」，力主漸修，要求打坐「息想」，起坐拘束其心。中唐以後，經慧能弟子神會等人提倡，南宗勢力日益擴大，逐漸取代北宗成為中國禪宗正宗。

　　「禪」的意思是靜慮，即安靜地坐在那兒思考。遠在佛教以前，在印度這樣一個熱帶國家，人們多喜歡坐下靜心冥思許多問題，因此佛教產生之前，坐禪在印度就已相當流行了。在外教中其名不叫禪，而叫「瑜伽」。釋迦牟尼想到名山去學道的時候，遣人出外尋道者二人，即為瑜伽師。古代「瑜伽」的方法在印度很流行，佛家苦修即用「瑜伽」方法。後來佛教走上新的道路──「智」的道路，「瑜伽」遂變成了佛教的一部分。任何修行的人都免不了要用「瑜伽」之法，後來佛家給以名字，便是「禪」。

　　印度禪法最初是在西元二世紀中（東漢桓帝時期）由安息僧人安世高傳來的，主要有四方面的內容，即數息、相隨、止、觀。「息」是呼吸，「數息」就是數呼吸的次數。「相隨」就是數到一定程度後心隨數目而去，開始安定。「止」是肉體雖在，但心不為外界所動，停止了。「觀」是心靜之後再對世界、對自我進行分析，慢慢地明瞭世相的來龍去脈，煩惱自然消除。

　　約西元 520 年或 527 年，菩提達摩從南印度抵北魏後，在舊式禪法的基礎上提出了一套簡易可行的新式禪法，千百年間為中國佛教徒所沿襲。達摩自己也在嵩山少林寺「面壁而坐，終日默然」達九年。菩提達摩禪法的主要特點在於以

達摩面壁圖／明朝宋旭繪

禪定形式進行思想意識的鍛煉，其要點是「安靜而止息雜慮」。菩提達摩認為：只要靜坐斂心，專注一境，久而久之就能進入一種身心愉悅、觀照明淨的狀態，即進入「禪定」境界。

純粹的中國禪是在第八、九世紀之際建立的，乃是由中國禪宗，特別是南宗禪「打倒」了印度禪以後建立的。特點是重實踐、重實作、重領悟、重能否解決實際問題，它不徒具形式，不要打坐，不要「數息」、「相隨」等老方法。

《壇經》上還載有這樣一件事：禪宗自弘忍之後，分成「南能北秀」。其時住在荊南玉泉寺的神秀聽說慧能在南方講學多直指人心，見性成佛，便暗地派門人志誠去偷聽並一再囑咐：「但坐聽法，莫言吾使汝來。汝若聽得，盡心記取，卻來與吾說。」不料志誠到曹溪後，一聽慧能講法「言下便悟」，隨即起而禮拜慧能，把自己的身分和來意告訴慧能。慧能便問他的老師神秀平時怎樣教他的？志誠說：「老師常教導要住心觀靜，長坐不臥。」慧能隨即答道：「住心觀靜，是病非禪；長坐拘身，於理何益！」並作一偈：「生來坐不臥，死去臥不坐。一具臭骨頭，何為立功課？」

慧能創立南宗禪，可謂佛教史上的一場革命，將難以數計的庶民士子們吸引到「心的宗教」旗幟底下。同時，也得力於南宗禪那獨具魅力的弘法說教藝術，得力於他們能循循善誘，啟迪引導

出人們切實解決現實生活問題的智慧和機鋒。

按南宗禪的觀點，禪既然是一種行動，就不必下大工夫讀經，越讀離佛越遠。禪宗講求直接行動。如小和尚問老和尚：「您天天給我們講佛法，佛到底是什麼人啊？」老和尚說自己年高耳聾，叫小和尚走近，突然抓住小和尚鼻子使勁地扭。小和尚很誠實，雖然痛還是說不懂。老和尚便大罵小和尚，叫他馬上滾出去。小和尚感到莫名其妙。這時另外一名和尚開口道：「在宗教問題上，你不必問佛是誰？你首先要知道你是誰。你有你的問題。現在的人都問佛是誰，而不識破自己是誰。」這是一種直接教育的方法。

南宗禪認為，真理簡單但體驗悟透卻難。所以，有人問問題，最好不要講清楚，否則他就不去想了。當有人問問題時，禪宗和尚喜歡打啞謎，你問東，他答西。他要你自個兒動腦筋，動腦筋後才能懂，懂了後才能解決問題。有一則小故事是關於禪宗「不說破」的間接教學法，故事是這樣的——

五祖寺中有位和尚，人問他禪是什麼，他說：「有兩個賊，一個老賊，一個小賊。老賊年紀大了，某天他的兒子問他：『爸爸！您老了，告訴我找飯吃的法子吧！』老賊不好推卻，答應了。晚上，老賊就把小賊帶到一富人家，挖了個洞後鑽進屋裡，用百寶囊裡的鑰匙將一只大櫃子的鎖解了，打開櫃門，叫

227

他兒子進到裡邊。待兒子進去，他又把櫃子鎖了，大喊：『有賊！有賊！』便走了。富人家聽說有賊，趕緊起來搜查，結果東西沒丟，半個賊也沒看見，仍然睡去。這時被鎖在櫃裡的賊不曉得父親是何用意，只想著該怎樣逃出去，於是學老鼠咬衣裳的聲音。一會兒，裡邊太太聽到，喚丫鬟掌燈來看衣服。才開櫃子，小賊一躍而出，一掌將丫鬟擊倒，把燈吹滅，竟逃走了。富人家發覺後派人直追，追到河邊，小賊情急智生，把一塊大石頭拋進河裡，自己繞道而歸。到了家裡，瞧見父親正在喝酒，他埋怨父親為什麼把他鎖在櫃子裡。父親只問他怎樣脫逃出來。他把經過說了一遍，老賊便拈鬚微笑道：『你此後不愁沒有飯吃了！』似這小賊能從無辦法中想出法子，便是禪了。」

在南宗禪看來，宗教解脫並非拋開客觀事物，而是客觀事物在主觀中不引起一般效果。

一個小和尚問老和尚：「到底有沒有真理？」老和尚狠狠地打他耳光，問他痛不痛。小和尚答道：「痛，也不痛。痛，是因為我是一個人，有知覺，打一耳光怎能不痛？說不痛，只因為您是我老師，您的德行令人尊敬，您打我，我未有報復念頭，在這點上我不痛。」老和尚說：「你什麼都懂了，何必還來問我？」老和尚之所以反問小和尚，是要將他一軍，讓他自個兒去發現真理。

南宗禪認為，應從日常各種活動中親歷親行來發現真理。

胡適所著《中國禪學的發展》中收錄底下一則故事，從前有名的大和尚，大都經過這一番飄泊生涯。行腳僧飽嘗風塵，識見增廣，經驗日深，某天聽見樹上鳥叫，或聞瓶中花香，或聽人唸一首詩，或聽老太婆說一句話，或看見蘋果落地……忽地大澈大悟了，這時候他才相信：拳頭原來不過是拳頭，三寶原來真是禾麥豆！

南宗禪也有一大特點，就是用語錄體傳法，這是南宗禪直接學習來的，乃中國文化傳統最受歡迎、最能立竿見影的授受方式之一。西方哲學中，柏拉圖、亞里斯多德等大哲學家著作都是大部頭著作，邏輯性強。中古時，印度人寫《大智度論》一百卷，《般若經》六百卷，同樣洋洋灑灑、卷帙浩繁。中國古代《論語》採語錄體，禪宗們跟著使用語錄體來傳法、教育弟子們，如《六祖壇經》、《馬祖道一禪師廣錄》、《古尊宿語錄》、《續古尊宿語錄》等。「禪宗語錄」取用莊子那種優美滑稽、毫不拘束的形式，進而代替了佛經，讓一些奇怪的話變成了重要的思想準則。「禪宗語錄」是禪在中國生根的標竿，體現出禪宗特點，就是以我為主各取所需，要言不煩而一語中的。

禪法進入八世紀以後，因南宗禪興起而呈現出一種風雷激盪、波瀾壯闊的新氣象，由此進入禪法中國化的階段。

枯山水
日本京都大德寺枯山水，用數不清的小顆礫石堆出水波與山丘，體現了禪宗意境。

僧人們根據國情所需，棄守印度那套有系統、逐步漸進的方法，改用本國最需要、最簡單直接而非正規之法，來解釋作禪的方法和作為尋求真理的鑰匙。

　　毫無疑義，南宗禪同淨土宗一般，是快速成佛的宗教。所不同者在於，淨土宗是以自悲為特點，以「信願行」為宗，倡言借「他力」（乘佛願力）往生淨土；而南宗禪是「心的宗教」，倡自我修持，在自我經營中發現佛理。

7 中土世俗佛教

居士佛教和民間佛教的產生、發展及延續，
於各方面強力推動了大乘佛教中土世俗化進程。
隋唐以降，佛教終在教義上、實踐上逐漸融合於中國文化。

從某種角度來看，是中土信眾改造了佛教，創造出適合本國國情的中國佛教，這包括僧俗兩界的共同作用。俗界中的封建君主們具莫大作用，其喜厭好惡會直接帶來佛教傳播的大起大落；而士大夫和下層百姓的力量也不可小覷，正是他們的投入和推波助瀾，使得佛教從東漢魏晉時期的寄人籬下走向隋唐時期的自立門戶。

維摩詰菩薩像／敦煌壁畫

▎維摩詰的在家修行

三國時期吳國有個佛經翻譯家，叫支謙。他從孫權黃武二年到孫亮建興二年的三十年裡，譯出印度大小乘佛經達三十六部，共四十八卷。其中《維摩詰經》一經譯出，立即風靡士大夫階層，往後一百五十年間又被其他人接連再譯了四次，還出了一部合本。這樣，大乘佛教便以洶湧之勢散播到魏晉南北朝及隋唐宋元明知識界，不知多少士人學子為之傾倒。《維摩詰經》是專講不必出家卻照樣念佛的居士經，而支謙在當時東漸入華的千萬部佛經中將它挑選出來，其本意就是為居士提供一部屬於他們的佛經。

維摩詰是吠舍離神通廣大的大乘居士，「深入微妙，出入智度無極」，連佛祖也要讓他三分。他曾以稱病為由，與釋迦牟尼派來問病的文殊師利（智慧第一的菩薩）等反覆論說佛法，義理深奧，妙語橫生，使得文殊佩服不已。

〈維摩詰經・方便品〉記載，維摩詰雖過著世俗貴族的奢華生活，但其動機和目的是超俗的，精神境界高尚純潔；世俗生活與超凡的精神境界在他身上合而為一。維摩詰雖擁有大量財產，

卻視為「無常」；儘管妻妾成群，卻能「遠離五欲污泥」；身穿華貴衣服，吃著精美食物，卻「內常如禪」。他的豪華生活只是為了「善權方便」，也就是說是為了更好地運用他的身分、地位、財富和智慧來教化眾生而已。

維摩詰形象的意義在提倡在家修行，提倡不必去國離家、不必剃度修行、不必孤守青燈，照樣能達到成佛涅槃的至高境界。顯然《維摩詰經》的出現調和了士大夫階層的個人信仰與社會價值之衝突，使他們得以擺脫佛教出世與盡忠盡孝傳統之間的兩難境地。提倡「自力」、「心傳」，是以「治國平天下」為己任而又講究「養心」、「修性」的中國士大夫之宗教，它的經典除慧能語錄《六祖壇經》外，還有天竺佛教的《金剛經》和《大乘起信論》。

南宗禪的純任自然

南宗禪在修行理論上主張「純任自然」，做「本源自性在真佛」，而且「萬類之中」也「俱上是佛」，「運水搬柴，無非佛事」；一切活動都是尋求「解脫」的妙道。所謂佛性者，已被完全訴諸天然之本性、平常之生活中。這種充分尊崇人的主觀認識，讓解脫完全聽任於自性自悟，「非離世間而求解脫」的修持，對於久處中國傳統文化薰陶的廣大知識分子來說，既熟悉親近，又具有一股異域文化撩動人心的清新魅力。

禪宗之所以能在慧能之後長足發展而稱雄中晚唐，除了善於捕捉唐代社會思想動向、及時迅速地進行調整外，還由於它能夠將修持和生產揉為一體，根植中土社會的經濟結構之中。

百丈清規與農禪

南宗禪的創始人——禪宗六祖慧能不識字，其他領袖也多半出身平民，在生活作風上多能艱苦樸素並親自勞作。其中成績最突出者當數懷海，他曾根據禪宗的發展需要而寫出《禪門規式》，為禪宗寺院的僧職、制度、儀式等做出規定。因為懷海先前師從馬祖道一，後又別住新吳百丈山自方禪院，世稱「百丈禪師」，所以後人對他制定的《禪門規式》又稱作《百丈清規》。《百丈清規》有一條重要規定，就是將勞動定為大小僧侶都必須遵守的制度，是謂「普請之法」，並稱「一日不作，一日不食」。

禪宗在百丈懷海之後，由於「普請法」的實行，世俗社會的生活方式進入佛教內部，除了不娶妻生子以外，幾乎全然過著小農經濟一家一戶的生活，寺主好比家長，僧眾好比子弟。當然，寺院的生產勞動畢竟不能等同於世俗的生產勞動，否則，普請便會失去作為佛教清規的意義。按照禪宗倡導的「即心是佛」、「見性成佛」的說法，佛即在人心中，關鍵在於人是否能夠領悟。為使眾僧有更多的悟道機緣，禪宗提倡多

種「悟道」的方法。從「普請」中悟出禪機，是謂「農禪」。「農禪」的創舉，使禪宗最終得以完全建立起自己的生活方式，構成禪宗乃至於日後中土佛教的一大特色。

「農禪」這種修持與勞動的結合，不僅對於天竺佛教戒律，而且對於中土佛教其他各宗靠國家和百姓供奉的惰習都是個大衝擊。南宗禪把僧團修持與生活方式和中國傳統小農經濟的生產、生活方式緊密結合，與封建社會結構也進一步協調起來，完成了從理論到實踐的徹底「中土化」，因而獲得生命力。

懷海制定《百丈清規》正當安史之亂時期，處於黃河流域的天臺、華嚴、法相、律宗各宗寺院都遭到很大破壞，唯在江南及嶺南弘教的禪宗未受太大影響，這與他們深居山林，不與俗爭的農禪生活方式密切相關。唐武宗滅佛以後，佛教大多數宗派或殘或亡，難以為繼，唯有禪宗依然存續下來且聲勢大盛。於是，在上述種種因素影響下，一種貼近中土經濟文化的現實生活，充分展現大乘佛教「普渡產生」思想的普世化、世俗化佛教——居士佛教，得以應運而生。

▌居士佛教的發展

東晉時期的居士為數眾多，其中王氏家族與謝氏家族是當時的世家大族。南北朝之際，門閥世族和「名士」們，一邊繼續過著奢侈糜爛的生活，一邊又故作高潔、崇尚清談，結交名僧，使研習佛學、口談公理成為社會上層的一種時尚。

南北朝時期，以維摩詰為圭臬、以「格義」學為工具的居士佛教形成了第一波高潮。而居士佛教的流行，則推動佛教從漢魏時期以來遭受排擠的困境中走出，使之得以一步步撩開那原本被包裹得緊緊的神祕面紗。

達摩祖師／月岡芳年繪

進入隋唐，隨著各大宗派趨於成熟，佛教在中國達到義理化傳播的巔峰時期。與此同時，達官貴冑、文人以居士學佛參禪的活動也盛行一時。其中有唐朝宗室族人李通玄、古文大師梁肅、一代相國裴休、「詩佛」王維以及一代詩壇宗主白居易等。隋唐士大夫的學佛參禪活動，構成中國居士佛教的第二波高潮。

到了兩宋，士大夫的地位不斷上升；同時間，後期禪宗作為佛教的主流也已進入一花獨放階段。與此相應，兩部被後人疑為漢人撰述的佛經《圓覺經》和《楞嚴經》並同《維摩經》一道，在佛經中地位日隆，成為禪宗常用經典，也為官僚士大夫的參禪活動打開了一個全新的局面。居士佛教由此進入到第三波高潮階段。這一時期的佛教居士中功德隆盛，聲譽卓著者多如繁星，氣勢不減隋唐，如富弼、楊億、張商英、張九成、李邴、蘇軾、黃庭堅、晁迥、王隨、文彥博、王古、潘興嗣、晁補之、陳瓘、李綱、張浚、馮楫、王日休等，這些官僚文人大都兼融佛教各宗，注重三教統合。兩宋時期是中國歷史上所謂的積弱時期，時人以「修齊治平」、「盡忠報國」的傳統意識入佛，不可避免地使佛教出世色彩更為淡薄。

在這一潮流的推動下，那些標榜排佛的理學家也普遍受到影響，加速了佛教尤其是禪宗的全面世俗化，衍生出三教合一的宋明理學。理學的成立，不僅

堵塞了禪宗思想發展，連其獨立地位亦受到挑戰，迫使禪僧增強了對士大夫的依賴性，禪宗思想隨之依附於士大夫，導生出居士佛教的最後一波高潮——晚明士大夫禪學。

從南北朝到晚明，士大夫階層的佛教信徒在多年歲月中以在家學佛、出入僧俗的形式，掀起了一波又一波居士佛教熱潮。中國佛教得以延續至今，在於並非以寺廟與僧團為中心而隨之興廢，因擁有居士佛教這一強大分支系統，與社會生活融為一體，從而避免了重蹈印度佛教的命運。

▌ 民間佛教信仰 ⋯⋯⋯⋯

民間佛教發端，略早於居士佛教。因為居士佛教屬於高層次的義理化佛教，這種佛教只在擺脫漢魏時期的依傍道術和魏晉之際的依附玄學之後才出現，可是民間佛教卻屬於淺層次意識、幾近道術淫祀性質的佛教，它的出現應當是在佛教傳入中土不久，最遲應該在三國西晉之際。

佛教初傳之際，首要解決的是立足問題。一方面，經典的傳譯尚待時日，另一方面，也要考慮秦漢社會方術流行景況。所以在最初流播時必須迎合現況，襲用漢代盛行的黃老信仰與方術仙道，以符咒占卜、醫方異術、神通感應、偶像崇拜等中土社會所熟悉的運作方式來吸引信眾。

民間的鬼神信仰和神仙方術意識是

源遠流長的，在那個普通百姓生活不得溫飽、兵荒馬亂的社會裡，人們需要鬼神信仰、神仙方術的慰藉和麻醉。所以左道淫祀從戰國直到西晉，官府雖屢禁卻難止，勢頭一過又有如野火春風。

進入東晉以後，由於譯經漸多，士大夫們對佛教漸有認識；而一般不識字的百姓，對佛教的認識仍停留在極為膚淺的階段。這種文化上的差別，導致唐以後士大夫們多傾心於禪宗，下層百姓們則多喜好淨土宗。因禪宗講心性、講頓悟、講思辨，需要一定的文化造詣與優雅的心境；淨土宗則只需口誦唸佛便能橫超三世，往生極樂世界，適合普通百姓的需求，以致對佛教的認識停留在淺層階段，許多人依舊像信鬼神那樣去崇信佛教以期改變自身處境。

許多佛教著作中，就向普通大眾講信佛的諸多好處：信了佛可以逢凶化吉、遇難呈祥、祛除邪魔、去病強身等等。佛教故事中此類故事舉不勝舉，如《太平廣記》中「杜之亮」的故事說：「隋仁壽年間為漢王諒參軍，因諒謀反和其他僚屬都被捕入獄。杜之亮夢見一僧曰：『汝但唸誦《金剛經》，即此厄

石辟邪／東漢圓雕

吉祥神獸「辟邪」，是早期佛教與道教信仰結合的產物。

可渡。』杜照辦，後來這批人都被處死，但行刑名單上偏偏漏掉杜之亮的姓名，接著更遇赦得免。」

又有一則故事說：「三刀師俗姓張名伯英，唐乾元中為壽州健兒，為了盜官馬迎省其父，被處腰斬，可斬了三刀都未遭損傷。刺史問他，他回答道：『昔年十五，曾絕葷血，誦《金剛經》十餘年，自胡亂以來，不復唸誦，昨因被不測罪，唯志心唸經爾。』刺史聽後，赦免了他。他遂削髮出家，人稱『三刀師。』」可見佛法還有大於王法的時候。唐人很相信有狐狸精，但《太平廣記》說：「李回於唐元和八年舉進士下第；有僧勸他讀《金剛經》，他聽從了，每天唸幾十遍，中途『因步月，有一美女與言，遂被誘去，十餘里至一村舍，戲笑甚喧，引入升堂，見五六人皆女郎，李回慮是精怪，乃陰唸經，忽有異光自口出，群女震駭奔走，但聞腥穢之氣，蓋狐狸所宅』。」足見《金剛經》有驅狐之力。

信了佛還不怕生病。《太平廣記》中說：「強伯達是唐元和時人，祖上兩百年來都患風癩惡疾，伯達染上了，被送到山裡等死。忽一日有僧來教他唸

234

《金剛經》內一四句偈，伯達唸了幾天；又有虎來遍舐其瘡，唯覺涼冷如敷上藥，了無他苦，良久自看，其瘡悉已乾合。僧再拾山邊青草教他煎了洗瘡，從此相傳之疾遂止。」麻瘋惡疾都可憑佛經治癒，何況其他疾病。由此可見佛教頗懂得體會普通老百姓的接受心理，為贏得百姓信仰而用心良苦。

　　佛教的傳播方式大致可歸納為兩種：一種是印度佛典的翻譯和解釋，一種是建寺度僧、造像立塔。中國民間傳播佛教，多以簡便快捷的形式融以簡單的佛理。這種簡便快捷的形式，除了上述用世俗故事、符咒等方式外，便是造像了。造像，奠定了中國民間佛教信仰的主要尊神。

　　從千年來民間普通老百姓的信奉情況來看，最受親近和頂禮膜拜的首先當是觀音菩薩，另外還有地藏王菩薩及彌勒佛、阿彌陀佛等。這幾位尊神，在唐宋以後實已完全本土化、世俗化，難窺印度佛教的原貌了。這是佛教向著中土百姓信仰需求而做出的積極改變。

觀世音形象的變化

　　觀世音在印度原為男性，是古印度刪提嵐國轉輪聖王無諍念的長子，名叫不眴。他和弟弟尼摩一起隨同父親轉輪王同歸佛門修行，他的行動比思想還快，對佛說：「我願世人在遇到危難困苦時，口裡唸誦我的名字，好讓我聽見看到，這樣我便可以去解救他們。」於是佛就給他起了個名號，叫作「觀世音」，意思是不僅能聽見，還能看到世人的呼救之音。

　　印度佛教初傳入中國時，在信眾眼裡，觀世音仍是男身。這從敦煌石窟中的北魏、唐朝觀世音造像中可看出，其明顯特徵就是唇上的一撇小鬍子。他在中國的「由男變女」是個漸變過程。

觀音座像
觀音的形象，由早期東漢北魏的嚴肅風格，歷經隋唐漸趨柔婉，宋代顯出女相，明清更幾為女性造形。

入唐以後，觀音像臉龐漸趨豐腴圓潤，而後臉形更加俏麗，雙眉細長，黑髮披拂。盛唐時代其著裝似為透明輕薄的裙裾，呈雍容華貴狀，這與當時女子美的特點是相符的。此時似已出現女觀音，但多數觀音像尚未完全變為女性。

到了宋代，觀音像才變成女相。宋僧壽涯禪師曾用「金襴茜裙」來描繪觀音的服飾。而明代吳承恩筆下那位「眉如小月，眼似雙星，玉面天生喜，朱唇一點紅」的「女真人」觀世音，乃是唐以後，特別是元明之際以淑女為典型的菩薩像貌了。

觀世音在中國佛教徒與老百姓眼中何以竟能由男變女？其實，這主要是為了吸引更多的佛教徒，也可以說是出於佛事的需要吧！

第一，觀音志在救眾生出苦海而不分對象，一視同仁。佛經上說，為了方便，觀音菩薩也可以根據需要變成各種不同的角色，從男到女，從僧到俗，從鬼怪到動物，達三十三種之多，即所謂「三十三面觀音」或「三十三身」。光就觀音本身形象來說，又可變出魚籃觀音、淨瓶觀音、楊柳觀音、水月觀音、送子觀音以及千手千眼觀音等。在觀音的眾多變化中，即有變女性一種，所以將觀音塑成或畫成女性是有根據的。而在民間，只要留意一下就可發現，佛、菩薩中的女性主要是觀音，並且把她塑造得端莊美麗，目的乃為了調節氛圍，以吸引更多信徒。

第二，佛門弟子中有不少女尼，加上信佛敬佛的民間婦女也不少，如沒有個女菩薩，女信徒們成佛無望，則難免挫傷她們的積極性和進取心，導致佛門冷落，香火不繼。於是男觀音遂欣然去彌補了缺乏女菩薩的遺憾，漸演變成一尊風姿綽約的娉婷女郎，以致於不僅女子尊敬她，將她引為體己，而男子也敬重她，希望得到她的青睞和降福。

觀世音之所以能夠成為中國民間佛教中的頭號尊神，主要在於她救苦救難、大慈大悲、普渡眾生且公正無私的形象，滿足了信眾渴求解脫、嚮往幸福的迫切心理。

除了觀世音之外，民間佛教還對彌勒佛、四大天王、十六羅漢等印度佛教神像進行了重新組合。如彌勒佛原是釋迦牟尼的弟子，又是繼釋迦牟尼之後的「未來佛」，宋以前他寺廟中都是一副「莊嚴寶相」，入宋之後卻變成了「笑嘻嘻」的大肚彌勒佛，和藹可親。

中國寺廟對印度佛教神像的重新組合與加工，使之貼近本國傳統信仰及其信仰方式，更符合不同歷史時期的社會需求與社會習俗。而這種中國風味式的組合加工，在很大程度上是瞄準著下層佛教信徒而進行；或者說他們的需求在某種程度上左右著佛教神像中國化、世俗化的嬗變。

中國民間的佛教信徒為了實踐信仰，表示心中的尊崇和便於長期禮奉，往往自動集資造像、建塔、立廟，形成

彌勒佛

現代一般印象中的彌勒佛多為笑呵呵的大肚形象，迥異於原初的莊嚴寶相。（Hollyraind 提供）

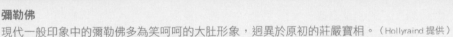

了所謂「佛社」。古代民間的佛社組織主要來自普通百姓，也有少數僧尼、沙彌或官僚摻雜其間，便於指導和扶持佛社活動。他們因為難以對佛理進行探討，至多只聽聽僧侶講法。而佛社的規模，少則三、四人，多則可達一、兩千人。

居士佛教和民間佛教的發展及延續，大大推進了大乘佛教的中國化和世俗化進程。進入隋唐以後，佛教終於在教義上、實踐上逐漸融入中國社會當中。

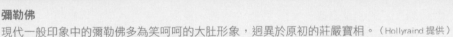

8 中國佛教的外傳

中國佛教的外傳與印度佛教的東漸有個根本歧異點，
那就是中國佛教在外傳時，大抵保留了中國佛教的本色，
這便使得其流披地佛教中國化色彩十分濃厚。

漢唐之際的近千年間，是中國佛教產生、發展和走向鼎盛的時期。在這一時期，中國佛教在對自身不斷改革、熔鑄與演進的同時，又藉助著中華文化的輻射不斷向周邊鄰國流播。其間漢傳佛教傳播到朝鮮、日本和越南，在近代又傳到馬來西亞、新加坡和菲律賓；藏傳佛教則傳入蒙古、蘇聯和不丹、尼泊爾、錫金乃至於北印度，由此形成了「佛教文化圈」。

▌越南的佛教發展

越南的主要民族是京族，又稱「越人」，源於古代的百越人，其所居住的紅河流域曾為漢、唐屬地。十三世紀末至十四世紀初，在越南有自己的文字之前，越人都使用漢文。

古代越南佛教最早的輸入渠道有兩條：一條從中國經陸路進入，一條由印度經海路進入。傳播者有中國僧侶，也有南亞、西亞的移民或遊僧。約在西元二世紀末，佛教從中國和印度入越南北部，至四世紀至五世紀得到廣泛傳播。隨著中國佛教宗派相繼創立，漢譯佛典不斷輸入，中國佛教成為越人宗教文化主要吸收的來源，其中禪宗和淨土宗尤受歡迎。

越南禪宗在九世紀至十三世紀期間，以三大派系影響最大，即無言通派、草堂派和竹林派，它們先後被李朝和陳朝奉為國教。無言通派的創始人為無言通，來自廣州，以沉默寡言取法號，從學於百丈懷海禪師。唐元和十年，無言通遊化至越南北寧仙遊縣建初寺，傳授禪學，創立「無言通禪派」。他承受中國南宗禪學慧能、懷讓、道一和懷海的法統，宣傳佛性無所不在和心佛、產生三無有效期別等思想，並保持中國禪宗的面壁禪觀、現成公案和體驗方法，因而在越南又稱作「觀壁派」。此派深受越南丁朝和前黎朝的重視而代代相傳不絕，至今仍為越南禪宗主流。

「草堂禪派」的開祖是草堂善清，也是中國人，係臨濟宗黃龍門下海堂祖心的弟子，受去門宗雪竇重顯的《雪竇頌古百則》的傳授。他因在占城行化被俘，身分暴露後，深受李朝聖宗厚愛，拜為禪師，令住開國寺宣講《雪竇百則》，從而開創「草深堂」一派。該派提倡禪淨一致，即實行禪宗的修禪與淨土宗的唸佛

相結合。

「竹林禪派」的始祖是陳仁宗。在陳仁宗之前，陳太宗曾師從中國來的天封禪師及德誠禪師。傳說陳太宗幼年時曾在某個驛亭遇到一位僧人，預言他日後必稱帝。太宗登基後，令全國在每個驛亭都塑置佛像；後又實行佛、儒、道三教考試法，以成績錄取。陳太宗學佛重禪，三傳而至陳仁宗。陳仁宗晚年禪位出家，自號竹林大士，參禪著述，著有《禪宗指南歌》、《御制課虛集》等，教化弟子千餘人，開竹林一派。

越南佛教深受中國佛教的影響，寺院及佛塔建築皆保留著中國色彩。越南佛教經典用的也是漢字，僧侶和其他佛教徒一直使用中文《大藏經》，受戒儀式相去不遠。十九世紀中葉，法國入侵越南，當地佛教徒奮起抗法。近代以降，越南興起佛、道、儒三教合一的運動，而十九世紀末隨著天主教的傳入，又出現「四教一源說」，由此形成的「高臺教」成為一種揉合佛、道、儒、天主教以及民間信仰為一體的新宗教。

▋朝鮮半島的佛教發展 ·····

朝鮮與中國毗鄰，受中國文化影響頗深，傳統宗教觀念亦相近，因此中國佛教尚在形成之際，部分就已輸入朝鮮半島了。

佛教最初傳入朝鮮是在西元四世紀後期，正值朝鮮半島高句麗、百濟和新羅三國鼎立的時期。朝鮮北部的高句麗與中國北朝關係密切，受北朝佛教影響較大。朝鮮西南部的百濟則與中國南朝透過海路保持聯繫，受南朝佛教影響較大。地處朝鮮東南部的新羅雖遲至五世紀末才從中國傳入佛教，但佛教發展卻很迅速，歷代國王建有許多寺宇。圓光、慈藏從中國留學回國後，積極傳布大乘佛法，並把中國文化介紹到國內。西元七世紀中葉，新羅在唐軍支持下統一朝鮮，此後經濟文化發展迅速，中國佛教各大宗派也紛紛到來，扎根朝鮮。

新羅歷代國王都崇奉佛教，造寺度僧的數量日增。在前期盛行從唐傳入的華嚴宗和法相宗，後又傳入密宗和禪宗，淨土宗亦漸流行。華嚴宗有二派：一為元曉所創「海東宗」，一為義湘從智儼傳承的中國華嚴宗，稱「浮石宗」。

法相宗的高僧則有圓測、道證、太賢等。圓測是玄奘的弟子，曾參與譯經，著有《解深密經疏》等。他雖死在中國，但其學說在朝鮮廣為流傳，傳其法者有道證、太賢等。道證於武周長壽二年由唐返國，闡發、宣傳唯識理論。太賢的《成唯識論學記》最為有名。

律宗為新羅僧人慈藏入唐學習律典回國後於通度寺所創。他回國時攜回《大藏經》一部，是為朝鮮有《大藏經》之始。慈藏回國後被敕為大國統，大力弘揚佛法。他還使新羅服飾改效唐儀，是新羅採用中國服制之始。

密宗分「神印宗」和「總持宗」

（或稱「真言宗」）兩派。新羅國僧人明朗於唐貞觀六年赴中國學習密法，三年後歸來，建金光寺，為海東神印宗的開山祖師。此宗在密教史上屬善無畏、金剛智以前的雜密。總持宗創始人是惠通，他入唐受「善無畏印訣」，為善無畏一派密教。

天臺宗相傳最早為新羅僧人玄光，入華從慧思學法華三昧後回國傳授，但實際創始人為義天。義天是高麗王朝文宗第四子，早年出家，習華嚴義理，後被封為佑世僧統，世稱「義天僧統」。宋元豐七年赴中國求法，從天竺寺慈辯受傳天臺教觀，從杭州大中祥符寺淨源學華嚴義理，回國後弘揚天臺、華嚴的教法，於高麗肅宗二年創立了天臺宗。

新羅的禪宗是由不同時期的僧人入唐傳回的，他們歸國後各在一方傳禪說法，至新羅末形成八個支派；高麗王朝初期則發展成九個支派，稱「禪門九山」。其中一派傳中國北宗禪，一派傳曹洞禪，其他七派皆承馬祖道一的洪州宗。在這一基礎上，於高麗王朝時合併「九山」，產生了具有朝鮮民族特色的「曹溪宗」。不過，從其所奉經典、所持教義來看，仍具有中國禪宗之風。

甲午戰爭後，朝鮮淪為日本殖民地。殖民當局竭力將日本佛教移植朝鮮，但未能如願。1908 年朝鮮各寺眾代表召開全國佛教會議，成立了「朝鮮統一佛教會」。1916 年在全羅道還創立了具有新興宗教形式的「圓佛教」。

日本的佛教發展

中國成為傳播佛教的中心之時，正是印度佛教日趨衰落之際。四鄰諸國雲集在長安學佛法的僧徒中，有來自東瀛的留學僧。日本早期佛教文化時代，正是以他們為骨幹開創的，這一時代可分為三個時期：飛鳥時代、白鳳時代、天平時代。

繼體天皇十六年，即中國蕭梁普通三年，據傳司馬達等東渡日本，在大和阪田原（今奈良高市郡）設立草堂，崇奉佛教，其兒女出家為僧尼，是為僧侶之始。不過此時日本人視佛為「番神」，不予信奉。直到西元 552 年，百濟王向日本贈送佛像和經、論，日本才算正式接受了佛教。

佛教在日本流傳四十年後，即迎來「飛鳥時代」。隋大業三年，日本攝政聖德太子派小野妹子為使節，入隋邀請僧人去日本講學，並遣數十名沙門來中國研習佛法。此時，以大和（今奈良）為中心的日本大和國，正從一個由許多強大部族構成的分權結構走向集權的中央政府。於是在採納儒家學說的同時，接受與提倡中國佛教，顯然是日本統治者力圖實現中央集權統治的一條思想捷徑。聖德太子最早認識到這一點，故大力推行儒學和佛教。從此，日本來華學習的僧侶不斷，全面吸收中國佛教。

聖德太子逝後二十五年，日本推行了「大化革新」，此時開始到西元 710

年定都奈良（平城）為「白鳳時代」。前期所進行的「大化革新」，全面模仿唐代文物制度，進行政治、文化、經濟等方面的改革，建立起中央集權制度，完成了國家的統一。促進這場革新運動的中心人物，如被任命為國博士的高向玄理、僧旻等都是入唐留學僧，中國佛教各宗派由此大規模被引進，在東瀛繼續發展。

聖德太子像／奈良時期絹畫

從定都奈良至西元 784 年遷都長岡止，是日本聖武天皇統治的承平時期，被稱為「天平時代」，又稱「奈良時代」。這一時期，日本統治者繼續吸納唐文化，使日本文化出現了全面的繁榮，尤以佛教文化最為興盛。日本屢屢派出的遣唐使、留學生，其成績卓著者多為僧侶，如道昭、阿倍仲麻呂等。道昭於西元 653 年入唐師事玄奘，與窺基同學；八年後歸國，建禪元興寺，開創了日本法相宗。道昭之後，智通、智達也來到唐朝，又從玄奘、窺基師徒學法相宗。不久，智鳳、智鸞、智雄等也被遣入唐，從智周學唯

識教義，以上為日本法相三傳。此後玄昉也入唐學法相十八年，帶回大量藏經，被稱為「法相宗的第四傳」。

日本早期佛教中有一派律宗是中國僧人建立的，即鑑真。鑑真也稱「過海大師」、「唐大和尚」，俗姓淳于，江蘇揚州人，自幼出家，遊歷洛陽、長安等地。他不僅精通佛學，在臨床醫學和藥物學上也有頗深造詣，唐天寶元年，應日本留學僧榮睿和普照之邀，決定赴日本弘布戒律，五次東渡都因遭官府阻攔或遇颱風皆未成功，其間榮睿身亡，他自己也雙目失明。

西元 753 年，年已六十三歲的鑑真同其弟子十四人展開第六次東渡，終於到達日本。次年 3 月，鑑真被迎入日本首都奈良東大寺。被天皇授以「傳燈大法師位」。4 月，築壇為皇室及僧俗四百餘人授戒。後來，鑑真在日本仿唐代建築建立「唐招提寺」作為授戒傳律基地。唐招提寺的建築藝術，對日本寺院建築產生了深刻影響。此外，鑑真還校勘了日本的佛教經典。他帶到日本的

知恩院主殿御影堂
位於京都府京都市東山區的知恩院，在西元 1175 年創建，為日本淨土宗總本山。

繡像、雕塑、畫像、金、銅像和書帖，成了日本文化藝術發展的楷模。鑒真還在日本傳授了醫藥知識和榨糖、縫紉、製豆腐、釀醬油等技術。正因為鑒真對日本傳播華夏文化貢獻甚巨，所以鑒真塑像被日本人民稱為「國寶」。

除法相宗、律宗外，平安時代的日本還從中國引進並建立起三論宗、華嚴宗以及依附於律宗的俱舍宗、依附於三論宗的成實宗，統稱「奈良六宗」。後來遷都平安（今京都），又被稱為「南部六宗」。這一時期的日本佛教還是徹頭徹尾的中土佛教。

自西元 794 年日本桓武天皇遷都平安，至 1192 年源賴朝開創鎌倉幕府，稱為「平安時代」。這一時期，日本文化處在不斷變遷的運行中，文化生活的幾個組成

部分，經過相互融合，以一種具有日本特色的面貌出現。唯整體上來看，從內容到形式、從理論到實踐、從所奉經典到修持方式，仍可劃入「中土佛教」的大範疇內，或可說是中土佛教在東瀛的分支，與其相依。

日本禪宗自鎌倉時代以降，由臨濟與曹洞兩宗平分天下。進入德川時代，居住在長崎的華僑又先後開創了分紫山福濟寺（漳州寺）、東明山興福寺（南京寺）以及聖壽山崇福寺（福州寺），形成「三唐寺」。三唐寺不僅為漢人所開創，連住持也都從中國請來。最初就有明僧真圓、覺海、超然、逸然等。中國南明永曆八年，又有明僧隱元應日僧及長崎的漢僧之請，東渡日本弘法，在京都宇治建「黃檗山萬福寺」，創「黃檗宗」；與臨濟宗、曹洞宗並稱為「日本禪宗三派」。隱元在中國承臨濟宗楊岐派禪風，主張「禪淨一致」，宣傳西方阿彌陀淨土信仰，日常用漢語，生活中國化，一時日本曹洞、臨濟兩宗的禪僧紛紛投入他的門下。日本黃檗宗寺廟至今仍保有明代禪林的風範。

日本淨土宗是日僧源空承襲唐朝善導的《觀無量壽經疏》依彌陀本願理論所創立的，之後從淨土宗分出的「淨土真宗」，則崇奉印度的龍樹、世親以及中國的曇鸞、道綽、善導和日本的源信、源空七位高僧，稱「三國七祖」。淨土真宗的戒律允許僧侶娶妻食肉，這應當算是日本宗教最大的特色。淨土真宗創始人親鸞（源空的弟子）就提倡夫妻雙修，他本人就兩度娶妻，生了四男三女都是僧尼，長大後各自男婚女嫁，其中有的還成為日本著名高僧。淨土真宗的這種風氣，又影響到日本佛教其他許多宗派。至於以創宗者日蓮名字命名的「日蓮宗」，雖與中國佛教沒有宗嗣關係，但其所奉經典《妙法蓮華經》仍是一部漢譯經典。

佛教發跡於印度，卻長期興隆於它的周邊國家。入唐以後的千餘年間，大乘佛教由中國往四處流播，並從中國、日本等，以另一風貌反芻入印度。

鑒真和尚像
在鑒真的引導下，佛教成功於日本扎下穩厚的根基。

宗教版圖

亞洲是佛教、基督教、伊斯蘭教這世界三大宗教，及印度教、道教、神道教、錫克教、耆那教、猶太教、祆教等具有世界影響力的宗教發源地。它們至今仍對亞洲和世界各國人民的精神文化生活產生不同程度的影響。

佛教

佛教在印度誕生後，接由中國東傳入朝鮮半島和日本，南傳越南、印度尼西亞、馬來西亞和新加坡。喇嘛教是佛教大乘密教與西藏民間宗教相結合的產物，由西藏北傳蒙古、俄羅斯西伯利亞地區，南傳不丹、尼泊爾、錫金和印度北部。

小乘佛教南傳斯里蘭卡，再由斯里蘭卡東傳緬甸、泰國、柬埔寨和老撾、印度尼西亞、馬來西亞。印度佛教在十三世紀趨於衰敝。十九世紀末，小乘佛教又從斯里蘭卡北傳印度、巴基斯坦、孟加拉國和尼泊爾。與此同時，佛教開始傳入歐、美、非洲和大洋洲。

佛陀像

伊斯蘭教

伊斯蘭教於西元七世紀初形成於阿拉伯半島。七世紀中，經由政教合一的阿拉伯哈里法國家向外擴張，伊斯蘭教開始傳入敘利亞、伊拉克、巴勒斯坦、伊朗、埃及等西亞和北非地區。之後它的勢力又進一步擴大到整個非洲、西南歐、阿富汗、印度西北地區、外高加索和新疆等地區。十四世紀，穆斯林蘇丹統治者控制了印度大半地區。此時，鄂圖曼土耳其人首領鄂斯曼自立為蘇丹，對外侵略擴張。十六世紀，鄂圖曼帝國成為橫跨歐、亞、非的穆斯林大帝國，領土含括今巴爾幹半島、敘利亞、巴勒斯坦、沙烏地阿拉伯、伊拉克、科威特、黎巴嫩、南北葉門、阿曼。從此，伊斯蘭教一直在這些國家占優勢，居民多信仰伊斯蘭教。

自七世紀中葉，伊斯蘭教透過經商貿易等活動傳入中國。十三世紀末，又傳入印度尼西亞的蘇門答臘，後又傳入馬六甲、爪哇等地。十四至十五世紀，傳入菲律賓、緬甸、泰國等地，曾一度成為某些王國的國教。

▌道教

道教約在西元二世紀傳入朝鮮和越南。十八世紀以後，華人又將佛、道等教傳入印度尼西亞、馬來西亞、新加坡一帶。

太極圖
道教認為世界由陰、陽兩種力量互相調和而成。

▌祆教

瑣羅亞斯德所創立的宗教，流行於古代波斯及中亞等地區，中國史稱「祆教」或「拜火教」。西元前六世紀在波斯東部創建後傳播到亞洲不少地區。三至七世紀，波斯薩珊王朝曾奉為國教。七世紀阿拉伯人統治波斯後，隨著伊斯蘭教的傳播，該教在本土逐漸衰微，但在印度的波斯移民帕西族中迄今仍盛行。該教奉《波斯古經》為經典，主張善惡二元論，其教義對基督教、摩尼教、諾斯替教及希臘哲學中的一些流派均有影響。祆教約在六世紀由中亞傳入中國漢地，隋唐時期一度很流行，後來逐漸湮滅。

祆教象徵標誌「法拉瓦哈」
祆教以火為精神象徵，故又稱為「拜火教」。

▌印度教

印度教亦稱「新婆羅門教」，是在婆羅門教基礎上吸收其他民間信仰，融合佛教、耆那教等的思想內容演化而來。四世紀時，在笈多王朝的大力扶持下開始形成，中經八至九世紀商羯羅的改革逐漸定型。該教在某些方面雖與婆羅門教不同，但基本特徵和文化傳統仍因襲婆羅門教。

印度教主張種姓制度，信奉業與輪迴和解脫說，以及《吠陀經》這部對神讚歌和禱告的最古老文集，崇拜「三位一體」的梵天、毗濕奴、濕婆。發展過程中由於對主神崇拜、師承門戶的不同，對某些經典的側重和哲學觀點的歧異，種姓的分立，僧侶和俗人修行生活的差別，公開和祕密儀式的不同以及地區阻隔等因素，形成了許多教派，從而衍生出眾多分支，但其基本教派是「毗濕奴派」、「濕婆派」和從濕婆派中分出來的「性力派」。這三個教派從中世紀至今一直占主導地位，對民眾的影響也最大。

歡喜佛

在當今的印度，印度教影響力極大，不少政黨、集團都和種姓制度有著千絲萬縷的聯繫，舊的教派勢力，如印度教大會等仍在活動，且出現許多新組織。印度教對印度境內法制、教育、文化和社會生活等方面都有顯著影響。

247

基督教

西元初期，基督教曾傳入印度、斯里蘭卡等亞洲國家。七世紀，基督教曾傳入中國。十六世紀以後，基督教各教派開始大規模傳入亞洲各國，其中有印度、斯里蘭卡、緬甸、泰國、柬埔寨、老撾、越南、馬來西亞、印尼、菲律賓、中國、朝鮮和日本等國，天主教在菲律賓占了優勢，至今仍為主要宗教之一。

耆那教

耆那教是印度傳統宗教，「耆那」一詞原意為勝利者或修行完成的人。漢譯佛典中稱之為「尼乾外道」、「無系外道」、「裸形外道」、「無慚外道」或「宿作因論」等。

耆那教自稱是印度最古老的宗教，相傳原有二十四位祖師，最早的創始人名勒舍婆。目前有歷史記載的是二十三祖巴濕伐那陀和二十四祖筏馱摩那，後者生於古印度吠舍離一個王族家庭，屬剎帝利種姓，是釋迦牟尼同時代人，佛教稱他為「尼乾陀」，若提子耆那教徒稱他為「大雄」。當時，代表舊勢力的婆羅門思潮固守吠陀天啟、祭祀萬能、婆羅門至上三大綱領，代表新興勢力的沙門思潮則要求打破婆羅門在宗教、政治、思想、文化等方面的統治地位。在這種形勢下，筏馱摩那根據新興統治階級剎帝利的利益和要求，對耆那教進行了改革。

今印度耆那教徒約有三百萬人，「白衣派」流行於古吉拉特地區，「空衣派」流行於米索爾地區。大部分教徒是商人、工廠廠主和城市中的富裕市民，他們建立了幾十個組織，如耆那教友誼協會、耆那教青年大會、世界耆那教傳教會等，並修建了許多廟宇、道院、文化研究機構和學校，出版宣傳教義的書刊。在國外也有不少組織，如英國有耆那教兄弟會，聯邦德國有傳播耆那教教義的圖書館。過去，中國天津也有耆那教的傳道組織。近年來印度耆那教組織參加了一系列的國際宗教會議，在國內外均有一定的影響力。

錫克教

錫克教是印度旁遮普地區的民族宗教，產生於十六世紀初蒙兀兒帝國統治時期，是印度教虔誠派運動，特別是迦比爾*宗教思想體系繼續發展的產物。

錫克教主張一神論，認為世界上的任何現象俱為神的表現；在神的面前，人人平等，種姓分立和歧視婦女等都是違背神意的；只有使個人靈魂和神結合才能獲得最後解脫。因此，它既反對祭司制度、偶像崇拜、繁瑣的祭祀禮儀，也反對苦行和消極遁世。其聖典為《阿底格蘭特》。錫克教奉行祖師崇拜制，祖師共十代。初代祖師那納克，正是錫克教創始人。

目前錫克教徒大部分居住在旁遮普邦，在德里和喜馬拉雅山麓一帶也有部分教徒。隨著錫克教的對外傳播，近年在東非、英國、加拿大、美國、泰國及香港等地區，也有少數錫克教徒。

＊迦比爾（Kabir），十五世紀生於瓦拉納西的印度詩人，反對儀式崇拜，主張回歸宗教本質。

神道教

　　神道教是日本固有的民族宗教，簡稱「神道」。最初從本土原始宗教演化而來，以自然精靈崇拜為主要內容。西元五、六世紀之交，吸收了儒家的倫理道德觀念和佛教、道教的某些教義或思想，逐漸形成較完整的宗教體系，大體上分為神社神道、教派神道和民俗神道三大系統。信仰多神，號稱有八十萬神、八百萬神或一千五百萬神，尤其崇拜作為太陽神的皇祖神——天照大神。稱日本民族是「天孫民族」，天皇是天照大神的後裔且是其在人間的代表，皇統就是神統。祭祀的地方稱「神社」或「神宮」，神職人員稱為「祠官」、「祠掌」等。明治維新以前，佛教盛行，神道教處於依附地位，二者結合形成兩部神道、天臺神道等神道學說。

　　德川幕府時期，部分神道學者把崇拜天照大神的神道教義與中國宋代朱熹理學相結合，強調尊皇忠君，主張神道教獨立，從而出現吉川惟足的吉川神道、山崎闇齋的垂加神道等學派。德川後期，由荷田春滿倡導，中經賀茂真淵、本居宣長，至平田篤胤，逐漸形成復古神道；依據《古事記》、《日本書紀》等日本古代典籍闡述神道教義，反對神道教依附儒、佛，並利用部分儒佛學說和某些西方神學思想來解釋神道教義，鼓吹以日本為中心，建立以神道教為主流思想的世界秩序。同時，在民間則以傳統的神道信仰為基礎，吸收復古神道等神學理論，陸續形成若干神道信仰團體，後稱為「教派神道」。

　　明治維新後，為了鞏固皇權，實行神佛分離，以神社道作為國家神道。第二次世界大戰後，日本新的宗教法令規定其為民間宗教。

天照大神出巖戶
天照大神為日本神話中的太陽神。

非洲宗教

在非洲各國，宗教影響力大，有著重要的作用。非洲居民主要信奉伊斯蘭教、基督教和當地傳統宗教，其中信奉伊斯蘭教的人口最多。

▌非洲的伊斯蘭教信仰

伊斯蘭教傳入之前，非洲居民大多信奉原始宗教和基督教。後來伊斯蘭教在非洲傳播成功，是有歷史和社會原因的：伊斯蘭教產生在阿拉伯氏族部落社會轉變為階級社會時期，教義中保留了許多那個時期的痕跡，以後增補的內容又與許多國家的社會制度相合。

大多數非洲居民把信仰一神阿拉與他們傳統信仰中的神靈結合起來，只是把阿拉作為最高的神祇。而《古蘭經》中許多倫理道德和社會規範的觀念，與非洲民族部落社會相應。非洲部落當時尚未有成文法典，《古蘭經》恰滿足了此一需要。

再者，伊斯蘭教的教義認為應對「異教徒」進行聖戰，而在殖民統治時期，非洲人民把帝國主義分子視作異教徒，在「聖戰」旗幟下進行反抗，他們認為這是阿拉的意志，有助於伊斯蘭教在非洲的發展。現在，伊斯蘭教在非洲宗教中具有特殊地位，它使非洲人與阿拉伯文化、反殖民主義的傳統聯繫在一起。

西元 639 年至 642 年，阿拉伯人入侵埃及後確立統治，始把伊斯蘭教傳進非洲。阿拉伯人以埃及為基地，漸向北非西部、沿尼羅河南下擴張。西元 710 年，阿拉伯人到達今日摩洛哥的坦吉爾，征服了北非地區。北非徹底伊斯蘭化約莫在十二世紀，而埃及至十四世紀時，伊斯蘭教才取得最後勝利。

伊斯蘭教傳入北非之後，約於十世紀開始透過阿拉伯商人傳進西非，但規模較小。十一世紀時，伊斯蘭化的柏柏爾人入侵西非，向當時的迦納王國發動進攻，加速了伊斯蘭教傳播。十三世紀至十六世紀，西非的馬利王國和加奧王國與北非有著緊密的聯繫，在接受伊斯蘭教的同時採用了阿拉伯文字。於是，伊斯蘭教在西非地區得到更廣泛的傳播。十八世紀末至十九世紀初，富拉尼族以「淨化伊斯蘭教」為名，發動一連串「聖戰」，建立了幾個強大的伊斯蘭王國，使伊斯蘭教從塞內加爾到奈及利亞的廣大地區中獲得長足發展。

阿拉伯人征服埃及後，沿著尼羅河南進，於九世紀後半葉侵入努比亞王國（今日蘇丹北部地區）傳播伊斯蘭教，遭到當地信奉基督教的王國頑強抵抗。直到十三世紀，阿拉伯人才征服了那裡的東古拉王國，並逐漸排擠基督教，使伊斯蘭教得以在中非立足，且在十六世紀末建立了先納爾、科爾多凡和達爾富爾等蘇丹國，逐漸取得了優勢。

九世紀前後，伊斯蘭教伴隨阿拉伯移民及商人傳入東非沿海地區。阿拉伯移民不斷增加，建立了一些沿海城市，而阿拉伯人和班圖人的通婚產生了新民族斯瓦希利人。十九世紀時，這個民族跟隨西方殖民者進入內地，將伊斯蘭教傳到了東、中非的內陸國家。但由於葡萄牙殖民者占據了莫三比克，伊斯蘭教沒能沿著海岸往更南的地區發展。南非的穆斯林則主要是從印度和印度尼西亞來的移民，人數並不多。

非洲穆斯林教派以及北非、西非、中非和厄利垂亞的穆斯林多屬於遜尼派，在教法上遵從馬立克學派。北非還有一些哈瓦利吉派支派伊巴德派的信徒。東非和印度洋島上的穆斯

林也多屬遜尼派，但在教法上多遵從沙斐儀學派。印度、巴基斯坦、葉門、伊拉克和伊朗的僑民中，有多數什葉派及阿赫默底亞教派的信徒。

北非和西非伊斯蘭教的特點是有不少類似天主教修會的托缽教團，最大的教團有提加尼教團、卡迪里教團、沙茲里教團和賽努西教團等，教團領袖對當地政治有很大影響。

非洲的基督教信仰

基督教興起之初，就已傳播到北非地區。三至五世紀時，以迦太基為中心的北非教會擁有頗大勢力，基督徒一度遍及許多城市和村莊。亞歷山卓城等城市是當時基督教神學中心，在埃及產生了禁慾主義的苦行僧團和最早的修道院。到了七世紀時，由於伊斯蘭教擴張，北非的基督教逐漸消失。但埃及和衣索比亞等國信奉基督一性說的科普特教會從創立到現在，一直是個強大的基督教教會。

利比亞歸依基督教

西方殖民主義者自十五世紀來到撒哈拉以南的非洲大陸時起，便把傳播基督教作為殖民侵略的組成部分。葡萄牙殖民者從 1415 年占領摩洛哥海岸之後，逐漸沿著西非海岸南下。1442 年，羅馬教皇頒發給葡萄牙壟斷西非海岸貿易的特許證，隨即開始了奴隸貿易活動。1452 年，教皇尼古拉五世授權葡萄牙國王去征服異教徒，宣稱異教徒是神賞給信徒的「產業」。1458 年，葡萄牙國王派出一批傳教士到甘比亞，企圖使甘比亞人信從基督教。此後，葡萄牙國王相繼派出傳教士到黃金海岸（今日的迦納）、剛果、東非地區乃至馬達加斯加島上去活動，唯當時的傳教活動均未能取得重大進展。

十九世紀上半葉，西方傳教士除去在西非、南非局部地區深入內地外，多數仍只限於東西海岸的小部分地區。十九世紀後半葉以降，西方傳教士才逐漸深入非洲腹地。

基督教會種植園引進了經濟作物，傳授生產技能和工藝知識等，對非洲發展經濟有一定幫助。另外，在教會開設的學校及其他社會服務機構中，也培養了黑人知識分子和技術人才，這些人後來為當地的獨立及發展貢獻力量。

在非洲，無論是從信徒和神職人員的人數上，或是從對非洲居民的各方面影響來說，天主教會皆遠遠超過新教各教會。

二次世界大戰以後，非洲民族獨立運動空前高張，梵蒂岡也採用不同政策以迎合新形勢。1951 年教皇庇護十二世在一項通諭中建議各地教會要適應當地情況。非洲的天主教會採取了相應措施，使宗教儀式迎合非洲傳統崇拜儀式，吸收非洲人做神職人員成為新政策的支柱。

基督教在非洲當地逐漸產生自己的特色，形成所謂非洲基督教會和教派，這是一種帶有混合性質的宗教組織。他們脫離西方教會，創立了特殊的教義和儀式，把當地傳統宗教與基督教結合在一起，國外文獻中稱之為「分立的」、「獨立的」、「土著的」或「混合的」教會和教派。其共同特點包括：①成員都是非洲人，多屬於同一部族或一個小部落。②皆自西方基督教中分離出來，宣布為獨立的教會或教派。③這些教派的教義和神話都是

251

把《聖經》傳說和基督教教義加以改造，使之帶有當地特色。在禮拜儀式中結合了基督教的和非洲傳統崇拜儀式的成分，比如：神職人員和信徒穿著特殊的服飾，在鑼和喇叭的樂聲下舞蹈、唱歌和呼號，以激發狂熱的宗教情緒等。④每一教派有各自的教階，以「先知」或「預言家」為首，分高級、低階神職人員。除布道外，還替人看病、驅鬼除魔等。

這些教會和教派主要分布在南非、中非及幾內亞沿海地區。有的教派還成為商業機構，掌握著農場、倉庫和商店，由教徒任職其中。

非洲當地的傳統宗教信仰

非洲當地宗教是指土著居民在阿拉伯人、歐洲人入侵前的原始信仰和崇拜儀式，這種原始宗教至今仍在撒哈拉以南的非洲居民中流傳。

由於社會歷史發展的不平衡，反映在居民宗教信仰和儀式上亦有所不同，比如：南非的布希曼人和剛果河流域的俾格米人在二十世紀前還保持著原始公社制度，但撒哈拉以南的多數氏族在被殖民化之前，其氏族部落關係已從巔峰走向衰落。蘇丹西部、剛果河流域和湖間地帶在殖民主義者入侵之前就形成了早期階級社會。根據社會制度不同，非洲當地傳統信仰可分為兩大類：一類是圖騰崇拜，另一類是多神信仰。

圖騰崇拜在撒哈拉以南非洲的氏族部落中廣泛存在，例如布希曼人的圖騰是瞪羚和公牛，作半人半獸狀。與圖騰相聯繫的是嚴格的宗教禁忌，氏族成員禁止打死或食用作為圖騰的動物或植物，禁止同一圖騰氏族的人結婚等。

撒哈拉壁畫

整個撒哈拉以南的非洲居民大多相信死人的靈魂會轉化為蛇。奈及利亞南部的人認為，其祖先在轉生成人之前具有鳥、爬蟲和魚之形體。圖騰崇拜的殘餘在非洲階級社會中具有特殊性質，某些動物（象、獅，更主要的是豹）往往和領袖、國王聯繫在一起，被看作是他們的化身。

在非洲人的想像中，逝者或保留著人世原來形象，或暫時具有動物形象作為超自然之物而繼續生活著，或是作為可以脫離軀體的精靈和靈魂而存在。祖先崇拜的對象一般是部落、氏族和家族的始祖，他們被認為具有超自然力量，可在後裔身上表現出來或復活，並對其生活產生好或壞的影響。

今在撒哈拉以南非洲人民生活中，祖先崇拜仍有重要作用，它往往與大多數民族表面上信奉的伊斯蘭教或基督教結合在一起，是他們宗教生活的基本內容。

非洲當地傳統宗教中的祖先崇拜往往也和自然力的崇拜結合在一起，如：霍屯督人崇拜一個威力無比的精靈，他既是所有霍屯督人的始祖，又是司雨之神，又是水、植物和飛禽等的賜予者。幾乎非洲所有民族都對水，尤其是雨進行禮拜。「求雨」的魔法至今在非洲農村占有一定的地位，特別是在東南部。

總之，在不久前還過著部落生活的那些非洲居民，其超自然世界是由許多相近、無定形的精靈所構成，虛幻地反映著自然力和氏族部落中的社會關係。

在異族入侵前已形成了國家和社會分層的那些非洲民族，多神信仰與圖騰崇拜、祖先崇拜有所不同，如：西非的阿坎族、達荷美人、約魯巴人，剛果河流域的巴剛果人、巴盧巴人、巴隆達人，湖間地帶的巴甘達人、巴尼奧羅人，在他們超自然世界的幻想形象中也產生了分化，於無個性的自然精靈和祖先靈魂之外產生了神，相對於精靈，這更有威力、賦有更明確的職能。這些超自然的神有自己的名字，形象更具體、活動範圍更廣闊。

這些神也像部落貴族有著血親關係，以一個至高的神為首，如：阿坎族的諸神之首叫「讓亞」（天神），從奈及利亞到尚比亞，許多非洲民族的諸神之首幾乎都叫「讓亞麥」或發音近似的名字。所有這些「讓亞麥」、「讓昂莫」、「讓亞姆別」等等都是代表太陽、雨或雷電，或是代表整個宇宙和星球。但是，在大多數情況下，這些神又表現為民族的祖先。

南非的祖魯人及某些民族早在殖民化以前產生了國家，其超自然世界的中心人物是「翁庫倫庫盧」，意為最古老的，亦即始祖。神話中的始祖又和其他神祇聯繫在一起。約魯巴人遠古的統治者——尚戈成了雷電之神。約魯巴人第一個國家的奠基者康戈洛被看成既是虹的化身，又是祖先的靈魂、地方的庇護者、部落的神。

古代非洲國家諸神，整體而言由精靈發展來，且仍保留著圖騰崇拜和祖先崇拜餘緒，這些說明了氏族部落長老掌權制度發展為神權制度的變化。那些在位的國王兼祭司被尊為神，這種現象幾乎在所有非洲國家都存在。地上之王被認為是神化了的王族祖先——「先上之王」的化身。在他周圍有諸多禁忌，其就位和死亡皆須有最莊嚴的儀式。

氏族部落瓦解、階級社會形成過程中，許多非洲民族的崇拜儀式變得複雜，有明顯的政治傾向：在多神信仰的儀式中加強祈禱的成分，在過去魔法活動的基礎上增加更為莊嚴的新禮儀。如在阿散蒂人的國家中，最主要的宗教儀式是追悼死去的國王，它由對先輩國王的祈禱、人們的懺悔、祈求新的好收成和新的一年中百事順遂等內容組成。這種儀式在每年秋季舉行，連續好幾天，所有領袖人物都要出席儀式，向阿散蒂聯盟的國王宣誓效忠並商討國家大事。

到了非洲早期階級社會和國家形成時，祕密宗教社團跟著具有鮮明的政治性。上層統治者利用神聖的宗教形式來進行統治，只有交得起巨額會費的富人及貴族才能加入這樣的祕密組織。他們脅迫普通老百姓，干預社團中的日常活動，插手財產糾紛和家庭事務，責令普通人服勞役，對違抗者進行審訊和壓迫。

另外，宗教組織本身也隨著民族發展情況的不同而有所區別。最落後的一些部落、遊蕩不定的獵人和採集者，他們沒有專業神職人員；而定居的農民和牧民則在原始的神廟裡進行宗教儀式，跳舞獻祭。在部落酋長舉行宗教儀式的同時，職業巫師也開始活動，他們為人們製作偶像、護身符及草藥，給人們析夢或預言禍福，還告訴人們祖先中之某人應享有哪種祭品；國家宗教產生之後，職業巫師更多了，進而有了分工。除巫師外，各神廟裡集中了大量的男女祭司，分出等級和教階。神廟不僅是舉行聖事之地，而且還有大量的財富、土地和奴隸由祭司來支配。

美洲宗教

現在，美洲當地傳統宗教的信仰者已為數不多，且其人數還在不斷下降，因不斷有人轉入基督教。一些偏遠隔絕的地區，還保留著傳統的土著宗教。另外，在許多印第安和黑人地區，產生了把基督教與其古老信仰結合起來的混合性宗教。

美洲一般分為北美洲和拉丁美洲兩部分，北美洲是與南美洲相對而言的。從自然地理上說，北美洲應包括墨西哥、中美洲各國和加勒比海地區的島嶼等。自從形成了拉丁美洲的概念，即把過去凡屬於拉丁語系的西班牙和葡萄牙殖民地都劃歸拉丁美洲。因此，從政治地理上，北美洲的範圍便只包括加拿大、美國、丹麥屬地格陵蘭島、英屬百慕達群島、法屬聖皮埃爾島和密克隆島。

北美洲居民主要是英國、法國等歐洲移民的後裔，此外還有黑人、印第安人、愛斯基摩人、墨西哥人、波多黎各人、日本人和華人。拉丁美洲居民則主要是印歐混血種人和黑白混血種人、白種人、印第安人、黑人、印度人等。

北美殖民地的土著
十六世紀英國遠征隊留下的寫實圖，記錄印第安人舉行儀式慶祝玉米豐收。

歐洲人入侵美洲之前，這裡的土著居民是印第安人和愛斯基摩人，主要信奉各式原始宗教。許多印第安民族保存著圖騰崇拜，魔法和巫術在其信仰中占有重要地位。此外，還存在著對某種無固定形態魔力的信仰，類似於大洋洲美拉尼西亞人。而哥倫布發現美洲大陸前，當地人最典型的信仰是精靈崇拜。印第安人中廣為流傳的還有對自然的崇拜，與其生產活動聯繫起來的各種祭祀禮儀及祖先崇拜。

已有社會分層的印第安民族如阿茲特克人、馬雅人、印加人等，有著較高形式的宗教信仰，存在著早期社會所具有的多神崇拜。其信仰的精靈神祇中開始分出高低等級，有著大量的祭司。

十五世紀末哥倫布登上新大陸，歐洲人的來到讓美洲宗教逐漸走向基督化，現在絕大多數居民均為基督徒。但各地區不同的歷史命運，也反映在國家宗教結構的差異上。

從宗教版圖上，美洲可清楚地分為兩部分：第一部分是北美洲，過去主要是在英國人、法國人和丹麥人的控制下，宗教結構多樣，新教徒與天主教徒並存，前者人數稍多於後者。第二部分是拉丁美洲，過去主要是西班牙和葡萄牙的征服地，現在天主教占絕對優勢，以新教為主的福克蘭群島例外；還有宗教情況多樣的圭亞那和蘇里南。西印度群島的宗教結構複雜，每個島的情況不同，部分島國新教徒占多數，另一部分則以天主教為主。

二十世紀以來，拉丁美洲各國的國家資本主義活絡，占有大量土地並享有種種特權的教會，直接妨礙國家經濟的發展，衝突日益激化，往往釀成國內政爭乃至國際紛爭。在這種情況下，教會內部發生了變化，某些開明的宗教界人士開始停止對保守黨派的支援。六〇

年代後期，中產階級和上層社會對教會的支援也大幅下降，發生了威脅教會生存的宗教危機，教會被迫轉向窮苦大眾爭取支援。自梵蒂岡第二屆大會以後，天主教會中出現了改良派，教會內部有人主張改革傳統的教會制度，部分拉丁美洲神職人員和神學家開始對社會政策提出疑問，探索造成拉丁美洲落後不發達的原因，產生了一系列宗教和社會方面的新見解。

現在，美洲當地傳統宗教的信仰者已為數不多，且逐漸流失（加入基督教），只在一些偏遠隔絕的地區還保留著傳統的土著宗教。另外，在許多印第安和黑人地區，產生了把基督教與古老信仰結合起來的混合性宗教。

阿茲特克宗教

阿茲特克宗教是中美洲墨西哥西北部鐵諾克部落的宗教，包含西班牙征服以前阿茲特克帝國的神話、信仰與習俗。十四世紀後，阿茲特克人與鄰近部落發生聯繫，吸收了各部落的文化特點，並從其神話、宗教儀式和信仰中得到借鑒。

阿茲特克人認為世界已經過四個發展階段，每階段由不同神靈所統治。宇宙形如十字，中心為一火爐，由九至十三層天覆蓋著分成層次的地下世界。整個宇宙被水所包圍，由高位神俄默德庫特利雙手托住。此神為男女合體，具備生命和生殖的雙重秉性，存在於一切生命之中，唯在孕育新生命時才顯示出來，常與男女交媾的形象相關聯。惠齊洛波奇特利為年輕戰神、太陽的象徵、阿茲特克部落的保護神，以人血為食。

阿茲特克太陽石復原圖

阿茲特克人認為必須透過戰爭、以活人作祭，才能生存並征服世界。他們繼承古代中美洲部落的習俗，除崇拜生殖神外，還崇信其他神靈如穀種、沃土、食鹽、藥材、火、性關係等，並有特定的守護神，其中女神多於男神。

關於世界之形成有眾多起源。一說世界曾多次被毀，又重新被造，末次被毀後，眾神靈集於梯奧鐵浩卡，燃起巨火，納瑙岑與塔齊茲卡岑兩神先後跳入火中，變為太陽與月亮。阿茲特克人繼承托爾特克人和馬雅人的天文、數學知識，重視星座和行星運行所構成的天象，並以其宗教觀念解釋它對人類命運的影響。他們有一種把二百六十日的宗教周期和三百六十五日的太陽年相協調的曆法，認為各個時辰皆各有其守護神，人的命運皆受出生時辰的影響與制約。阿茲特克人對於冥世及人死後之事甚為關切，認為戰死者、作為犧牲獻祭者、經商途中遇害商人的靈魂可升入天國；死於首次分娩的女子即成聖女。其餘人死後的靈魂則下到沙漠之底，最終化為烏有。

崇拜儀式十分隆重，一般在特定的庭院中舉行，參與者登上金字塔形高壇，邊獻祭邊歌舞。有時使用木鼓、陶笛奏樂，並焚香。常以果品、鮮花為祭品，有時還殺活人祭神，他們認為分食祭神的人肉可得到神的護佑。祭司不論出身貴賤，皆須自幼經受專門訓練，按學業程度升級。主持大祭的大祭司地位最高，參加掌握政權的四人團，他的手下另有一位祭司，主管首府和外省的宗教活動，有兩位助手分管禮儀和教育。一部分普通祭司有

專門的分工，如雕塑神像、繪製書冊、傳達神諭、解釋聖書、預言未來等；另有婦女照管神廟、照料祭司生活、縫製祭服及醫病、助產等。祭司皆守獨身，僧俗皆視姦淫為最大罪行，違者處以死刑，戰士更不許有性行為，悔罪者常由祭司穿刺其耳舌或撕去包皮取血祭神。十六世紀西班牙人入侵後，阿茲特克的傳統宗教漸與基督教相融，大部分阿茲特克人雖已信奉天主教，仍保持原先的宗教儀式和某些信仰內容。

馬雅宗教

馬雅宗教是馬雅人信奉的宗教。約二至十世紀，馬雅人在墨西哥南部、瓜地馬拉東部的熱帶森林和猶加敦半島建立了一些城邦，並創制了一種特殊的象形文字。

早在西元前四世紀，馬雅人古老的自然崇拜就產生了深度變化，認為世界經歷幾個時代，每個時代皆因洪水汜濫而結束，現在的世界也將如此。認為起初世界處於黑暗之中，之後神創造了日月，用泥土造人。認為人有十三重天與九層地，地是被巨鱷支撐著的。時間是馬雅人宇宙觀中重要的組成部分，認為時間就是神。對於人死後之事，看法因地區而異，猶加敦等地的奎克人認為人死後將下到九層地獄，而拉堪頓斯人相信人死後可永遠生活在地球上安樂舒適的富足之處。

十九世紀英國建築師畫筆下的馬雅遺跡

眾多神靈中主要有雨神恰克及玉米神尤姆卡什，還有蟾蜍形地母神、北方死神、身穿珠裙的南方女神、東方神庫庫爾坎和戰神等。最高神靈是天神伊察姆納，為祭司的保護神，也是文字和科學的創造者。祭祀活動擇吉日舉行，禮儀隆重，獻祭者要先禁食禁慾。通常的禮儀是焚香、獻巴克（用蜂蜜與一種樹皮釀製的飲料）、耳舌放血、獻祭動物及獻舞；以活人獻祭是到後期才盛行。祭司為世襲，居住在祭祀中心，分管獻祭，解釋經書，預告未來等。各省皆有祭司學校，高級祭司任教歷史、占卜及鑿刻文字等。當時馬雅宗教的體制、儀式與組織都已相當完備，並有複雜的神學，宗教滲透到整個社會與政治生活中，支配著馬雅文明的各個方面。西元1520年左右西班牙入侵之後，天主教的禮儀、信仰與傳統的馬雅宗教揉為一體。

馬雅浮雕顯示出兼併戰爭不斷，左下方的俘虜絕望表情栩栩如生

印加宗教

印加宗教主要流行於祕魯、厄瓜多、玻利維亞與智利北部，盛行形形色色的拜物教和以崇拜太陽為最高神的自然崇拜。印加文明是在以祕魯為中心的安地斯山區古代文明的基礎上發展起來的，與宗教結合的天文學科學價值頗高。

印加人認為高位神韋拉可卡是大地、人、其他神靈及一切活物的創造者，是創造文化的英雄，也是印加各部落的創造神。祂創造了人又加以毀滅，後又用石頭造人。祂被稱為「世界之尊師，普天之最足智多謀，年高德劭之尊長」。印加人認為此神為一切權力之來源，無須為其劃聖地、建神殿，僅有一人形金像。祈禱時，常先向韋拉可卡獻上第一篇禱祠，然後分別向日、雷、月、星及地母、海母祈禱。

由於韋拉可卡的地位崇高，印加人平時求告對象是其他較小的神靈，統稱「華卡」，其中太陽神印蒂地位最高，為各物

壁畫中的印加王

257

神和印加王的祖先、保護者；其形象是一金製發光人臉，與雷電、氣候神及月亮女神同住太陽神廟中，諸星神亦居於此廟，其中有的神被認為專管人間特別事務，或照管一些有特別用途的動物。

印加人還崇拜諸王的木乃伊，認為這些木乃伊具有超然神力。祭祀常在室外舉行，參加祭祀者應當潔淨以符禮儀，因此宗教活動往往伴以認罪、悔改、在活水中洗淨身體等。神廟存放神像、聖器，祭司和「特選的婦女」亦居其中。祭典以供奉犧牲為主，通常的祭品是駱馬、豚鼠和伊拉麻果（一種熱帶果品）。發生重大事件時（如印加王登基），常將神廟中的特選婦女、戰俘及兒童作為犧牲來祭神。有完善的教階制度，祭司的等級分明並參預政治活動。大祭司為終身制，掌握實權，可婚娶，各地祭司皆由其任免。各地設有祭司學校。特選的婦女自幼在神廟培養，成年後或做帝王妻妾或幽居神廟，需要時則做祭品獻神。

大洋洲宗教

大洋洲各地的基督教徒分屬不同教派組織。某些國家有許多亞洲移民，因而有一定數量亞洲各宗教的信徒，基督教並未能完全取代當地傳統的宗教信仰。

大洋洲包括澳洲、紐西蘭和新幾內亞，還包括太平洋諸群島，即玻里尼西亞群島、美拉尼西亞群島以及密克羅尼西亞群島等島嶼。大洋洲民族成分比較複雜，其中澳洲和紐西蘭主要是歐洲移民，當地土著居少數；三個群島上的居民主要是波里尼西亞人、密克羅尼西亞、美拉尼西亞人和巴布亞人。

十六、十七世紀歐洲人到來之前，大洋洲各地主要信仰各種形式的原始宗教，只有個別太平洋島嶼的宗教形成了原始公社制度解體時期的多神崇拜。

▌ 澳洲土著的宗教信仰

澳洲土著人的主要信仰是圖騰崇拜，其次有巫術、精靈崇拜、偶像崇拜。較高層次的宗教信仰在澳洲土著居民當中幾乎是不存在的，唯有澳洲東南部某些部落有著較高的經濟與社會發展水準，在那裡已開始產生高層次宗教信仰的萌芽。

澳洲土著人的圖騰主要有氏族圖騰、支族圖騰、性別圖騰或個人圖騰。一些部族有種特殊現象，即將圖騰繪於木片或石片上，稱為「珠靈卡」，當作代表氏族圖騰的聖物加以崇拜。圖騰標記、徽章被相信具有一定的靈性，例如：認為戴上有圖騰標記的帽子去作戰，可使自己變得強有力而使敵人變弱；盾牌上雕刻了圖騰標記，在戰鬥中就能得到圖騰物類的保護，珠靈卡有治傷病和使人生病的靈性等。

對於與氏族圖騰相關的自然物有種種禁忌，氏族成員必須遵守。最常見的禁忌是不能捕殺本氏族圖騰動物，不能吃圖騰動物的肉（有的氏族規定，在特殊場合或經特定儀式之後可以解除禁食），禁止採摘圖騰植物等。對非動植物的圖騰物也同樣有禁忌，以月為圖騰者，禁止長時間凝視月亮；以水為圖騰者，不能自由飲水和自己打水，取水要經過第三者，如有人違反禁忌，被認為會給氏族或本人帶來災禍。

島上一些地方還有支族圖騰，即是以特殊的同胞關係結合的集團。一般是部族分為二個支族，支族之下分有眾多氏族。同一部族下二個支族的圖騰常是同類動物，如白鸚鵡和黑鸚鵡、鷲與鴉。支族圖騰是古代氏族分裂的產物，支族圖騰等於屬圖騰，氏族圖騰等於種圖騰。

除了氏族圖騰崇拜之外，有些地方還存在性別圖騰崇拜和個人圖騰崇拜。東南部少數部族裡，所有男女不論屬於何種氏族圖騰，都根據性別各自把一種動物確立為圖騰，如庫爾奈族男性都自認為是鴯鶓紅雀的兄弟，女子則認為自己是黃道眉的姊妹；南威爾斯州有二個部族，其男性圖騰是蝙蝠，女性則為啄木鳥。這些部落要對與其結緣的動物表示最大尊敬，因為人們把牠們當作自己的保護者，要遵守不准捕食等種種禁忌。

澳洲原住民慶典／威廉 · 巴瑞克繪

新幾內亞的宗教信仰

新幾內亞的土著「巴布亞人」的主要信仰是圖騰崇拜、祖先崇拜和相信巫術。

美拉尼西亞的宗教信仰

美拉尼西亞包括俾斯麥、路易西亞德、所羅門、聖克魯斯、新赫布里底、洛亞蒂、阿默勒爾蒂、當特爾卡斯托、新喀里多尼亞和斐濟等群島。

美拉尼西亞居民的社會經濟發展水準，遠遠超過巴布亞、澳洲、塔斯馬尼亞，其傳統信仰是崇拜某種固定形象的魔力，此魔力存在於自然界各種事物和現象中，存在於個別偉人身上及其死後的靈魂中，還存在於各種精靈之中。美拉尼西亞人還沒有形成高一級的宗教形式，他們既無所謂的大神，也無神廟及祭司。

美拉尼西亞宗教就是當地土著居民以信仰「曼納」為特點的原始宗教。曼納專指一種非人格的超自然神祕力量或作用。它被認為不具形象、不可捉摸、不可見聞，但又隨時隨地都能藉人或物以顯示其存在。世界上各種動植物和事物的鬼魂、精靈都具有曼納。曼納並不永久附著某一物，可四處轉移，從某一物中散失和進入另一物。

曼納被認為具有三種屬性：①在各種事物與現象中普遍存在；②原始人以咒語所表現的

一種存在；③超感覺的東西。曼納與某些禁忌及複雜的社會結構有關。馬萊特的消極曼納說指出：曼納與塔布相輔相成，掌握曼納的人或物就是塔布。最重要的人物，如頭目擁有的曼納最多，是神聖力量的象徵。一個人擁有的曼納越多，他可以向別人發布的塔布就越多。美拉尼西亞人認為曼納具轉移性，如吃了擁有很多曼納之人的肉，食者就可得到被食者的曼納。

美拉尼西亞人把他們無法理解的自然和社會現象都歸結為曼納這股超自然力量的作用，因此，為獲得曼納而常舉行種種帶有巫術性質的儀禮。他們相信可以透過巫術獲得曼納、掌握曼納，以達到利己或利他的目的。

美拉尼西亞宗教中也存在靈魂崇拜和祖先崇拜，但又都和曼納觀念聯繫在一起。他們相信每個人有兩個靈魂，人死以後，一個靈魂在遠離村落的山地或孤島上生活，另一個仍留在村落附近；後者既會助人也會害人，要獲得其幫助，需用豬或其他禮品祭祀。那些被認為生前身上帶有曼納之人的靈魂，將得到人們的崇敬。

密克羅尼西亞的宗教信仰 • • • • • • • • • •

密克羅尼西亞最流行的是對自然的崇拜和對死者的祭祀，由祭司主持崇拜儀式。

波里尼西亞的宗教信仰 • • • • • • • • • •

波里尼西亞為中南太平洋島群的泛稱，北起夏威夷，南至紐西蘭，包括薩摩亞群島、東加群島、塔西提島、社會群島和馬克薩斯群島。

波里尼西亞宗教為該地區土著居民的宗教，屬於多神崇拜。波里尼西亞宗教屬較高級的宗教層次，反映了波里尼西亞階級社會的形式，波里尼西亞的諸神中也分出相應的等級。

波里尼西亞宗教崇拜的最大神靈，是與天象有關的高位神坦噶勞，為諸神之始祖、萬物之源。傳說坦噶勞從一海貝中生出，他又用另一海貝造出大地、海島，然後創造諸神靈；另說他用釣鉤從海中釣出諸島。坦噶勞有時被視為不再過問世事的遜位神或海神。其他重要的大神有人神坦納、戰神塗、和平豐裕之神朗歌、日神希羅及月女神希娜，還有一些較小神靈，其中有的被尊為祖先；此外，也有祭司和頭目被尊為地方神。

對諸神的崇拜方式大體分為公開和祕密兩種，前者對較小神靈進行崇拜，如頌贊、陪罪等，由兼職祭司或巫師主持，一般人均可參加；後者只在祭司和頭目的小範圍內以祕傳方式禮拜諸大神；最重要的神由地位最高的志職祭司供奉。崇拜活動包括獻祭、歌唱、吟誦、狂飲、縱慾等，舉行儀式前要進行較長時間的禁食和禁慾。

他們相信，人死後靈魂不按道德品行之好壞，而是根據社會地位之高低決定歸宿：頭目的靈魂能夠進入諸神所在之西天樂園；酋長或對部族有特殊貢獻者的靈魂可升為較小神靈；普通人的靈魂則到蒼穹之上或海洋之下被稱為「波」的朦朧之處，然後逐漸消失。頭目和酋長的喪葬禮節繁縟，要將死者置於獨木舟或木棺中，安放在樹上或高地上，或放入水中任其隨波漂流；普通人死後則實行土葬。

波里尼西亞宗教除了和美拉尼西亞宗教一樣信仰曼納外，還普遍流行「塔布」觀念。

在波里尼西亞，人們認為頭目和祭司擁有很多曼納，以致普通人接觸其人或其財產就會罹上災禍，甚至禍延氏族或後代，因此頭目和祭司就成了塔布。此外如懷孕或經期中的婦女、某些食物、屍體以及聖地、聖物等也常被視為塔布而不可接觸。如必須接觸或在無意

復活節島石像／威廉 · 霍奇繪於 1776 年
復活節島石像據推測應是當地原始崇拜的宗教產物。

中接觸後，則要經過特定儀式或施行法術予以禳解。如紐西蘭的森林被視為塔布，但透過適當的禮儀可暫時解除禁忌，允許伐木或狩獵。死去頭目的氏族也被視為塔布，其成員的活動有連串禁忌，如不得做飯、澆園、漁獵或唱歌等。

基督教在大洋洲的傳播

基督教最早的傳教工作開始於馬里亞納群島。早在十七世紀下半葉已有天主教傳教士來到該群島的幾個島嶼上，這些傳教士屬於西班牙耶穌會，他們由士兵護送來到島上，肆意干涉當地居民的生活，為當地兒童施洗。當島上居民進行反抗時，耶穌會傳教士與殖民軍隊一起對他們進行殘酷鎮壓，幾乎滅絕了馬里亞納群島的全部土著居民。

新教傳教士在十八世紀末才到大洋洲傳教。那時有個別的傳教士來到東加群島與社會群島。但是，無論是天主教還是新教，真正開展廣泛的傳教活動則在十九世紀才開始。後來，在新教與天主教傳教士間產生了劇烈衝突。雙方的神職人員唆使其信徒互相殘殺，導致了流血衝突，社會群島、羅圖馬島、瓦利斯島、盧艾奧特島上天主教教徒與新教徒間進行的爭鬥尤其慘烈。

傳教士千方百計欲消滅當地多神崇拜，代之以基督教信仰。比如：西班牙傳教士在復活節島搗毀掉有著古老文字的圖譜「哈烏 · 隆戈—隆戈」，認為這些都是魔鬼的文字。絕大多數大洋洲居民雖信仰基督教，卻往往流於表面形式，不能確切瞭解基督教教義，猶保留著古老的傳統信仰。

目前在大洋洲，新教比天主教影響更大，最有影響的新教教派有：英國國教會、衛理公會、路德教會、長老會、歸正會、公理會等，其次還有浸禮會、五旬節派教會及其他新

教組織。信仰新教的有：皮特肯島的全體居民；諾福克島和紐埃島的大部分基督徒；澳洲、紐西蘭、巴布亞紐幾內亞、所羅門群島、新赫布里底群島、斐濟群島、諾魯島、圖瓦盧島、托克勞群島、東西薩摩亞群島、東加群島、法屬玻里尼西亞等地的大部分基督教居民；吉爾伯特群島一半以上的基督徒；新喀里多尼亞的相當一部分居民。

英國國教會是大洋洲最大的新教教派，絕大多數國教會信徒是遷移到澳洲和紐西蘭的英國僑民後裔，英國國會教在諾福克島占主要地位；在美拉尼西亞的當地居民中也有相當一部分英國國教會信徒。衛理公會信徒在澳洲和紐西蘭相當多，在斐濟群島和東加群島的基督徒中占絕對優勢。長老會信徒絕大多數在澳洲和紐西蘭，另外，在新赫布里底群島，長老會是最大的新教教派。

喀爾文歸正教會信徒集中在法屬領地內，大部分法屬波里尼西亞居民，還有部分新喀里多尼亞居民都是該教派信徒。

公理會普遍流傳於密克羅西亞群島和波里尼西亞群島。原「太平洋島嶼」託管地的中部與東部群島上半數以上的居民屬於該派。該教會在科克群島、紐埃島、薩摩亞群島、托克勞群島、吉爾伯特群島、圖瓦盧島、諾魯的信徒中占有優勢。在所羅門群島和巴布亞紐幾內亞還建立了巴布亞紐幾內亞與所羅門群島聯合教會，當地公理會與衛理公會參加了該聯合教會。

大洋洲三分之二以上的路德派信徒集中在巴布亞紐幾內亞，三分之一在澳洲。浸禮會教徒主要在澳洲，其次還有紐西蘭和巴布亞紐幾內亞。

屬於羅馬天主教會的有：幾乎全部烏奧利斯與富圖納島的居民；關島與喀里多尼亞的大部分居民；原「太平洋島嶼」託管地一半以上的居民；將近一半的吉爾伯特群島居民；巴布亞紐幾內亞的基督教中也有許多天主教徒。在澳洲和紐西蘭，天主教徒占少數，但是其絕對數字比大洋洲其他所有島嶼的信徒之總和還高出許多。大洋洲其他各地亦有不少天主教徒。

▌大洋洲的其他宗教

大洋洲除了有基督教各流派存在之外，由於有不少亞洲僑民，因而也流傳著像印度教、伊斯蘭教、佛教、神道教等宗教。斐濟群島大部分印度人信奉印度教，另外在澳洲和紐西蘭居住的少數印度裔仍信奉印度教。除了印度教徒外，印度移民中還有一些穆斯林。大洋洲的日本僑民信奉佛教，部分信奉神道教。諾魯等地的華人也有信奉佛教的。

巴布亞紐幾內亞和澳洲某些內部地區，還保留著過去的部落宗教。在新赫布里底群島、所羅門群島、原「太平洋島嶼」託管地的某些珊瑚島上，以及其他一些大洋洲國家裡，也還有信仰傳統宗教的人。在部分紐西蘭的土著居民「毛利人」，把大洋洲的當地宗教和基督教混合起來信仰。

毛利人雕像

263

歐洲宗教

今日歐洲宗教以基督教為主，另外還有伊斯蘭教以及其他宗教。但在基督教傳入之前，歐洲早就有了自己土生土長的宗教，其中包括較為人所知的希臘宗教和羅馬宗教。

希臘宗教

希臘宗教流傳於希臘及地中海、黑海地區，為古希臘人所信奉的宗教，源於西元前八世紀荷馬史詩之前，至西元五至六世紀消失。它在原始宗教基礎上吸收愛琴宗教、克里特宗教、邁錫尼宗教和埃及宗教等元素逐步形成。早期帶有明顯的印歐民族信仰特色，後期有較完整的祭司制度和禮儀典章。神靈的擬人化程度高，無固定經典、教義。有關記載可見之於荷馬史詩《伊里亞德》、《奧德賽》和赫西奧德的《諸神譜系》等典籍，以及古希臘歷史學家、哲學家的著作，此外還有大量考古發現。

希臘天神

宙斯與希拉是眾神之上的大神，既是夫妻又是兄妹。

希臘原始宗教乃自然崇拜與祖先崇拜的混合物，禮儀繁多，崇拜自然物和自然神靈如山岩、樹木、動物等，尤其崇拜繁殖神。到荷馬時代，神人同形的多神論逐漸形成。諸神是超在而不死的，但非全能，也有激情與失敗，甚且不能逆轉命運的安排，其活動與人相仿，難免惡行。

主神宙斯為「諸神及人類之父」，相傳他和泰坦諸神相鬥十年，最終獲勝，將對方鎖進地獄，繼而建立奧林帕斯諸神體系。宙斯主宰雷電，妹妹希拉為其妻，被奉為天后，掌管婚姻與生育，是婦女的保護神；其兒女皆屬重要神祇，主要有月亮和狩獵女神阿緹密斯、智慧女神雅典娜（又稱女戰神）、戰神阿利斯、太陽神阿波羅。

與奧林帕斯聖山相對立的冥府，由宙斯的兄弟冥王黑地斯和冥后波瑟楓妮主管。人死後，魂魄渡過西海，安息於冥府，人生的樂趣全都消失。傳在西海島上有一塊樂土，只有賢人方可入內。希臘人視冥府為死者安息之所，非懲處惡人的地方，亦無天堂地獄、死後報應賞罰的觀念。除奧林帕斯諸神外，還有酒神戴奧尼索斯、命運三女神、復仇三女神等獨立神系。

古希臘人盛行種種對神的祈禱奉獻儀式，規模大小不等。家族、城邦和個人均有各自的保護神，都要向諸神祈禱獻祭，國家舉行的宗教活動尤為重要。對神殿的崇敬較為普遍，各地建有神殿，以特爾斐城的阿波羅神殿最為重要。無論個人、家族或城邦皆需透過祭司之口求得神諭，再進行各種活動。宗教節日繁多，其中最重要者是四年一度為雅典娜女神易換神袍而舉行的「帕那泰那亞大節」。

他們十分崇拜英雄，認為英雄是神靈與世人交媾所生，死後脫去凡胎升入奧林帕斯山為神。最受崇拜的英雄是海克力斯，被認為既能助人又能害人，其崇拜的儀式是向英雄之墓獻祭。

希臘宗教對整個希臘藝術產生了很深遠影響，構成希臘文學和哲學的基底。一些古希臘哲學家、文學家和蘇格拉底、柏拉圖、亞里斯多德、平德爾和索福克斯等人的思想也滲入了希臘宗教。後期祕傳宗教流行，強調與神感應，禮儀帶有神祕色彩，如用土擦身以示潔淨，撕吃活動物以求得神性等，主要有伊流欣努祕儀、厄爾南斯祕儀和戴奧尼索斯祕儀。羅馬時代，希臘諸神為東方傳入的神祇及占星術所取代，唯人們對希臘諸神仍有濃厚的興趣。

羅馬宗教

羅馬宗教是古羅馬人在基督教化之前的原有宗教，為西元前二千年左右進入義大利半島的印歐民族與當地土著民族融合後產生的多神教，盛行自然崇拜並雜以祖先崇拜，無廟宇和祭司，神靈形象及神話尚少擬人化色彩。羅馬人因以農牧為主，所以其神靈多半與農作物有關，如丘比特原為葡萄之靈，馬爾斯原為五穀之靈（後成為戰神），戴安娜原為樹木之靈。

西元前八世紀部落解體，伊特拉斯坎王朝興起。他們重視崇拜禮儀，形成一整套繁複的禮儀規章制度。喪葬儀式隆重，築房舍式墳墓，繪以彩圖，圖中常見惡鬼等形象。對彼岸世界想像豐富，常以供奉獻花、牛奶和初熟土產取悅於神。熱中於占卜，常觀察祭畜的肝臟或遭雷擊之木石預測吉凶。

西元前 509 年，羅馬人廢除伊特拉斯坎王朝成立共和國，繼承了伊特拉斯坎人的宗教，加強與義大利南部的接觸交往，吸收希臘宗教和神話。希臘的卡斯托耳、波里德凱斯、阿波羅等成為羅馬神祇。維納斯即阿芙蘿黛緹，克瑞絲即迪密特，尼普頓即波塞頓，羅馬諸

羅馬萬神殿
建成之初時擺放各種神龕的萬神殿，最後成為基督教堂。G. P. 潘尼尼繪於西元 130 年。

羅馬眾神像
羅馬宗教為多神崇拜，吸納了古埃及和美索不達米亞地區的神祇。

神開始具有擬人化色彩。羅馬人較注重現世，確信人與自然界皆可求助於神力的佑護，因而有守門戶的兩面神雅諾斯，邊界守護神提耳米諾斯，儲藏室之神波那提斯；後期出現了宏偉的神殿建築和神靈偶像，還引進東方的祕傳宗教和占星術。

羅馬在與迦太基的第二次戰役中遭到慘敗後，為擺脫迦太基之手，還根據「神」，把小亞細亞人崇拜的女神賽比利引入羅馬宗教。此外，波斯神祇密特拉和埃及宗教主神奧塞里斯、伊希斯也都成為羅馬人的崇拜對象，皇帝和國家的守護神同為全民崇拜對象，被征服民族的神祇亦被納進羅馬萬神殿中。

崇拜儀式以家庭為基本單位，家長主持祭禮。各家供奉自己的神像，祭祀祖先亡靈。公眾祭祀則由地方官主禮、祭司輔助，崇拜儀式有祈禱、發誓、舞蹈、跑步、遊戲等，最重要的是獻祭，繁簡不一。戰爭時由軍隊長官主禮，舉行特別獻祭，待旗開得勝後，皇帝要帶領軍隊前往加庇多山丘比特神殿，獻上最好的戰利品。帝國時期，國家政權中設立各級祭司官和祭司團，皇帝兼全國祭司之首。設有專門學院訓練祭司，另有專職女祭司，由皇帝特選處女終身任職，侍奉國家的火焰女神維斯塔。

■ 基督教 ●

基督教儘管發端於亞洲，其發展傳播到遍及世界的關鍵還是在歐洲。基督教在長達一千五百多年的漫長時光中，對歐洲歷史文化、社會生活各層面都有極其深刻的影響。

自四世紀，羅馬帝國以基督教為國教後，就在帝國統治的地中海周圍與不列顛強制推行。基督教進入中歐各國的時間要稍晚些，傳入北歐和東歐已是七至十二世紀。歐洲封建化過程中，新興領主利用基督教作為政治工具，傳播到歐洲各國，所有居民名義上皆屬教徒。中世紀歐洲，基督教會是僅次於國王的地主，猶壟斷了整個文化思想領域。

查士丁尼大帝宣稱自己是基督教的保護者

十一世紀中葉，以羅馬主教為首的西歐教會與以君士坦丁堡主教為首的東方教會，在長期爭鬥後分裂成兩大派，西部教會稱「羅馬公教會」，東部教會稱「東正教會」。十六至十七世紀在宗教改革下，羅馬公教會內再次分裂為不承認羅馬教皇統治的新教各派，由此形成基督教內羅馬公教、新教和東正教三大派。

十六世紀沙俄崛起，自封「古羅馬繼承者」，稱莫斯科為「第三羅馬」，之後俄羅斯正教會脫離君士坦丁堡大主教管轄，成為沙皇統治的俄羅斯正教會。

十六世紀宗教改革之後形成的新教，派別林立下不可勝數，僅根據各派對羅馬教會改革之程度，大致分為路德會、安立甘會、長老會和歸正派教會、自由派教會（包括監理會、公理會、浸禮會等），及一些較小的派別如公誼會、一位論派、五旬節派等。東部教會中還有所謂「東方禮儀派」，該派接受羅馬天主教會管理，唯宗教儀式採用東方禮儀。

目前歐洲從基督教各派分布情況看，俄羅斯等國以正教會為主，東歐各國、波蘭以天主教為主；捷、匈兩國天主教、新教並存，多數為天主教徒；前南斯拉夫聯邦除東正教徒外，還有天主教徒。東南歐各國（羅馬尼亞、保加利亞、希臘）以東正教為主。在西歐的愛爾蘭、法國、比利時、盧森堡與南歐的義大利、西班牙、葡萄牙、馬爾他各國，還有中歐的奧地利，俱以天主教為主；德國、荷蘭、瑞士等國的天主教徒占居民總數之半，新教各派的教徒占另一半。西歐的英國與北歐的丹麥、法羅群島、挪威、瑞典、芬蘭、冰島等國則以新教為主。

歐洲其他宗教版圖

鄂圖曼帝國長期統治下的保加利亞、羅馬尼亞、南斯拉夫、波士尼亞、黑塞哥維那、馬其頓、阿爾巴尼亞，伊斯蘭教具有不同程度的影響，特別是阿爾巴尼亞，有九成居民信仰伊斯蘭教。

猶太教則是散居歐洲各國猶太人的信仰。印度教和佛教雖然人數少，可這是第二次世界大戰後，隨著基督教衰落，在西歐和北歐國家出現的新社會現象。

近二、三十年來，傳統的基督教各宗派在西歐已不再聯繫群眾，日益沒落，但宗教神祕主義思潮還有發展空間。在西歐、北歐幾個國家，東方佛教和印度教在青年及知識分子中的影響有所增長。西歐各國，來自阿拉伯的外籍工人日增，他們得到阿拉伯國度的支援，影響與日俱增。

目前，歐洲基督教徒約占全球基督教徒總數的五分之一，其中以羅馬天主教徒居首，其次是新教教徒，再次是東正教徒。至於伊斯蘭教徒則逾千萬，且有逐年攀升的態勢。

國家圖書館出版品預行編目資料

宗教的故事／安修・Lee 編著.
──初版. ── 臺中市：好讀，2015.12
面： 公分，──（圖說歷史；46）

ISBN 978-986-178-363-5（平裝）

1.宗教 2.通俗作品

200   104012451

好讀出版
圖說歷史46

宗教的故事

編　　著／安修・Lee
總 編 輯／鄧茵茵
文字編輯／林碧瑩
美術編輯／林姿秀

發 行 所／好讀出版有限公司
台中市407西屯區何厝里19鄰大有街13號
TEL:04-23157795　FAX:04-23144188
http://howdo.morningstar.com.tw
（如對本書編輯或內容有意見，請來電或上網告訴我們）
法律顧問／陳思成律師

戶名：知己圖書股份有限公司
劃撥專線：15060393
服務專線：04-23595819轉230
傳真專線：04-23597123
E-mail：service@morningstar.com.tw
如需詳細出版書目、訂書，歡迎洽詢
晨星網路書店 http://www.morningstar.com.tw

印刷／上好印刷股份有限公司 TEL:04-23150280
初版／西元2015年12月1日
定價：320元
如有破損或裝訂錯誤，請寄回臺中市407工業區30路1號更換（好讀倉儲部收）

讀 者 回 函

只要寄回本回函，就能不定時收到晨星出版集團最新電子報及相關優惠活動訊息，並有機會參加抽獎，獲得贈書。因此有電子信箱的讀者，千萬別吝於寫上你的信箱地址

書名：宗教的故事

姓名：_____ 性別：□男□女 生日：____年____月____日

教育程度：_____

職業：□學生 □教師 □一般職員 □企業主管
　　　□家庭主婦 □自由業 □醫護 □軍警 □其他_____

電子郵件信箱（e-mail）：_____ 電話：_____

聯絡地址：□□□_____

你怎麼發現這本書的？

□書店 □網路書店（哪一個？）_____□朋友推薦 □學校選書
□報章雜誌報導 □其他_____

買這本書的原因是：_____

□內容題材深得我心 □價格便宜 □封面與內頁設計很優 □其他_____

你對這本書還有其他意見嗎？請通通告訴我們：

_____

你買過幾本好讀的書？（不包括現在這一本）

□沒買過 □1～5本 □6～10本 □11～20本 □太多了

你希望能如何得到更多好讀的出版訊息？

□常寄電子報 □網站常常更新 □常在報章雜誌上看到好讀新書消息
□我有更棒的想法_____

最後請推薦五個閱讀同好的姓名與E-mail，讓他們也能收到好讀的近期書訊：

1._____

2._____

3._____

4._____

5._____

我們確實接收到你對好讀的心意了，再次感謝你抽空填寫這份回函

請有空時上網或來信與我們交換意見，好讀出版有限公司編輯部同仁感謝你！

好讀的部落格：http://howdo.morningstar.com.tw/

好讀的臉書粉絲團：http://www.facebook.com/howdobooks

廣告回函
臺灣中區郵政管理局
登記證第3877號
免貼郵票

好讀出版有限公司　編輯部收

407 台中市西屯區何厝里大有街13號
電話：04-23157795-6　傳眞：04-23144188

沿虛線對折

購買好讀出版書籍的方法：

一、先請你上晨星網路書店 http://www.morningstar.com.tw
　　檢索書目或直接在網上購買
二、以郵政劃撥購書，帳號：15060393　戶名：知己圖書股份有限公司
　　並在通信欄中註明你想買的書名與數量
三、大量訂購者可直接以客服專線洽詢，有專人爲您服務：
　　客服專線：04-23595819轉230　傳眞：04-23597123
四、客服信箱：service@morningstar.com.tw